《中国法院2025年度案例》编委会

主　任　李成林

副主任　李成玉

成　员　陈春梅　胡田野　王晓芳　徐光明　王　立
梁　欣　郑未媚　李成斌　程　瑛　王　锐
刘　畅　解文生　李晓果

《中国法院2025年度案例》编审人员（按姓氏笔画）

王　锐　朱　琳　刘　畅　李明桓　李晓果　杨小利
宋　爽　张淑芬　郑未媚　赵文轩　胡　岩　唐世银
梁　欣　程　瑛　潘园园

实习生（按姓氏笔画）

李　娅　杨延震　汪恒毅　武　悦　谢　涵

编　务　李明桓

本书编审人员　潘园园

中国法院2025年度案例

国家法官学院　最高人民法院司法案例研究院 / 编

劳动纠纷

（含社会保险纠纷）

中国法治出版社
CHINA LEGAL PUBLISHING HOUSE

《中国法院2025年度案例》通讯编辑名单

序

为深入学习贯彻习近平法治思想，落实习近平总书记“一个案例胜过一打文件”的重要指示精神，人民法院始终把完善中国特色案例制度，加强以案释法作为推进全面依法治国、支撑和服务中国式现代化的重要途径。人民法院案例库向社会开放一年多来，最高人民法院始终坚持高标准建设，实现入库案例对常见案由和罪名全覆盖，对于促进法律适用统一，实现严格公正司法发挥了重要作用。

“中国法院年度案例系列”丛书以及时记录人民法院司法审判工作新发展、新成就为己任，通过总结提炼典型案例的裁判规则、裁判方法和裁判理念，发挥案例鲜活生动、针对性强的优势，以案释法，以点带面，有针对性地阐释法律条文和立法精神，促进社会公众通过案例更加方便地学习法律，领悟法治精神，体现司法规范、指导、评价、引领的重要作用，大力弘扬社会主义核心价值观，积极服务人民法院案例库建设，加强对案例库案例的研究，促进统一法律适用，提升审判质效，丰富实践法学研究，增强全民法治意识和法治素养，展现新时代我国法治建设新成就。

“中国法院年度案例系列”丛书自2012年编辑出版以来，已连续出版13年，受到读者广泛好评。为更加全面地反映我国司法审判执行工作的发展进程，顺应审判执行实践需要，响应读者需求，丛书于2014年度新增金融纠纷、行政纠纷、刑事案例3个分册，2015年度将刑事案例调整为刑法总则案例、刑法分则案例2个分册，2016年度新增知识产权纠纷分册，2017年度新增执行案例分册，2018年度将刑事案例扩充为4个分册，2022年度将土地纠纷（含林地纠纷）分册改为土地纠纷（含环境资源纠纷）分册。自2020年起，丛书由国家法官学院与最高人民法院司法案例研究院共同编辑，每年年初定期出版。在全国各级人民法院的大力支持下，丛书编委会现编辑出版《中国法院2025年度案例系列》丛书，共23册。

“中国法院年度案例系列”丛书以开放务实的态度、简洁明快的风格，在编辑过程中坚持以下方法，努力让案例书籍“好读有用”：一是高度提炼案例内容，控制案例篇幅，每个案例字数基本在3000字左右；二是突出争议焦点，力求在有限的篇幅内为读者提供更多有效信息，便于读者快速抓取案例要点；三是注重释法说理，案例由法官撰写“法官后语”，高度提炼、总结案例的指导价值，引发读者思考，为司法审判提供借鉴，为法学研究提供启迪。

“中国法院年度案例系列”丛书编辑工作坚持以下原则：一是以研究案例库案例为首要任务。自2024年起，“中国法院年度案例系列”丛书优先选用人民法院案例库案例作为研究对象，力求对案例库案例裁判要旨的基本内涵、价值导向、法理基础、适用要点等进行深入分析，增强丛书的权威性、参考性。二是广泛选编案例。国家法官学院和最高人民法院司法案例研究院每年通过各高级人民法院从辖区法院汇集上一年度审结的典型案例近万件，使丛书有广泛的精选基础，通过优中选优，可提供给读者新近发生的多种类型的典型、疑难案例。三是方便读者检索。丛书坚持以读者为本，做到分卷细化，每卷案例主要根据案由或罪名分类编排，每个案例用一句话概括裁判要旨或焦点问题作为主标题，让读者一目了然，迅速找到目标案例。

中国法治出版社始终全力支持“中国法院年度案例系列”丛书的出版，给了编者们巨大的鼓励。2025年，丛书将继续提供数据库增值服务。购买本系列丛书，扫描腰封二维码，即可在本年度免费查阅往年同类案例数据库。我们在此谨表谢忱，并希望通过共同努力，逐步完善，做得更好，探索出一条充分挖掘好、宣传好人民法院案例库案例和其他典型案例价值的新路，为广大法律工作者和社会公众提供权威、鲜活、精准的办案参考、研究素材，更好地服务司法审判实践、服务法学教育研究、服务法治中国建设。

“中国法院年度案例系列”丛书既是法官、检察官、律师等法律工作者的办案参考和司法人员培训辅助教材，也是社会大众学法用法的经典案例读本，同时为教学科研机构开展案例研究提供了良好的系列素材。当然，编者们在编写过程中也难以一步到位实现目标愿景，客观上会存在各种不足甚至错误，欢迎读者批评指正。我们诚心听取各方建议，立足提质增效，不断拓宽司法案例研究领域，创新司法案例研究方法，助推实现中国特色司法案例研究事业的高质量发展。

国家法官学院　最高人民法院司法案例研究院

2025 年 3 月

目　录

Contents

一、确认劳动关系

二、劳动合同的订立

三、劳动合同的履行和变更

四、劳动合同的解除和终止

五、竞业限制

六、社会保险

七、劳务派遣

八、劳动争议仲裁

一、确认劳动关系

1

以用工事实与用工合意二要素认定劳动关系

——冯某诉某餐饮公司劳动合同案

【案件基本信息】

1. 裁判书字号

上海市第一中级人民法院（2023）沪01民终2827号民事判决书

2. 案由：劳动合同纠纷

3. 当事人

原告（上诉人）：冯某

被告（被上诉人）：某餐饮公司

第三人：张某、沈某

【基本案情】

2020年11月16日，冯某经张某招聘至某餐饮公司经营的酒家厨房工作。

2020年12月至2021年10月，除某餐饮公司法定代表人朱某于2020年12月以及案外人“华先生”于2021年5月向冯某转账两笔款项外，冯某的报酬主要由张某、沈某支付。

2021年1月至2022年2月，朱某向沈某或张某转账数十笔，其中2021年

11月之前大多附言为工资，其后大多附言为承包款。

冯某请求法院判令：（1）某餐饮公司支付2020年12月17日至2021年10月26日未签订书面劳动合同二倍工资差额94137元；（2）某餐饮公司支付2020年11月16日至2021年10月26日休息日加班工资55861.65元、法定节假日加班工资9930.96元，共计65792.61元；（3）某餐饮公司支付违法解除劳动关系赔偿金18000元。某餐饮公司不同意冯某的诉讼请求。

一审中，某餐饮公司提供了其与张某、沈某签订的承包期限为2020年11月1日至2022年10月31日后厨承包协议。冯某未就后厨承包协议签章形成时间申请司法鉴定。

二审中，冯某陈述，平时系由张某、沈某、朱某对其进行工作安排，亦是张某对其实施了解除劳动合同行为；除诉请款项外，在职期间的正常报酬已发放；冯某另申请对后厨承包协议签章形成时间申请司法鉴定。法庭询问，冯某提供的微信聊天记录是否存在朱某直接对其安排工作或者进行管理的内容，冯某表示未找到相关内容，某餐饮公司与张某、沈某均陈述，双方不存在劳动关系，某餐饮公司未为其二人缴纳社会保险费等。

【案件焦点】

冯某与某餐饮公司之间是否存在劳动关系。

【法院裁判要旨】①

上海市松江区人民法院经审理认为：判断冯某、某餐饮公司之间是否存在劳动关系关键在于双方是否符合劳动关系中用工的从属性特征。本案中，某餐饮公司称其将后厨发包给了张某、沈某并提供了后厨承包协议、委托书及银行明细等证据，张某、沈某对此予以认可，冯某虽对此不予认可，但未提供相反的证据予以推翻，故法院采信某餐饮公司的意见。冯某虽提供了考勤表、收入证明、微信聊天记录、对话视频等证据，但某餐饮公司对此均不予认可，且根

---

① 本书【法院裁判要旨】适用的法律法规等条文均为案件裁判当时有效，下文不再对此进行提示。

据冯某的陈述，收入证明系由案外人盖章，冯某未能证明系由某餐饮公司出具，其余证据均难以显示冯某、某餐饮公司之间存在从属性，故均不予采纳。结合冯某系由张某、沈某招聘、安排工作及考勤管理，冯某的工资大部分系由张某、沈某发放的事实，难称冯某、某餐饮公司之间存在劳动关系，故对于冯某基于劳动关系所主张的二倍工资差额、加班工资、违法解除劳动关系赔偿金，均不予支持。

上海市松江区人民法院依照《中华人民共和国劳动法》第七十八条规定，判决如下：

驳回冯某的全部诉讼请求。

冯某不服一审判决，提起上诉。上海市第一中级人民法院经审理认为：根据法律规定，劳动关系自用工之日起建立。用人单位是否对劳动者进行过用工，应从经济从属性以及管理从属性上进行判断。本案中，冯某的报酬主要由张某、沈某支付。虽然朱某曾于 2020 年 12 月以及案外人“华先生”曾于 2021 年 5 月向冯某转账两笔款项，但就转账原因，某餐饮公司以及张某、沈某均进行了解释，上述解释亦能与朱某未在 2020 年 12 月向两人转账以及 2021 年 5 月向两人转账金额明显低于其他月份的事实相印证，更具盖然性，法院予以采纳。综上，难称冯某之于某餐饮公司存在经济从属性。另外，冯某的招录、管理、解聘均由张某、沈某具体实施，在案证据难以显示相关行为系该二人的职务行为或受托行为，冯某亦未提供证据证明朱某或某餐饮公司其他员工对其进行过用工管理，故亦难认定冯某之于某餐饮公司存在管理从属性。综上，冯某工作的场所虽然位于某餐饮公司经营的饭店，但难以认定某餐饮公司对其进行了用工。冯某主张双方存在劳动关系，缺乏依据，法院难以采纳。

冯某否认某餐饮公司与张某、沈某存在承包关系，于二审中对后厨承包协议签章形成时间申请司法鉴定。关于该协议真实性的争点在一审中已经形成，冯某申请司法鉴定，应根据《最高人民法院关于适用〈中华人民共和国民事诉讼法〉的解释》第一百二十一条第一款的规定，在举证期限届满前提出。另外，根据法院另查明的朱某与张某、沈某的转账明细，就款项的金额、频率、部分明细而言，更符合承包结算而非工资代发的特征。故而，无论上述协议是否倒签，均难以推翻承包关系的事实。综上，法院对冯某的鉴定申请不予准许。关于本案的其他争执，一审法院已详尽阐述并据以认定，二审法院予以认同，不再赘述。综上所述，冯某基于劳动关系而主张的各项上诉请求缺乏依据，难以支持；一审判决并无不当，应予维持。

上海市第一中级人民法院依照《中华人民共和国民事诉讼法》第一百七十七条第一款第一项规定，判决如下：

驳回上诉，维持原判。

【法官后语】①

实践中，关于餐饮企业与后厨工作人员之间的用工形态，通常呈现出直接用工与劳务外包两种。后厨工作人员的流动性较大，通常不与餐饮企业签订书面合同，该类人员离职后与餐饮企业产生的劳动合同纠纷，通常以双方是否存在劳动关系为主要争议焦点。本文将以用工事实与用工合意二要素阐述该类案件中认定劳动关系的思路。

一、餐饮企业直接用工与劳务外包两种用工形态

餐饮企业的后厨普遍存在两种用工形态。一是直接用工，即餐饮企业直接聘用后厨工作人员。本案中，冯某主张即如是。冯某主张，某餐饮公司与张某、沈某之间系劳动关系，张某、沈某与冯某之间系上下级关系，冯某与某餐饮公司之间系劳动关系，张某、沈某招用并管理冯某系职务行为。二是劳务外包，即餐饮企业将经营后厨事宜全部或部分发包给第三方，由第三方招用并管理后厨工作人员。本案中，某餐饮公司主张即如是。某餐饮公司主张，某餐饮公司与张某、沈某之间系承包关系，张某、沈某与冯某之间系劳务关系，冯某与某餐饮公司之间无直接的法律关系，某餐饮公司向冯某转账款项系代发工资。

---

① 本书【法官后语】对此类法律问题涉及的法律法规等内容进行了时效性更新，下文不再对此进行提示。

二、用工事实与用工合意二要素的适用规则

《中华人民共和国劳动合同法》第七条规定："用人单位自用工之日起即与劳动者建立劳动关系。用人单位应当建立职工名册备查。"对于《中华人民共和国劳动合同法》第七条第一句完整的解读应当是："囿于劳动者举证能力弱，只要其能证明存在用工的事实，法律就推定其与用人单位存在建立劳动关系的意思表示并就此达成合意，而无需其就此举证证明。"① 笔者认为，餐饮企业，尤其是一些小微餐饮企业，基于经营策略或成本的考量，人员流动较其他类型企业更为频繁。对于餐饮企业后厨工作人员劳动关系的认定，应从用工事实与用工合意两方面综合考量。一方面，若根据后厨工作人员的举证，能够明确是否存在用工事实，则可直接得出后厨工作人员与餐饮企业是否存在劳动关系。另一方面，法院应充分审查形成用工时各方当事人的真实意思，从而认定后厨工作人员究竟是与餐饮企业形成劳动关系还是与第三方形成劳务关系。

首先，从用工事实的角度判断。判断是否存在用工事实的关键在于判断当事人之间是否具有从属性特征。根据各种理论，从属性一般分为人身从属性、经济从属性、管理从属性、组织从属性等。鉴于后厨工作人员的工作职位、工作处所、工资发放、工作管理等必然会与某餐饮公司存在或多或少的联系，而判断此种联系的强弱是判断二者是否具有从属性的关键。本案中，冯某显然与张某、沈某之间的联系更为紧密，故而法院认定冯某之于某餐饮公司不存在从属性。

其次，从用工合意的角度判断。实践中，后厨工作人员通常不与餐饮企业签订书面合同，且关于留存用工合意方面的证据意识较为薄弱。因此，诉讼中后厨工作人员往往缺乏证明用工合意的直接证据。若有其他证据显示后厨工作人员与第三方形成了用工合意，则应按照当事人之间的真实意思认定相关法律关系。本案中，冯某未与某餐饮公司签订劳动合同，而某餐饮公司提供了其与张某、沈某签订的后厨承包合同，法院结合查明的事实认定某餐饮公司与张某、

① 最高人民法院民事审判第一庭编著：《最高人民法院新劳动争议司法解释（一）理解与适用》，人民法院出版社2021年版，第36页。

沈某之间更符合承包关系，再结合冯某由张某、沈某招用并管理的事实，从侧面反映出实际上冯某与张某、沈某之间存在用工合意，而非与某餐饮公司之间存在用工合意。

编写人：上海市松江区人民法院　蔡丽萍

2

跨境用工中劳动关系及工资标准的司法认定

——某科技公司诉杨某劳动争议案

【案件基本信息】

1. 裁判书字号

广东省珠海市中级人民法院（2023）粤 04 民终 2115 号民事判决书

2. 案由：劳动争议

3. 当事人

原告（上诉人）：某科技公司

被告（上诉人）：杨某

【基本案情】

杨某于 2017 年 4 月 10 日与某科技公司签订了劳动合同，约定劳动合同期限为 1 年。同年 6 月 13 日，杨某与我国澳门特别行政区雇主“某鱼栏—黄某”签订了劳动合同。杨某与某科技公司之间的劳动合同期满后，双方未续签合同，但某科技公司自 2017 年 4 月至 2021 年 4 月以人民币、澳门币或人民币+澳门币的形式向其发放工资并为其缴纳社保。杨某大部分时间在某科技公司上班，有时前往某鱼栏对其员工使用管理系统进行调研。2021 年 4 月 22 日，某科技公司向杨某发出移交工作日志、软件开发日志的通知；杨某自同年 5 月 18 日后未再回某科技公司或某鱼栏上班。某科技公司与某鱼栏系在内地及澳门分别注册成立的独立商事主体，二者在人员管理、经营业务上存在高度重合，属于关联企业。杨某、某科技公司之间的劳动争议经劳动仲裁后，某科技公司以双方之间自2017年6月13日起不存在劳动关系为由，起诉至人民法院判令其无须向杨某支付2021年2月1日至5月18日的工资和违法解除劳动合同赔偿金。杨某对劳动仲裁认定的工资标准有异议，随后亦起诉至同一法院。

【案件焦点】

1. 杨某是与某科技公司还是与某鱼栏之间成立劳动关系；2. 用人单位采用不同币种单独或合并向劳动者支付工资的，违法解除劳动合同的赔偿金基数如何确定。

【法院裁判要旨】

横琴粤澳深度合作区人民法院经审理认为：本案杨某的工作地点涉及我国澳门特别行政区，根据《最高人民法院关于适用〈中华人民共和国涉外民事关系法律适用法〉若干问题的解释（一）》第一条第四项、第十七条规定，应参照涉外民事关系确定法律适用。鉴于本案为劳动争议纠纷，杨某的劳动工作地主要在内地，故依照《中华人民共和国涉外民事关系法律适用法》第四十三条规定，本案适用我国内地法律。

第一，关于2017年6月13日至2021年5月18日某科技公司与杨某之间是否存在劳动关系的问题。尽管某科技公司与杨某在劳动合同期满后未续签，但杨某在此期间受某科技公司管理并从事某科技公司安排的有酬劳动，且接受社保的缴纳，符合原劳动和社会保障部《关于确立劳动关系有关事项的通知》第一条关于劳动关系成立的规定。内地现行法律未禁止劳动者与两家企业主体同时成立劳动关系，亦未对企业的归属作出限定，故即使杨某与某鱼栏雇主成立劳动关系也不妨碍其内地劳动关系成立的认定。因此，在某科技公司与杨某所签合同期满后，双方符合事实劳动关系的法律特征，存在劳动关系。

第二，关于工资差额的问题。2021年2月至5月，双方之间劳动关系存续，杨某仅收到澳门币工资，某科技公司未举证证实其向杨某支付了人民币工资，故存在工资差额，某科技公司对此应予补足。杨某的工资自 2020 年 9 月开始以澳门币和人民币两种形式发放，故其工资差额应参照杨某 2020 年 9 月至 2021 年 1 月人民币工资的平均数计算。

第三，关于劳动合同的解除问题。某科技公司管理人员于 2021 年 5 月 18 日告知杨某工作地点无法再办公，庭审中亦承认以杨某不服从管理为由将其“退回”某鱼栏，应当认定某科技公司确有作出解除劳动合同的意思表示，且其未举证证实解除劳动合同决定的合法性，故应认定其违法解除劳动合同，应向杨某支付赔偿金。某科技公司法定代表人、股东或者监事向杨某支付的全部劳动报酬应视为杨某的全部工资收入。从杨某实际领取的劳动报酬来看，工资分人民币与澳门币两部分发放是从 2020 年 9 月开始执行，杨某对此享有信赖利益，故法院确定应按杨某离职前十二个月澳门币和人民币工资的总和折算赔偿金计算基数。

横琴粤澳深度合作区人民法院依照《中华人民共和国劳动合同法》第三十条、第三十九条第四项、第四十七条、第八十七条的规定，判决如下：

一、驳回某科技公司的诉讼请求；

二、某科技公司于判决发生法律效力之日起十日内支付杨某 2021 年 2 月 1 日至 2021 年 5 月 18 日工资 20750. 2 元；

三、某科技公司于判决发生法律效力之日起十日内支付杨某 2017 年 4 月 10 日至 2021 年 5 月 18 日违法解除劳动合同赔偿金人民币 61999. 38 元、澳门币 55692. 75 元；

四、驳回杨某的其他诉讼请求。

某科技公司、杨某不服一审判决，提起上诉。广东省珠海市中级人民法院经审理认为：认可一审法院的事实认定与裁判理由。某鱼栏与杨某之间是否存在劳动关系不适用内地劳动法的规定，而内地现行法律未明确禁止成立双重劳动关系。

广东省珠海市中级人民法院依照《中华人民共和国民事诉讼法》第一百七十七条第一款第一项的规定，判决如下：

驳回上诉，维持原判。

【法官后语】

我国企业跨境用工或劳动者跨境就业发生纠纷时，确定法律适用是解决争议的先决条件。在审理跨境用工劳动争议时，对跨境性质的司法识别及涉外多重劳动关系的独立认定，是平衡劳动者与用人单位利益关系的关键要点。

第一，跨境性质的识别是适用法律的首要逻辑。根据《最高人民法院关于适用〈中华人民共和国涉外民事关系法律适用法〉若干问题的解释（一）》第十七条，涉及香港特别行政区、澳门特别行政区的民事关系的法律适用问题，参照适用本规定。该司法解释第一条即明确涉外性的认定规则：属人涉外、属地涉外、标的物涉外、法律事实涉外及其他涉外情形，满足其中之一的情形即当然地符合本条规定。本案杨某的工作地点涉及我国澳门特别行政区，应当参照适用涉外民事关系法律适用法的规定。

第二，对涉外多重劳动关系认定的独立性：坚持分别审查制。对于劳动争议案件，为了实现对劳动者的特殊保护，《中华人民共和国涉外民事关系法律适用法》第四十三条对冲突法规范作出特别规定，“劳动合同，适用劳动者工作地法律”，但实践中劳动者往往在多个工作地提供劳动，尤其是跨境用工，对此，对“劳动者工作地”的司法认定应以主要工作地为标准。理由在于：劳动者的权利义务是在劳动关系建立时、劳动过程中产生，而劳动关系通常在劳动者工作地或用人单位主要营业地发生。其中，劳动者工作地的法律相较其他地区的法律最为劳动者知悉。同理，当存在多个工作地时，从常理来看劳动者与主要工作地的联系更为紧密，以主要工作地为确定标准更为契合。本案杨某虽有赴我国澳门特别行政区工作的情况，但其主要工作地在横琴粤澳深度合作区，冲突规范应适用我国内地的劳动法。

对于含有涉外性质的多重劳动关系成立与否的认定，应当进行分别审查。一方面，《中华人民共和国劳动法》未禁止劳动者与用人单位成立多重劳动关系，亦未对用人单位的属地予以限定。也就是说，劳动者既可以与境内用人单位成立劳动关系，也可以与境外用人单位成立劳动关系；既可以与境内多家用人单位成立劳动关系，也可以在与境内用人单位成立劳动关系的同时与境外用人单位成立劳动关系。另一方面，在对境内或境外企业与劳动者之间是否成立劳动关系进行司法认定时，根据冲突规范指引应分别依劳动者工作地适用域外法律或域内法律审查判定。

第三，劳动关系的认定：程序方面与实体方面双途径并行。在程序法层面，法律并未规定人民法院对劳动关系的成立负有审查义务，因此，劳动者是否与境内还是境外企业存在劳动关系应依当事人申请进行审查。在实体法层面，人民法院审查劳动关系成立与否，需要从形式要件与实质特征两方面入手：第一步，先审查双方是否签订书面劳动合同，若已签订则劳动关系成立；第二步，双方未签订书面劳动合同的，根据原劳动和社会保障部《关于确立劳动关系有关事项的通知》第一条进行综合判定：(1) 双方是否符合法律、法规规定的主体资格；(2) 用人单位的劳动规章制度是否适用于劳动者、劳动者是否受用人单位的管理、从事用人单位安排的有酬劳动；(3) 劳动者提供的劳动是否属于用人单位业务的组成部分。

第四，跨境用工中劳动者劳动报酬的认定规则：以劳动者为导向。一方面，从法律解释方法而言，根据《中华人民共和国劳动合同法》第四十六条、第四十七条的规定，赔偿金计算以劳动合同解除前十二个月的平均工资为基数。对"平均工资"的含义应作文义解释与体系解释，原劳动部《关于〈劳动法〉若干条文的说明》第三条第三款明确劳动报酬是指"劳动者从用人单位得到的全部工资收入"，鉴于该条文未明确将全部工资收入限于境内，故"全部工资收入"应界定为用人单位发放的境内工资与境外工资的总和。另一方面，从裁判的价值取向而言，人民法院需对用人单位、劳动者的利益予以衡平。在劳动关系中，劳动者相较于用人单位而言，处于相对弱势地位，而劳动报酬的获取和支付是劳动双方最基础的权利义务关系。因此，对于跨境用工纠纷中劳动报酬的认定，应以境内工资与境外工资的总和进行计算。况且在实践层面，不同币种合并计算时可以采用实时汇率或平均汇率的方式加以确定，也可以由当事人双方约定固定汇率进行计算，不存在实际阻碍。

编写人：横琴粤澳深度合作区人民法院　郑恒　唐婴

3

新业态用工模式下劳动关系的认定标准

——王某诉某货运公司劳动争议案

【案件基本信息】

1. 裁判书字号

北京市第三中级人民法院（2023）京 03 民终 4371 号民事判决书

2. 案由：劳动争议

3. 当事人

原告（上诉人）：王某

被告（被上诉人）：某货运公司

【基本案情】

2018 年 6 月，王某开始从事外卖骑手工作，接受李某日常管理，站长李某每天都会开晨会，王某的工作时间为 7 点至 22 点，请假需要由站长审批。工资由某人力公司、某信息技术公司、某外包公司接替支付。

2019 年 11 月，某货运公司与某外包公司签订《配送业务外包服务合同》，某货运公司将承接的配送业务外包给了某外包公司。同月，某外包公司与劳务公司签订《配送业务外包服务合同》，某外包公司将该业务再次外包给劳务公司。王某签署的《承揽服务协议》显示王某注册成为个体工商户并与劳务公司签订承揽服务协议。

王某工作期间，某货运公司一直给王某购买雇主责任险。外卖平台软件显示王某自 2018 年 6 月至 2019 年 1 月为某传媒公司的全职骑手，自 2019 年 6 月至 2020 年 6 月为某货运公司全职骑手。经查，某传媒公司和某货运公司系关联公司。此外，每月均有外卖平台官方电话号码向王某发短信，内容为王某在某货运公司的某月薪资信息已上传至平台应用程序。在平台应用程序中的薪资界面显示的内容为某货运公司每月工资金额，该金额均与王某提交的银行流水金额一致。

王某起诉请求：确认2018年6月7日至2020年8月17日王某与某货运公司之间存在劳动关系。

【案件焦点】

王某与某货运公司在2018年6月7日至2020年8月17日是否存在劳动关系。

【法院裁判要旨】

北京市朝阳区人民法院经审理认为：依据现有证据无法认定双方之间存在劳动关系。第一，王某主张受李某管理，但李某否认与某货运公司存在劳动关系。第二，某货运公司提交《配送业务外包服务合同》，且工资由案外公司支付给王某，难以证明王某从事某货运公司安排的有报酬的劳动。

北京市朝阳区人民法院依据《中华人民共和国劳动争议调解仲裁法》第六条之规定，判决如下：

驳回王某的诉讼请求。

王某不服一审判决，提出上诉。北京市第三中级人民法院经审理认为：涉及新就业形态劳动关系认定时，应坚持“事实优先”的劳动关系认定原则，根据用工事实认定企业和劳动者的关系。判断双方是否存在劳动关系，应从“主观合意”和“客观从属性”两个角度分析。

所谓“主观合意”，是指劳动者和用人单位知晓并同意与特定对象建立劳动关系，本案中，外卖平台应用程序显示王某自入职后先后为某货运公司关联公司和某货运公司的全职骑手，其收到的短信载明薪资的发放主体是某货运公司，某货运公司为王某购买雇主责任险，因此王某有理由相信其实际是与某货运公司建立了劳动关系。用人单位开展经营活动，应依法保障劳动者的合法权益，不得诱导、强迫劳动者登记为个体工商户。本案中，虽然王某签订了承揽服务协议，但是双方没有作为法律地位平等的市场主体开展经营活动，也未实际履行承揽服务协议，实质上以承揽的方式开展用工管理，不能以此抗辩劳动关系的建立和存续。另外，从时间顺序上看，某货运公司与王某建立劳动关系后才将业务外包给某外包公司和劳务公司，考虑到王某的工作地点、工作内容均无变化，某货运公司也未提供证据主动告知王某变更了用人单位，故二审法院对其关于不存在劳动关系的主张不予采信。

所谓“客观从属性”，是指用人单位和劳动者之间具有人格从属性、经济从属性和组织从属性。第一，王某接受系统自动派单，无权拒绝接单，同时存在开晨会等集体管理的情形，存在人格从属性；第二，王某的从业行为具有较强的持续性和稳定性，收入源于某货运公司与平台结算的费用，存在经济从属性；第三，王某提供的配送服务属于某货运公司的业务组成部分，收益和风险归于公司，体现了组织从属性。综上，法院认为王某与某货运公司建立了劳动关系。从劳动关系的存续期间而言，考虑到某传媒公司和某货运公司系关联关系，王某的工作内容未发生重大变化，故法院认定王某入职时间为 2018 年 6 月 7 日。

北京市第三中级人民法院依照《中华人民共和国民事诉讼法》第一百七十七条第一款第二项规定，判决如下：

一、撤销北京市朝阳区人民法院（2021）京 0105 民初 36680 号民事判决；

二、王某与某货运公司自 2018 年 6 月 7 日至 2020 年 8 月 17 日存在劳动关系。

【法官后语】

外卖配送行业作为新业态平台经济的典型代表，就业形态较为复杂。本案中，王某根据平台派单配送商品，虽然工作时间、工作地点、工作内容均未发生变化，但作为劳动关系另一端的用人单位却迷雾重重。《最高人民法院工作报告——2024 年 3 月 8 日在第十四届全国人民代表大会第二次会议上》指出：“维护新就业形态劳动者权益……根据实际用工，判断外卖小哥等与平台企业是否存在劳动关系，破除以劳务连环外包、诱导注册个体户等方式规避用工责任的'障眼法'。"①《最高人民法院工作报告——2025年3月8日在第十四届全国人民代表大会第三次会议上》中指出："发布新就业形态劳动争议指导性案例，对平台企业要求劳动者注册为个体户再签订所谓合作合同的，明确依用工事实认定劳动关系，切实保护劳动者合法权益。"② 本案在典型案件事实中凝练出一般抽象原则，从主观合意和客观从属性双重维度审查劳动关系的建立，对于新业态用工的劳动关系主体认定进行有益探索，推动保障平台经济业务健康有序发展。

一、现状：新就业形态用工模式多样

新业态平台经济在优化服务业结构、推动消费转型、创造就业岗位和挖潜劳动力资源等方面发挥了积极作用。与之相对，传统劳动关系中通常用来判断劳动关系存在的某些参考性标准如工作制服、任务分配机制、考勤管理等被消解，存在雇佣主体多元化、工作地点去中心化和从属性削弱化等特征，给劳动关系的认定和劳动者合法权益的维护造成一定障碍。

以外卖配送行业为例，实践中通常采用以下模式：

一是传统用工模式。此类用工模式劳动关系清晰，用人单位受到劳动法的全面规制。包括：(1) 餐馆自行雇佣骑手；(2) 外卖平台自行雇佣骑手；(3) 外卖平台劳务派遣。

二是众包模式。不特定的大众通过平台关联的应用注册成为骑手，即可抢单配送。包括：(1) 外卖平台直接招募众包骑手；(2) 外卖平台与众包服务公司合作。

三是专送模式。此类用工模式下配送商将骑手所带来的人力成本和用工风险进一步向外剥离和区隔。包括：(1) 外卖平台与配送商合作，配送商招募骑

---

① 《最高人民法院工作报告——2024年3月8日在第十四届全国人民代表大会第二次会议上》，载最高人民法院网站，http：//gongbao. court. gov. cn/Details/91879661d9288abc72798a23b1ecec. html，2025年2月25日访问。

② 《最高人民法院工作报告——2025年3月8日在第十四届全国人民代表大会第三次会议上》，载最高人民法院网站，https：//www. court. gov. cn/zixun/xiangqing/457991. html，2025年2月25日访问。

手；(2) 配送商转包或分包给其他多个公司甚至个人；(3) 配送商与灵活用工平台合作，专送骑手注册为个体工商户。

二、难题：用工模式“多角化”趋势突出，传统劳动关系认定标准面临新挑战

在平台经济模式下，为适应市场变化和应对用工合规风险，越来越多的互联网平台逐渐从传统的自营模式或劳务派遣模式转变为引入代理商、分包商乃至多层劳务外包的多角用工模式，用工链条更为复杂，涉及主体更为多元，“平台+从业人员+多家公司（如代理商、合作商、某外包公司等）”的长链条模式成为新常态；用工平台、代理商及劳务外包商等各自独立的不同主体对从业人员分别施以线上或线下不同程度的管理，并通过与从业人员签订服务协议、承包协议、合作协议等方式避免产生劳动关系；部分从业人员可能也会打破单一用人单位形式，同时为多家用工平台或企业提供服务，导致用工平台或企业对从业人员的劳动管理职能日趋分散。

本案中，劳动者接收订单的外卖平台、日常管理的外卖站点、薪资发放主体均为不同的公司。公司通过连环外包的方式架设防火墙，并企图让劳动者注册个体工商户，将劳动关系模糊为承揽关系。这种多主体的复杂用工模式，不仅使从业人员的权益保障和权利救济面临困境，也给审判实践中人民法院对各方法律关系的厘清，特别是对从业人员与用工平台和企业之间法律关系的定性带来了极大挑战。

三、思路：坚持事实优先原则，穿透识别新就业形态劳动者的劳动关系

新业态用工模式的非典型劳动关系为“伞型劳动关系”，一端是劳动者，另一端链接参与新业态商业模式的诸多公司，劳动关系在算法的外衣下更加隐蔽，从属性的适用场域从有形的物理空间转向无形的数码空间，因此需要通过揭开面纱发现实质从属性，在二要件式认定标准项下设立开放式的认定要素，以主观合意和客观从属性为标准，穿透识别真正的用人单位主体。

从主观合意而言，劳动关系作为民事关系的一环，自然也离不开意思自治原则的约束，建立劳动关系时双方需存在主观合意，劳动者知晓劳动付出的对

象，并有选择用人单位的权利。同时，考虑信息不对称因素及维权能力强弱，不能苛求劳动者穷尽一切方式挖掘背后真实的用工主体，如现有的证据足以产生外观表征信赖，则可以认定劳动者在主观上与该对象建立了劳动合意。本案中，不论是外卖平台还是短信通知均显示用人单位为某货运公司，且该公司还实际为王某购买了雇主责任险，从理性第三人角度来说，这些足以使王某产生其已实际与该公司建立劳动关系的信赖。

从客观从属性而言，非典型劳动关系的人格从属性与经济从属性的认定方式与以往不同，应参考用工时长、最终获利、管理惩戒等事实因素确定劳动关系。首先，在判断人格从属性方面，平台企业对劳动者缺少了直接的指挥命令，但是以算法为代言人间接地发出指令，从控制角度可以通过判断用工单位是否通过设定规则引导劳动成果，例如本案中用人单位对每一单的送达时间作出规定、每天的在线时长及请假制度均加以限制。在经济从属性的判断方面，虽然新业态用工常见按单结算模式，但用工单位通常具有强势的定价权，因此在与用工单位建立法律关系时，劳动者是否具有"讨价还价"的权利，可以作为甄别经济从属性的因素，结合审查劳动者收入来源情况，判断劳动者是否具有经济上的弱势地位。

编写人：北京市第三中级人民法院　龚勇超　林鑫　郭妍子

4

在校学生假期实习期间担任"网络主播"劳动关系的认定

——张某诉某传媒公司劳务合同案

【案件基本信息】

1. 裁判书字号

重庆市第三中级人民法院（2023）渝 03 民终 2141 号民事判决书

2. 案由：劳务合同纠纷

3. 当事人

原告（被上诉人）：张某

被告（上诉人）：某传媒公司

【基本案情】

张某系某职业学院在校学生，2023年5月，张某与某传媒公司联系主播事宜，意在做暑假工获取报酬和实习证明。张某接受公司7天的培训后，开始在某传媒公司做主播工作，并签订了《主播独家合作经济协议书》，合同约定由某传媒公司担任张某的演艺经纪公司，并充分利用其资源对张某进行形象设计、包装及宣传推广和协调平台关系，以提升张某的人气、粉丝量、流量变现的能力，负责安排张某全部直播工作及直播之外的商业活动，全权代理张某所涉直播、出版、演出、录音、录像等商业活动，可在征得张某授权后签订有关合同，某传媒公司根据张某的演艺风格、才艺情况，与张某洽谈，安排适合张某的商务经济活动。每个自然月，张某在某传媒公司指定的互联网直播演艺平台直播有效天数不少于156小时，不少于26天（每6个小时为一个有效天数），某传媒公司每月结算张某工资。双方并对张某在平台直播获得的收益分成进行了约定。2023年7月，某传媒公司以张某违约为由停止其工作。后张某提起仲裁申请，要求补发工资、提成、违约赔偿金，仲裁委员会作出不予受理决定后，张某不服向法院提起诉讼，请求人民法院确认张某与某传媒公司存在劳动合同关系，由某传媒公司补发张某工资及提成3097元，赔偿张某3000元。

【案件焦点】

在校学生利用假期实习担任“网络主播”，其与企业之间是否存在劳动关系。

【法院裁判要旨】

重庆市涪陵区人民法院经审理认为：张某利用暑期打工以获取劳动报酬和

实习证明为目的，到某传媒公司工作，某传媒公司也知晓张某为在校学生，到公司工作是为了打暑假工，双方无主播合作经纪之意向。虽双方签订《主播独家合作经纪协议书》约定某传媒公司为张某提供演艺经纪事宜，但根据现有证据只能证明张某按约定履行了直播等劳务，张某自主决定直播的内容、形式、场所、时间点，某传媒公司对张某的管理和控制明显较弱，双方未在人格上和经济上形成从属性的劳动关系特征，双方属于劳务合同关系。张某向某传媒公司提供劳务，应当获得相应报酬。

重庆市涪陵区人民法院依据《中华人民共和国民法典》第一百四十六条第一款、第一百五十七条，《中华人民共和国民事诉讼法》第六十七条第一款之规定，判决如下：

某传媒公司支付张某劳务报酬 2413. 38 元。

某传媒公司不服一审判决，提起上诉。重庆市第三中级人民法院依照《中华人民共和国民事诉讼法》第一百七十七条第一款第一项规定，判决如下：

驳回上诉，维持原判。

【法官后语】

与传统演艺相比，网络主播行业凸显出灵活性、互动性、可及性等特征，相应地，网络直播行业就业形态和利益分配方式也日趋多样化，网络主播和所在的公司企业双方之间是劳动关系抑或其他关系，应根据个案情况加以认定，不能一概而论。

一、传统用工模式下劳动关系的认定与“网络主播”用工关系的类型分析

劳动关系是指用人单位与劳动者运用劳动能力实现劳动过程中形成的一种社会关系。原劳动和社会保障部《关于确立劳动关系有关事项的通知》第一条规定：“用人单位招用劳动者未订立书面劳动合同，但同时具备下列情形的，劳动关系成立。（一）用人单位和劳动者符合法律、法规规定的主体资格；（二）用人单位依法制定的各项劳动规章制度适用于劳动者，劳动者受用人单位的劳动管理，从事用人单位安排的有报酬的劳动；（三）劳动者提供的劳动是用人单位业务的组成部分。”可见，劳动关系的双方主体除存在劳动关系即

经济关系外，还存在人身关系，即行政隶属关系。劳动者除提供劳动之外，还要接受用人单位的管理，服从用人单位的安排，遵守用人单位的规章制度，成为用人单位的成员。

作为一种新型就业形态，目前网络主播主要涉及的用工模式有以下三种。一是网络主播利用商家或自己的账号直播卖货，此种类型涉及主播与卖货商家之间关系的认定；二是网络主播以签约或者获得授权的方式在直播平台进行直播，此种类型涉及主播与直播平台关系的认定；三是网络主播与经纪公司签订经纪协议，经纪公司对主播提供服务和管理，此种类型涉及主播与经纪公司之间关系的认定，本案即属于此种类型。对于上述三种主要的网络主播用工模式，因其用工模式、特点均有较大差异，对于劳动者与用人单位之间的关系，应根据个案情况具体分析。

二、在校学生担任“网络主播”用工形态中劳动关系的认定要点

由于现行法律并未将在校学生排除在劳动法适用主体之外，在校学生的身份不能成为其作为劳动主体资格的限制。因此，对于在校学生担任网络主播类人员用工关系的认定，应当运用“穿透式”审判思维，重点考虑当事人合意、隶属关系、用工单位对主播的管理程度等因素，结合互联网用工特性，正确厘定由学生担任的网络主播与用工单位之间的关系。

第一，从用工合意角度来看，用工合意是指劳动者和用人单位在平等自愿、协商一致的基础上就是否建立劳动关系及条件、内容达成合意。本案中，虽张某与某传媒公司签订了《主播独家合作经济协议书》，但该协议的实质系为规范双方在合作过程中的具体权利义务，根据案件查明，张某与该传媒公司合作的本意系为获取实习证明，附带获取一定的劳动报酬，这也符合在校学生假期工作实习的特征。第二，从隶属关系来看，隶属性是劳动关系的本质属性，包括人身隶属性、经济隶属性及组织隶属性，即包含劳动者是否必须接受用人单位的管理、遵守用人单位的规章制度并完全服从其安排，用人单位是否要对劳动者支付相应报酬及劳动者是否为用人单位内部稳定的成员三个维度。本案中，张某尚未毕业，仍受学校的教育管理，其与某传媒公司并未形成新的人身隶属

关系，其亦非该传媒公司内部稳定的成员。第三，从用工单位对主播的管理程度来看，本案中，张某自主决定直播的内容、形式、场所、时间点，某传媒公司对张某的管理和控制明显较弱，双方未在人格上和经济上形成从属性的劳动关系特征。而根据张某与某传媒公司平等协商后，签订协议书，约定由张某提供劳务，某传媒公司向其支付报酬的合作模式来看，双方之间应为劳务合同关系，而非劳动关系。

编写人：重庆市第三中级人民法院　伍柯聿

5

投资人与企业之间劳动关系的认定

——某科技公司诉宋某劳动争议案

【案件基本信息】

1. 裁判书字号

北京市第二中级人民法院（2023）京 02 民终 489 号民事判决书

2. 案由：劳动争议

3. 当事人

原告（上诉人）：某科技公司

被告（被上诉人）：宋某

【基本案情】

宋某主张于 2018 年 11 月 27 日入职某科技公司，担任项目总监，任职期间主要从事市场销售等工作。某科技公司成立于 2018 年 11 月 27 日，石某系该企业大股东。2019 年 7 月 17 日，某管理中心成立，执行事务合伙人为石某且为无限责任合伙人，杜某、于某、宋某均为有限责任合伙人。此后，某管理中心

（有限合伙）成为某科技公司股东，认缴出资日期为2019年8月30日。2019年8月7日，石某、杜某、宋某、于某四人约定：“……甲、乙、丙、丁以创始股东身份持有企业股权，丙方（即宋某）以现金外加2018—2019年度12个月工资折算，拥有某科技公司26万元的出资额，通过有限合伙企业，实际持有某科技公司3.47%股权。”2019年8月7日，石某、杜某、宋某、于某四人约定：“由于石某、杜某、宋某、于某为企业创始股东，在销售市场享有特别的权限，特作如下规定……创始股东享有企业销售提成的最高权限，即毛利润45%”。2019年6月12日，宋某与石某约定石某将某科技公司3.47%的股权转让给宋某，宋某以人民币20万元，外加2018—2019年度12月工资折算为6万元，总计26万元的价格受让。2019年6月13日、7月11日宋某分别向石某转账10万元，摘要均记录为认购股份。某科技公司在备案公示的股东信息中并无宋某的任何记录。2020年9月24日，石某与宋某约定宋某将其持有的某管理中心的股权以20万元的价格转让给石某。

2020年8月，宋某开始向石某索要工资。2020年10月30日，宋某向北京市西城区劳动人事争议仲裁委员会申请仲裁，请求确认双方自2018年11月27日至2020年8月31日存在劳动关系、支付违法解除劳动关系赔偿金40000元、支付2018年11月27日至2020年8月31日工资151839.08元、支付2018年12月27日至2019年11月26日未签劳动合同二倍工资差额11万元、支付2019年1月1日至2020年8月31日未休年假工资7356.32元并出具离职证明。2021年4月28日，该委作出裁决书，裁决确认某科技公司与宋某在2018年11月27日至2020年8月31日存在劳动关系、某科技公司支付该期间工资151839.08元、2019年10月31日至2019年11月26日未签劳动合同二倍工资差额8735.63元，驳回宋某的其他仲裁请求。某科技公司不服该裁决，于法定期限内起诉至北京市西城区人民法院。

【案件焦点】

某科技公司与宋某是否存在劳动关系。

【法院裁判要旨】

北京市西城区人民法院经审理认为：第一，宋某出具的会议纪要及钉钉审批截图等证据显示其作为劳动者已为某科技公司提供了劳动并接受其劳动管理，其提供的劳动属某科技公司的业务组成部分，某科技公司提供的打卡记录显示宋某存在持续出勤记录，符合建立劳动关系的人格从属性及组织从属性标准。第二，宋某与石某的微信记录显示其多次提出工资主张，双方就工资标准亦进行过协商，案涉股权转让协议涉及宋某工资折算问题，符合建立劳动关系的经济从属性标准。第三，2019年1月至2020年8月，某科技公司为宋某缴纳了社会保险，符合建立劳动关系的外观特征。宋某于2019年6月12日与石某签订涉及某科技公司的股权转让协议，2019年7月16日宋某签订涉及某科技公司的股东企业的合伙协议，上述协议签订日期均晚于宋某开始在某科技公司工作的时间；宋某虽签订了股权转让协议，但某科技公司并未在登记机关办理变更登记，从逻辑上来讲，宋某也不因是股东而不具有劳动者的身份。

北京市西城区人民法院依照《中华人民共和国劳动合同法》第七条、第三十条、第八十二条，《最高人民法院关于适用〈中华人民共和国民事诉讼法〉的解释》第九十条、第九十一条之规定，判决如下：

一、某科技公司与宋某在2018年11月27日至2020年8月31日存在劳动关系；

二、判决生效后七日内，某科技公司支付宋某2018年11月27日至2020年8月31日工资151839.08元；

三、判决生效后七日内，某科技公司支付宋某2019年10月31日至2019年11月26日未签订劳动合同二倍工资差额8735.63元；

四、驳回某科技公司之诉讼请求。

某科技公司不服一审判决，提起上诉。北京市第二中级人民法院依照《中华人民共和国民事诉讼法》第一百七十七条第一款第一项规定，判决如下：

驳回上诉，维持原判。

【法官后语】

投资人身份与劳动者身份不是互相对立的，一个自然人可以基于出资而成为投资人以获取资产收益，也可以基于提供职业性劳动而成为劳动者以获取劳动报酬。股东与企业之间劳动关系的认定要坚持以“事实优先”为原则，以“从属性+要素式”的认定思路，着重考察投资人与企业之间的用工事实，以各项要素为抓手判断投资人与企业之间是否具有人格、经济及组织三方面的从属性。

《中华人民共和国劳动合同法》第七条“用人单位自用工之日起即与劳动者建立劳动关系”即体现了这一原则。劳动关系的建立应当以提供劳动事实为基础，有无劳动合同不是必要条件。实践中往往存在先签劳动合同然后推迟入职时间或者先入职提供劳动后续补签劳动合同的情形，但无论是何种情况，劳动关系的成立时间均以实际用工之日为准，股东与公司之间劳动关系的成立时间同样适用该条的规定。

当然，仅以“事实优先”为原则作为判定规则在股东与公司认定劳动关系类案件中存在“先天性不足”。股东行为与劳动者行为在外观上难以区分，据此直接从提供劳动事实方面推断劳动关系是否成立便行不通。不过，实践中分析股东实施行为的来源是一个很好的解决办法，即以“事实来源优先”为原则。例如，劳动者因担任法定代表人而从事除董事职权以外的公司其他具体业务，该事实来源为劳动者担任法定代表人，且具体事实属于董事职权之外，最终法院在该案中认定劳动关系存在；再如，股东从事某些行为基于与公司之间的合作协议，最终法院在该案中认定劳动关系不存在；以及，股东虽然担任公司总经理，但系基于公司章程和股东之间的约定，其实施的行为来源于股东之间的分工，而非公司的安排，最终法院在该案中认定劳动关系不存在。故此，在股东与公司认定劳动关系类案件中，不妨着重考察股东实施的行为的来源是什么，若该来源系基于合伙协议、股东间的约定，且该协议或约定不能体现“公司的安排”，则可以认定劳动关系不存在；若个案中没有相关协议作为参考，则可结合其他表征加以判断。

人格从属性主要体现在公司的工作规则、劳动纪律、奖惩办法等可以适用于劳动者，劳动者无法自主决定工作时间、工作方式以及工作量。人格从属性虽然是劳动关系的核心标准，但在股东与公司之间的劳动关系认定这一议题中，其作用有限，其原因有二：首先，一般的股东与公司之间的人格从属性很弱，因为公司股东一般不受公司规章制度的约束，其能够自主决定是否参与公司经营，自主决定参与公司经营的具体范围以及内容，若股东自由支配工作时间，不参与公司的考勤管理，不受公司奖惩制度约束，那么股东与公司之间的劳动关系很难认定；其次，若股东决定参与公司经营，且为公司经营付出了实际“劳动”，那么需要区分股东为公司经营所实施行为的性质，若是投资经营行为，则双方人格从属性弱，若是劳动行为，则人格从属性强，应当认定劳动关系存在。本案中，宋某采买物资、向银行借贷资金、向劳动者发工资、进行项目推进等事项与公司财务部门、市场部门的工作内容高度混同，因此单从劳动内容来看不容易判断股东与公司之间的劳动关系。但从接受管理的角度来看，宋某采买物资需要经过审批，并且某科技公司提交的打卡记录显示其有持续出勤的记录，这表明宋某接受某科技公司的业务管理与考勤管理，具有一定的人格从属性。

经济从属性指的是劳动者为企业提供劳动以换取报酬，企业向劳动者支付的劳动行为的对价是劳动者主要或唯一的收入来源。在经济从属性中，劳动关系下的劳动者不具备与普通雇佣关系下的劳动提供者一样的议价能力，其只能被动接受或在很有限的范围内决定自己的报酬。如上所述，股东既可以基于股东身份获得出资收益，也可以基于劳动者身份获得劳动报酬，前者与公司经营状况息息相关，而后者除部分名目的报酬与公司经营状况有关外，其余则属于固定收入或依据劳动者自身劳动成果而定。劳动报酬的获得有很强的周期性，劳动者与用人单位往往会在劳动合同中约定或依惯例遵循相对固定的发薪周期及发薪日期。当认定股东与公司之间的劳动关系时，可以考察股东是否在一定期间内周期性地获得收益，并且这种周期性收益是基于其周期性地实施了劳动行为。本案中，某科技公司由于经营不善，并没有向宋某周期性地支付款项，因此并不能直接根据支付凭证认定双方之间存在经济从属性。但从宋某与石某的微信聊天记录来看，宋某曾向石某索要工资，而石某承认支付部分款项并承诺支付剩余部分，此系对经济从属性的补强。

组织从属性主要体现在劳动者是否被纳入企业的组织体系当中，成为企业生产经营的有机部分，并以企业的名义对外提供服务等。一般情况下，股东若直接参与公司经营活动或仅临时性提供帮助，其不会被纳入公司组织架构当中。本案中，宋某在某科技公司主要从事市场销售工作，其打卡记录显示所属部门为市场部，再结合宋某提交的各会议记录以及钉钉审批截图，宋某隶属于市场部能够达到高度盖然性标准，因此其与某科技公司具有组织从属性。

进行要素式的判断主要是为弥补单纯理论认定的不足，原劳动和社会保障部《关于确立劳动关系有关事项的通知》第二条列举了工资支付凭证或记录、缴纳各项社会保险费的记录，用人单位向劳动者发放的“工作证”“服务证”等能够证明身份的证件，招工招聘“登记表”“报名表”等招用记录，考勤记录，其他劳动者的证言等要素，虽然这些劳动要素对认定新用工形态下的劳动关系可能不够充分，但于股东与公司认定劳动关系类案件而言还可发挥作用。本案中，某科技公司为宋某缴纳了社会保险，宋某存在持续性打卡记录，这些能够在一定程度上说明宋某与某科技公司存在劳动关系。当然除了上述这些实物要素，还有其他非实物要素，如逻辑要素。本案中宋某与某科技公司虽签订有股权协议、合伙协议，但签订时间均晚于宋某开始在某科技公司工作的时间，即宋某在获得股东身份之前早已开始为某科技公司提供劳动。宋某虽签订了股权转让协议，但某科技公司并未在公司登记机关办理变更登记。

综上，劳动法并未禁止股东与其投资的公司建立劳动关系，但应注意区分股东的投资经营行为和劳动行为。当股东请求确认其与公司存在劳动关系时，应抓住用工事实以及从属性特征这个主要矛盾，做到具体问题具体分析。

编写人：北京市西城区人民法院　邱少鹏

6

企业与投资人之妻订立劳务外包协议，劳务提供者与企业是否成立劳动关系的认定

——陈某诉某清洁服务部劳动争议案

【案件基本信息】

1. 裁判书字号

重庆市第三中级人民法院（2023）渝 03 民终 2200 号民事判决书

2. 案由：劳动争议

3. 当事人

原告（被上诉人）：陈某

被告（上诉人）：某清洁服务部

【基本案情】

某清洁服务部系个人独资企业，黎某为投资人，企业的经营范围为干洗、水洗服装、床上用品。2022 年 1 月 1 日，某清洁服务部与黎某之妻宋某签订《劳务承包协议》，协议主要约定：某清洁服务部将劳务发包给宋某，某清洁服务部与宋某所安排的具体从事劳务服务的人员之间不存在劳动关系或者劳务关系，不需为其购买社会保险支付任何费用、补偿、赔偿等。对于宋某提供的劳务人员，某清洁服务部对其工作不认可时可要求更换；在承包期内，宋某所聘人员所发生的劳务纠纷、工伤、病残和安全事故等应由宋某自行负责处理并承担赔偿责任，赔偿之后不得向某清洁服务部追偿等。

2022 年 5 月 18 日至 2023 年 2 月 20 日，某清洁服务部多次向宋某转账支付款项，用途为“劳务费”“其他”等。2022 年 6 月 8 日，陈某通过招聘信息与

宋某电话联系后到某清洁服务部处从事水洗工工作，由宋某与陈某协商确定了工资待遇，但未订立书面劳动合同。2023 年 1 月 30 日，宋某告知陈某其被解雇。

陈某工作期间，宋某通过微信转账支付陈某工资合计 26627 元，陈某提供记载其工资的《收款收据》载明的客户名称为"某清洁服务部"。2023 年 6 月 12 日，陈某向劳动争议仲裁机构申请仲裁，请求裁决某清洁服务部支付未订立书面劳动合同期间的双倍工资差额 24500 元和违法解除劳动合同赔偿金 7000 元。劳动争议仲裁机构经审理后作出仲裁裁决，驳回陈某的仲裁申请。陈某不服，提起本案诉讼，诉请与其仲裁请求一致。

另查明，陈某上班报到时间不固定，早至三四点，晚至八九点，其每月休息时间仅有一天。某清洁服务部处的员工均由宋某雇佣。

再查明，黎某与宋某之间系夫妻关系。

某清洁服务部辩称，案涉《劳务承包协议》系双方的真实意思表示，合法有效，应予采信。某清洁服务部不参与宋某的选人用人，只对宋某进行考核，宋某的行为并不属于代表某清洁服务部进行管理的职务行为，故某清洁服务部与陈某之间并无劳动关系。

【案件焦点】

企业与特殊关系人签订劳务外包协议后，劳务提供者与企业之间是否仍可构成劳动关系。

【法院裁判要旨】

重庆市南川区人民法院经审理认为：某清洁服务部与宋某签订的《劳务承包协议》明确约定，由宋某个人自行对聘请人员进行处理并承担责任，而宋某与某清洁服务部的投资人黎某系夫妻关系，故双方旨在通过所谓的劳务外包，将某清洁服务部应承担的用工风险转嫁给宋某。某清洁服务部在诉讼中未证明宋某招聘陈某时已明确告知其系宋某个人聘请，并且陈某提供的记载自己工资金额的《收款收据》上，载明的客户名称为"某清洁服务部"。因此，宋某聘请陈某入职、管理、按月发放工资等行为，均系代表某清洁服务部进行管理的职务行为。同时，陈某在工作中从事水洗工作，该业务是某清洁服务部所经营的主营业务之一。故，确认陈某与某清洁服务部在 2022 年 6 月 8 日至 2023 年 1 月 30 日存在事实劳动关系。由于双方未签订书面劳动合同，某清洁服务部应当支付陈某二倍工资差额。某清洁服务部违法解除与陈某之间的劳动合同，其依法应承担违法解除劳动合同赔偿金。

重庆市南川区人民法院依据《中华人民共和国劳动合同法》第十条、第四十七条、第四十八条、第八十二条第一款、第八十七条和《最高人民法院关于适用〈中华人民共和国民事诉讼法〉的解释》第九十条之规定，判决如下：

一、某清洁服务部在判决生效后五日内支付陈某未签订书面劳动合同的二倍工资差额 24227 元和赔偿金 6656.75 元；

二、驳回陈某的其他诉讼请求。

某清洁服务部不服一审判决，提起上诉。重庆市第三中级人民法院经审理认为：案涉《劳务承包协议》系黎某与宋某的内部协议，对陈某不具有法律约束力。黎某与宋某系夫妻关系，陈某有充分理由相信宋某对其的安排工作、日常管理、发放工资等行为系代表某清洁服务部的职务行为，其法律后果应由某清洁服务部承担。

重庆市第三中级人民法院依照《中华人民共和国民事诉讼法》第一百七十七条第一款第一项之规定，判决如下：

驳回上诉，维持原判。

【法官后语】

实践中，部分企业有意识地针对劳动关系从属性的判断标准，采取了一系列包含隐蔽权力、转变权威、变更外部标志在内的操作，如通过发包转包等方式，将其用工内容，拆解后分包给第三方，再由第三方招聘劳动者。此举意在将企业与劳动者之间的劳动关系，混淆为承揽、提供劳务等其他法律关系，以减轻企业责任。司法实践中，此类纠纷呈现出纷繁复杂的特点，如何正确认定用工主体，揭开发包转包等“面纱”，显得尤为重要。

首先，从核心因素——人格从属性方面判断。劳动关系的本质在于对劳动者的管理和控制，且此种管理、控制主要体现为人格从属性。人格从属性系劳动关系的本质特征，是判断劳动关系有无、强弱的核心因素。而人格从属性的核心，是用人单位对劳动者的指挥管理和监督控制，应结合用工企业对员工的控制方法、程度、奖惩措施等外部标志来对人格从属性进行认定。具体而言包括：企业是否对员工的工作时间、工作地点及内容有要求；企业是否对员工进行监督；企业是否拥有对员工进行奖惩的权力；员工是否享有自主工作时间选择权；等等。具体个案分析中，可结合案件实际情况，对上述要素进行全面综合分析，根据企业对员工是否享有管理权、管理权的强度上判断双方是否具有人格从属性。本案中，陈某工作的地点系某清洁服务部，工作的内容为水洗工作；除每月一天的休息日外，其余时间均需到岗上班，其工作时间较为固定；某清洁服务部对包括陈某在内的，由宋某招聘的工作人员可随时更换，体现出该企业对员工具有包括解雇在内的惩罚权力。从人格从属性的角度看，陈某与某清洁服务部之间符合劳动关系的特征。

其次，从关键因素——经济从属性方面判断。因人格从属性强弱的判断具有一定的主观性、抽象性，而员工取得的收入是具体、可量化、易举证的，故经济从属性的强弱程度是区分劳动关系成立与否的关键。具体而言包括：员工获取报酬的方式及发放主体，是否具有持续稳定的特点；企业是否规定了员工的报酬标准；生产资料是否由企业提供等。本案中，虽然陈某的劳动报酬系由宋某通过微信转账支付，但综观该款项的来源，是由某清洁服务部转给宋某，且陈某的工资《收款收据》载明的客户名称为“某清洁服务部”，足以证明宋某为“二传手”，实际向陈某发放劳动报酬的是某清洁服务部；陈某获取劳动报酬系按月获取，具有持续稳定性；陈某仅提供劳动，劳动过程中的生产资料为某清洁服务部提供。从经济从属性上看，陈某与某清洁服务部之间亦属劳动关系。

最后，从辅助因素——组织从属性方面判断。组织从属性主要包括：企业是否通过具体业务在消费者面前营造了一种组织从属的外观；员工是否单独完成相关工作内容；员工从事的工作是否属于企业的主营业务；等等。本案中，陈某的工作地点、工作内容足以使陈某认为其系某清洁服务部员工。从组织从属性上看，陈某与某清洁服务部之间符合劳动关系从属性特征。

此外，对于此类纠纷，还需审查企业与签订协议方的关系、订立协议的内容等，以此研判企业的真实目的。如本案中，从协议订立主体上看，某清洁服务部的实际投资人黎某与宋某系夫妻关系，双方实际为利益共同体；从协议内容上看，宋某所聘人员所发生的劳务纠纷、工伤、病残和安全事故等应由宋某自行负责处理，而该清洁服务部的从业人员均由宋某招聘。该企业的真实目的显然是通过所谓的劳务外包将企业应承担的用工风险转嫁给宋某，以达到规避和免除该企业作为用人单位应当对劳动者承担相应法律责任的不法目的。

编写人：重庆市第三中级人民法院　伍柯聿

7

公司高级管理人员劳动关系的认定

——李甲诉某投资公司劳动合同案

【案件基本信息】

1. 裁判书字号

上海市第一中级人民法院（2023）沪01民终6121号民事判决书

2. 案由：劳动合同纠纷

3. 当事人

原告（被上诉人）：李甲

被告（上诉人）：某投资公司

【基本案情】

2018 年 7 月 17 日，李甲被任命为某投资公司的执行董事、法定代表人；2021 年 4 月 7 日，李甲不再担任该公司法定代表人。某投资公司系案外 A 公司占股 99%的股东，李乙系某投资公司的实际控制人。2018 年 11 月至 2019 年 5 月，李乙以某投资公司的名义将李甲派往案外 A 公司担任董事一职。李甲与李乙、牛某就工资事宜有过沟通。

李甲提出如下诉讼请求：1. 确认李甲、某投资公司从 2018 年 6 月 20 日至 2021 年 4 月 7 日存在劳动关系；2. 某投资公司支付李甲 2018 年 7 月 1 日至 2019 年 4 月 30 日 50%未支付的工资 40 万元；3. 某投资公司支付李甲 2019 年 5 月 1 日至 2021 年 4 月 7 日的未发工资 1791938.65 元；4. 某投资公司支付李甲解除劳动关系的经济补偿金 34188 元。

某投资公司则认为，双方没有建立劳动关系的合意；不具有人身、经济从属性，李甲不在某投资公司处实际工作，无须遵守某投资公司的各项规章制度，不接受某投资公司的管理。李甲由李乙安排工作，与李乙产生雇佣或委托的法律关系，与某投资公司无关。

【案件焦点】

1. 李甲与某投资公司是否存在劳动关系；2. 在劳动者与用人单位未签订书面劳动合同的情况下，劳动者的工资应如何认定；3. 在劳动者与用人单位都未作出解除劳动合同的意思表示时，经济补偿金是否需要支付。

【法院裁判要旨】

上海市浦东新区人民法院经审理认为：第一，李甲与某投资公司是否存在劳动关系。首先，李甲、某投资公司均符合法律、法规规定的建立劳动关系的主体资格。其次，李乙作为某投资公司的实际控制人，将李甲安排至某投资公司持股 99%的案外 A 公司开展业务，处理某投资公司与案外 A 公司的借款事宜，李甲与某投资公司存在人身从属性。再次，某投资公司虽否认牛某的身份，但从李甲提供的微信聊天记录可知，牛某负责李乙持股公司的财务处理事宜，牛某与李甲沟通过工资和报销款的支付事宜；在李甲与牛某微信确认两个月的工资稍后转账后，某投资公司于当日向李甲转账；在李甲与牛某微信确认 8 个月的工资通过案外 B 公司转账支付后，李甲随即收到案外 B 公司的付款，可见，李甲与某投资公司存在经济从属性。最后，某投资公司认为李甲的社保由其他单位缴纳，但未能提供证据予以证明，即使李甲的社保确系其他公司缴纳，也不能基于此否认双方的劳动关系。综上，确认李甲、某投资公司存在劳动关系。

第二，在劳动者与用人单位未签订书面劳动合同的情况下，劳动者的工资应如何认定。李甲主张其每月的工资标准为 8 万元，但未能提供相应的证据予以证明，结合李甲与牛某的微信聊天记录，牛某称案外 B 公司将向李甲转账 8 个月的工资，李甲收到 32 万元；牛某称向李甲转账 2 个月的工资，某投资公司向李甲转账 8 万元，确认李甲每月的工资标准应为 4 万元。故，李甲要求某投资公司支付 2018 年 7 月 1 日至 2019 年 4 月 30 日 50%的工资差额的诉请，法院不予支持。至于李甲主张的 2019 年 5 月 1 日至 2021 年 4 月 7 日的工资，虽李甲 2020 年 2 月曾主动提出降低工资标准，但李甲降低工资的条件为取得某投资公司的部分股权，且未有证据表明李甲、某投资公司对工资的调整达成一致，故某投资公司仍需按照每月 4 万元的标准向李甲支付 2019 年 5 月 1 日之后的工资。但自 2020 年 4 月 1 日之后，李甲实际未向某投资公司提供劳动，故李甲要求某投资公司支付 2020 年 4 月 1 日至 2021 年 4 月 7 日工资的诉请，法院不予支持。综上，确认某投资公司需向李甲支付 2019 年 5 月 1 日至 2020 年 3 月 31 日的工资 373334 元。

第三，在劳动者与用人单位都未作出解除劳动合同的意思表示时，经济补偿金是否需要支付。某投资公司确认没有作出解除劳动合同的意思表示，李甲未能提供证据证明庭前曾提出解除双方之间的劳动关系的意思表示，亦未能提供证据证明某投资公司存在需支付经济补偿金的情形，李甲庭审中陈述因其法定代表人身份变更了，双方之间的劳动关系在其不知情的情况下解除，也不符合支付经济补偿金的情形，故对李甲要求某投资公司支付经济补偿金的诉请，法院不予支持。

上海市浦东新区人民法院依照《中华人民共和国民事诉讼法》第六十七条

的规定，判决如下：

一、确认李甲与某投资公司自 2018 年 6 月 20 日至 2021 年 4 月 7 日存在劳动关系；

二、某投资公司于判决生效之日起五日内支付李甲 2019 年 5 月 1 日至 2020 年 3 月 31 日的工资 373334 元；

三、驳回李甲其余诉讼请求。

某投资公司不服一审判决，提出上诉。上海市第一中级人民法院经审理认为：与劳动争议事项有关的证据属于用人单位掌握管理的，用人单位应当提供；用人单位不提供的，应当承担不利后果。根据本案查证的事实，李甲于 2018 年 7 月至 2021 年 4 月担任某投资公司的法定代表人，受某投资公司实际控制人李乙委派工作并约定和支付了部分薪酬。一审判决认定李甲与某投资公司存在劳动关系，某投资公司应支付李甲 2019 年 5 月 1 日至 2020 年 3 月 31 日的工资 373334 元，认定的事实和适用的法律，并无不当。某投资公司未向法院提供证据证明其上诉主张。某投资公司主张本案超过仲裁时效，缺乏事实和法律依据。故对某投资公司的上诉请求，法院不予支持。李甲请求驳回上诉，维持原判的答辩意见，法院予以采纳。

上海市第一中级人民法院依照《中华人民共和国民事诉讼法》第一百七十七条第一款第一项、第一百八十二条规定，判决如下：

驳回上诉，维持原判。

【法官后语】

公司高级管理人员（以下简称高管）的劳动争议纠纷是劳动案件处理的难点，由于他们多为领导岗位，通常掌握用人单位日常运营过程中的经营管理权、人事权、财务权，权利、义务与普通劳动者相比存在一定差异，受到劳动法律规范和公司法律规范的双重调整。公司高管的议价能力往往更强，能够在更为平等的地位上与用人单位进行谈判，这使得他们不同于一般意义上处于弱势地位的劳动者。但在某些情况下，公司高管在与用人单位的相对关系中可能处于弱势地位。此时，对公司高管与用人单位之间是否存在劳动关系不能一概而论，而应当结合实质要件和形式要件，穿透公司高管职位的表象，探寻其与用人单位之间真实的法律关系状况。本案的核心争议焦点为：李甲作为公司高管，是否与公司之间构成劳动关系？

一、高管相较于普通劳动者的特殊性

1. 权利义务具有特殊性。高管雇员享有广泛的权力，可在一定程度上代表“雇主”。虽然具备雇员的身份，但作为公司高管，其负责公司的日常事务，享有广泛的权力和影响。

2. 薪资待遇丰厚，与公司利益具有较强的趋同性。薪酬体系作为公司内部治理的重要组成部分，对员工兼具激励和约束功能。与普通劳动者每月固定的工资不同，高管的薪酬大多为年薪制，除了固定的薪资外，一些高管的经济收益可能还包含公司的股份分红以及奖金激励等额外报酬。

3. 资质要求高，且聘任和解聘方式具有法定性。由于高管承担着公司的重要职责，担负着《中华人民共和国公司法》明确规定的权利和义务，故对其职务的聘任和解聘有着严格的法律规定。

二、现有立法框架下涉高管劳动问题解决路径探究

在判断管理人员是否具备高级管理人员身份时，应首先合理划定高管的范围，并从实质角度考察公司高管是否与公司之间具有人身从属性和经济从属性。

1. 合理划定高管的范围。在司法实践中判断当事人是否属于高管时，应当采取以实质性标准为主、以职务名称为辅的认定方式。第一，从高级管理职务的特征、职能角度入手，判断管理者是否对公司的经营管理活动和风险控制具有决策权或重大影响。第二，从管理人员所提供的劳务特征入手，考察高管的工作自主性程度和创新性要求的高低。第三，结合管理人员的职务名称、工资水平、工作考核方式、工作时间要求等因素来综合判断管理人员层级的高低。

2. 从实质性要素判断是否构成劳动关系。对劳动关系的判断，应当回归人身从属性和经济从属性两大根本特征：（1）人身从属性。在考察公司高管和用人单位之间是否构成劳动关系时，首先应当明确，不应囿于头衔，而应从工作职责、薪资待遇、公司权限等实质性内容方面进行考察。如公司高管实际在用

人单位工作、从事用人单位安排的劳动、适用用人单位制定的各项劳动规章制度、接受用人单位的劳动管理、提供的劳动是用人单位业务的组成部分等以确定公司高管对用人单位存在人身依附性。(2) 经济从属性。经济上的从属性是指受雇人员被纳入雇主经济组织与生产结构之内，但与受雇人员和雇主之间的经济或财政状况无关，且从属于雇主。即使公司高管薪酬较高，在公司具有较重的权重，相对于劳动者来说，具有相关的管理职能，与雇主关联度较高，但毕竟是受雇于董事会，为公司提供劳动，才得以享受公司的相应待遇，所以需要在司法实践中仔细甄别。

3. 明确《中华人民共和国公司法》上的解聘不当然影响劳动关系的解除。公司高管与公司之间的委托关系和劳动关系并不是非此即彼的，可以同时兼存。董事会通过决议解除其职务应视为对其岗位的变更，并不必然导致劳动关系的解除。在审查劳动关系时，需要根据高管职务解聘的具体事由确定公司与高管之间的劳动合同是否最终解除。

编写人：上海市浦东新区人民法院　钱燕

8

用人单位与超龄劳动者之间的用工关系及工伤保险责任的认定

——杨某甲等诉某劳务公司劳动争议案

【案件基本信息】

1. 裁判书字号

北京市第二中级人民法院（2023）京 02 民终 9699 号民事判决书

2. 案由：劳动争议

3. 当事人

原告（被上诉人）：杨某甲、文某乙、杨某乙、杨某丙

被告（上诉人）：某劳务公司

【基本案情】

文某乙系文某甲之父，杨某甲系文某甲之夫。杨某甲和文某甲育有一子杨某乙，一女杨某丙。

2008年10月，文某甲入职某劳务公司，被派遣至地铁分公司的食堂工作。2019年10月11日，文某甲达到退休年龄。某劳务公司为文某甲缴纳社会保险费至2019年10月。

2019年11月11日，文某甲与某劳务公司（用人单位）、地铁分公司（用工单位）签订《劳务聘用协议》，约定：根据用工单位的工作需要，派文某甲到用工单位食堂工作，从事劳务服务期间的劳务费用与用工单位协商，在该单位从事劳务服务期间，因意外情况发生，导致本人受到伤害，只享受企业统一参保的平安意外保险待遇。

2020年6月11日6时40分，文某甲在上班途中发生交通事故，造成文某甲死亡。2020年7月23日，交通支队出具《道路交通事故认定书》，认定文某甲在此次交通事故中无责任。自入职某劳务公司至交通事故发生，文某甲一直被某劳务公司派遣至地铁分公司食堂工作，其未办理退休手续且未依法享受城镇职工基本养老保险待遇。

2021年9月22日，北京市大兴区人民法院作出（2021）京0115民初12988号民事判决书，判决：确认2020年6月11日交通事故发生时文某甲与某劳务公司存在劳务合同关系。该判决记载某劳务公司认可《劳务聘用协议》签订后文某甲的工资发放方式亦与此前保持一致，该判决已生效。

2021年11月24日，某事业局作出工伤决定书，认定文某甲为工伤。某劳务公司不同意上述决定，向北京市大兴区人民法院提起行政诉讼，要求撤销上述决定书。2022年7月19日，北京市大兴区人民法院作出（2022）京0115行初146号行政判决书，判决：驳回某劳务公司的诉讼请求。

2022年9月3日，某村村民委员会出具证明，记载文某乙与文某甲系父女关系，文某乙已完全丧失劳动能力且无收入，文某甲生前为其提供主要生活来源。文某乙共有一子二女。

2022年9月13日，杨某甲等申请仲裁，要求某劳务公司支付一次性工亡补助金等。2022年10月8日，仲裁委出具不予受理通知书。杨某甲等不同意上述决定，诉至北京市大兴区人民法院。

【案件焦点】

某劳务公司是否应当承担工伤保险责任。

【法院裁判要旨】

北京市大兴区人民法院经审理认为：《人力资源社会保障部关于执行〈工伤保险条例〉若干问题的意见（二）》第二条第一款规定，达到或超过法定退休年龄，但未办理退休手续或者未依法享受城镇职工基本养老保险待遇，继续在原用人单位工作期间受到事故伤害或患职业病的，用人单位依法承担工伤保险责任。本案中，文某甲虽达到退休年龄，但未办理退休及依法享受城镇职工基本养老保险待遇，而某劳务公司及用工单位仍与文某甲持续原用工方式，且文某甲因交通事故死亡已经劳动行政部门认定为工伤，故某劳务公司应承担工伤保险责任，并按照《工伤保险条例》规定项目和标准给付工亡赔偿。某劳务公司提出文某甲已过退休年龄、未办理退休手续与其公司无关、已与文某甲约定从事劳务期间发生意外情况享受企业统一参保的商业保险，以及应由交通事故责任方对文某甲承担赔偿责任等理由，作为其公司不应承担工伤赔偿责任的辩解，理由不充分。

北京市大兴区人民法院依照《工伤保险条例》第三十九条第一款、第六十二条第二款、第六十四条之规定，判决如下：

一、某劳务公司于判决生效之日起十日内支付杨某甲、文某乙、杨某乙、杨某丙一次性工亡补助金847180元；

二、某劳务公司于判决生效之日起十日内支付杨某甲、文某乙、杨某乙、杨某丙丧葬补助金70290.5元；

三、某劳务公司于判决生效之日起十日内支付文某乙供养亲属抚恤金57600元；

四、驳回杨某甲、文某乙、杨某乙、杨某丙的其他诉讼请求。

某劳务公司不服一审判决，提起上诉。二审法院同意一审法院关于某劳务公司应承担工伤保险责任的意见，但认为丧葬补助金和供养亲属抚恤金的计算标准有误。

北京市第二中级人民法院依照《工伤保险条例》第三十九条第一款、第六十二条第二款、第六十四条，《中华人民共和国民事诉讼法》第一百七十七条第一款第二项规定，判决如下：

一、维持北京市大兴区人民法院（2022）京0115民初20873号民事判决第一项；

二、撤销北京市大兴区人民法院（2022）京0115民初20873号民事判决第四项；

三、变更北京市大兴区人民法院（2022）京0115民初20873号民事判决第二项为：某劳务公司于本判决生效之日起十日内向文某乙、杨某甲、杨某乙、杨某丙支付文某甲的丧葬补助金59460元；

四、变更北京市大兴区人民法院（2022）京0115民初20873号民事判决第三项为：某劳务公司于本判决生效之日起十日内支付文某乙2020年7月至2023年2月供养亲属抚恤金57081.6元；

五、驳回文某乙、杨某甲、杨某乙、杨某丙的其他诉讼请求。

【法官后语】

本案涉及劳动者超过退休年龄后继续在原用人单位工作期间，因第三人侵权受到工伤而引发的劳动争议案件。通常涉及超龄劳动者的工伤案件中，用人单位的抗辩意见主要有三：双方之间并非劳动关系；用人单位不应承担工伤保险责任；工伤保险责任存在减免情节。

一、用工关系的认定

用工关系的认定需要考量以下四个要素：一是建立用工关系时间；二是享

受养老保险待遇或领取退休金情况；三是未享受是否系用人单位所致；四是意思自治原则。具体而言是指：(1) 用人单位与新招用的已享受养老保险待遇或领取退休金的超龄劳动者之间的用工关系，应认定为劳务关系。(2) 用人单位与新招用的未享受养老保险待遇或领取退休金的超龄劳动者之间的用工关系，原则上应认定为劳务关系，但尊重当事人意思自治，如签订劳动合同则应认定为特殊劳动关系，但对劳动者请求签订无固定期限劳动合同、支付二倍工资、经济补偿、社会保险待遇等不予支持。(3) 用人单位与劳动合同期间内达到法定退休年龄且已享受养老保险待遇或领取退休金的劳动者之间的用工关系，应认定为劳务关系。(4) 用人单位与劳动合同期间内达到法定退休年龄且未享受养老保险待遇或领取退休金的劳动者之间的用工关系，需实质审查未享受原因后进行认定，非用人单位原因导致，应认定为劳务关系，如果系用人单位原因导致，双方之间仍应为劳动关系，直至劳动者符合享受基本养老保险待遇时终止。

二、用人单位的工伤保险责任

通常情况下，如双方之间系劳务关系，超龄劳动者无权依据《工伤保险条例》要求用人单位承担工伤保险责任。但对于达到或超过法定退休年龄，未办理退休手续或者未依法享受城镇职工基本养老保险待遇，继续在原用人单位工作期间受到事故伤害或患职业病的劳动者，用人单位应依法承担工伤保险责任，如本案中，文某甲的家属可据此要求某劳务公司承担工伤保险责任。

三、免除或减轻责任的理由是否成立

用人单位主张的工伤保险责任减免情节主要为以下两种：(1) 商业保险理赔款。常见的情形是用人单位未为劳动者缴纳工伤保险，但为劳动者购买了商业性意外伤害保险。为劳动者缴纳工伤保险是用人单位的法定义务，该法定义务不得通过任何形式予以免除或变相免除。商业性意外伤害保险性质上是用人单位提供的一种福利待遇，不能免除用人单位负有的法定的支付工伤保险待遇的义务。(2) 第三人侵权责任与工伤保险责任的竞合。二者虽然基于同一损害事实，但存在于两个不同的法律关系之中，即劳动者作为工伤事故中的受伤职工与用人单位之间形成的工伤保险赔偿关系，以及劳动者作为人身侵权的被侵权人与侵权人之间形成的侵权之债的法律关系，劳动者有权向用人单位主张工伤保险赔偿，同时还有权向侵权人主张人身损害赔偿。在这种情形下，用人单位和侵权人应当依法承担各自所负的赔偿责任，不因受伤职工（被侵权人）先行获得一方赔偿、实际损失已得到全部或部分补偿而免除或减轻另一方的责任。

编写人：北京市大兴区人民法院　孙青

9

逐月领取退役金的退役军人是否符合劳动者身份的认定[①]

——孙某诉某装饰公司劳动争议案

【案件基本信息】

1. 裁判书字号

辽宁省大连市中级人民法院（2023）辽 02 民终 2394 号民事判决书

2. 案由：劳动争议

3. 当事人

原告（上诉人）：孙某

被告（上诉人）：某装饰公司

【基本案情】

孙某系自主择业退役军人，于 2021 年 3 月底入职某装饰公司工作。2021 年 5 月 17 日，该公司法定代表人通过微信转账方式向孙某支付 4 月工资加报销款 5175.5 元。该公司分别于 2021 年 6 月 16 日、7 月 15 日、8 月 17 日、9 月 15

① 入库案例，参见人民法院案例库 2023-07-2-490-004。

日、10月15日、11月15日、12月15日，2022年1月16日、2月21日、3月15日向孙某转账支付6540元、6761元、6000元、6000元、6580元、6000元、7020元、7410元、3290元、3000元。2021年1月至2022年7月，大连市退役军人事务局为孙某缴纳了医疗保险。孙某退役后，每月可领取9300元退役金。孙某于2022年3月初向该公司提出离职，根据公司的考勤表载明孙某3月出勤天数为17.5天。

2022年5月31日，孙某向大连市旅顺口区劳动人事争议仲裁委员会申请劳动仲裁，仲裁事项：某装饰公司支付其2022年3月工资4883元、未签订劳动合同二倍工资48000元（6000元/月×8个月）。同年9月30日，该委员会作出仲裁裁决书，裁决：驳回孙某的仲裁请求。孙某不服，就相同仲裁事项诉至辽宁省大连市旅顺口区人民法院。

【案件焦点】

1. 孙某是否具有建立劳动关系的主体资格，孙某与某装饰公司之间是否存在事实劳动关系；2. 如双方存在事实劳动关系，能否免除某装饰公司因未签订书面劳动合同而需支付孙某二倍工资差额的法律责任。

【法院裁判要旨】

辽宁省大连市旅顺口区人民法院经审理认为：孙某虽然在2022年3月去其他单位工作，但仍按照某装饰公司要求完成相应的工作内容，某装饰公司应当支付该月工资。孙某主张其工资为每月6000元，并以此计算3月工资，但未提交证据证明其工资标准。某装饰公司自认孙某报酬为每天200元，故按照此标准支持孙某2022年3月的工资为3500元（200元/天×17.5天）。

某装饰公司称，孙某系部队退役军人，已经领取退役金，属于部队退休人员，无法再与其形成劳动关系，双方之间为劳务关系。根据《退役士兵安置条例》第十九条规定，孙某作为自主就业退役士兵，由人民政府扶持自主就业。某装饰公司将孙某等同于部队退休人员，属于概念混淆，其主张无法与孙某形成劳动关系不成立。从法律性质上来说，二倍工资属于惩罚性赔偿，其立法目的在于惩罚用人单位应当签订而故意不签订劳动合同的违法行为。某装饰公司因对孙某身份存在认知混淆，认为双方之间存在劳务关系而未签订劳动合同，不存在主观恶意或者故意，对孙某二倍工资差额的诉讼请求不予支持。

辽宁省大连市旅顺口区人民法院依据《中华人民共和国民事诉讼法》第六十七条，《最高人民法院关于适用〈中华人民共和国民事诉讼法〉的解释》第九十条，《中华人民共和国劳动合同法》第八十二条，《退役士兵安置条例》第十九条之规定，判决如下：

一、某装饰公司于判决生效之日起十日内支付孙某 2022 年 3 月工资 3500 元；

二、驳回孙某的其他诉讼请求。

孙某和某装饰公司均不服一审判决，提出上诉。辽宁省大连市中级人民法院经审理认为：孙某是自主择业退役军人，尚未达到法定退休年龄，也尚未享受养老保险待遇。根据《中华人民共和国退役军人保障法》相关规定，自主择业退役军人具有建立劳动关系的主体资格，亦能参加当地社会保险。某装饰公司以孙某已享受退休待遇以及用人单位不能为其缴纳社会保险为由，主张孙某不具有建立劳动关系的主体资格于法无据。孙某入职后接受某装饰公司的考勤、工作管理，工作内容属于某装饰公司的业务组成部分，某装饰公司每月向孙某支付工资，双方成立事实劳动关系。

因双方未签订书面劳动合同，双方对于约定工资标准各执一词。鉴于某装饰公司作为用人单位未能提供其应掌握管理的员工工资清单和考勤记录，对于每月支付孙某款项的具体组成无法作出解释说明，应承担举证不能的诉讼不利后果。结合工资转账记录体现部分月份转款性质为“工资和报销”，部分月份仅体现转款性质为“工资”的转款数额为 6000 元，法院采纳孙某的相关事实陈述，认定双方约定月工资为 6000 元，每月支付超出工资的部分为报销款项。某装饰公司应支付孙某 2022 年 3 月工资 4828 元（6000 元÷21. 75 天×17. 5 天），孙某上诉主张 4565. 22 元是对其权利的合法处分，法院予以支持。

在有法律明确规定鼓励和扶持退役军人就业的情况下，某装饰公司作为用人单位在与孙某建立用工关系时应依法履行签订书面劳动合同的法定义务，该义务不因其对孙某身份的认知混淆而免除。另，某装饰公司二审自认同期也未与其他员工签订过劳动合同。某装饰公司未能举证证明是因孙某的个人原因造成双方未能签订书面劳动合同，孙某诉请未签劳动合同二倍工资差额于法有据。某装饰公司应当按照《中华人民共和国劳动合同法》第八十二条规定，向孙某支付自2021年5月至2022年3月的二倍工资差额合计58855.22元（6000元×8个月+3290元+3000元+4565.22元）。

辽宁省大连市中级人民法院依照《中华人民共和国劳动合同法》第七条、第十条、第三十条、第八十二条，《中华人民共和国退役军人保障法》第二十二条、第三十九条、第四十七条，《中华人民共和国民事诉讼法》第一百七十七条第一款第二项规定，判决如下：

一、撤销大连市旅顺口区人民法院（2022）辽0212民初3706号民事判决；

二、上诉人某装饰公司于本判决生效之日起十日内支付上诉人孙某2022年3月工资4565.22元；

三、上诉人某装饰公司于本判决生效之日起十日内支付上诉人孙某未签劳动合同二倍工资差额58855.22元；

四、驳回上诉人孙某的其他诉讼请求；

五、驳回上诉人某装饰公司的上诉请求。

【法官后语】

劳动法律关系项下的两方主体即“劳动者”和“用人单位”都要具备法律、法规规定的主体资格，双方才能形成劳动关系。原劳动和社会保障部《关于确立劳动关系有关事项的通知》第一条明确规定：“用人单位招用劳动者未订立书面劳动合同，但同时具备下列情形的，劳动关系成立。（一）用人单位和劳动者符合法律、法规规定的主体资格；（二）用人单位依法制定的各项劳动规章制度适用于劳动者，劳动者受用人单位的劳动管理，从事用人单位安排的有报酬的劳动；（三）劳动者提供的劳动是用人单位业务的组成部分。”

对于我国公民取得劳动者资格的法定条件，根据现行相关规定是以公民的年龄以及是否享受基本养老保险待遇作为限定条件。《中华人民共和国劳动法》第十五条规定："禁止用人单位招用未满十六周岁的未成年人。文艺、体育和特种工艺单位招用未满十六周岁的未成年人，必须遵守国家有关规定，并保障其接受义务教育的权利。"《中华人民共和国劳动合同法》第四十四条规定，劳动者开始依法享受基本养老保险待遇的，劳动合同终止。《中华人民共和国劳动合同法实施条例》第二十一条规定："劳动者达到法定退休年龄的，劳动合同终止。"

对于退役军人是否符合劳动者身份的认定。根据《中华人民共和国劳动法》第十四条的规定，退出现役的军人的就业，法律、法规有特别规定的，从其规定。《中华人民共和国退役军人保障法》第二十二条第一款规定："对退役的军士，国家采取逐月领取退役金、自主就业、安排工作、退休、供养等方式妥善安置。"其第二款至第六款进一步明确了五种安置方式：（1）服现役满规定年限，以逐月领取退役金方式安置的，按照国家有关规定逐月领取退役金。（2）服现役不满规定年限，以自主就业方式安置的，领取一次性退役金。（3）以安排工作方式安置的，由安置地人民政府根据其服现役期间所做贡献、专长等安排工作岗位。（4）以退休方式安置的，由安置地人民政府按照国家保障与社会化服务相结合的方式，做好服务管理工作，保障其待遇。（5）以供养方式安置的，由国家供养终身。

另外，《中华人民共和国退役军人保障法》第三十九条"各级人民政府应当加强对退役军人就业创业的指导和服务。县级以上地方人民政府退役军人工作主管部门应当加强对退役军人就业创业的宣传、组织、协调等工作，会同有关部门采取退役军人专场招聘会等形式，开展就业推荐、职业指导，帮助退役军人就业"、第四十七条"用人单位招用退役军人符合国家规定的，依法享受税收优惠等政策"等规定亦体现了国家鼓励、支持和保障符合劳动者主体资格的退役军人再就业。

根据上述规定，除了以退休方式和以供养方式安置的退役军人应视为已享受退休待遇外，对于未达到法定退休年龄的自主择业退役军人所领取的退役金从其设立目的上看在于辅助其再就业，而不是让其"提前享受退休待遇"。因此，像本案孙某这种尚未达到法定退休年龄、未享受养老保险待遇的自主择业退役军人，符合成立劳动关系的法定主体资格。

用人单位自用工之日起即与劳动者建立劳动关系，应当自用工之日起一个月内订立书面劳动合同。用人单位与劳动者签订书面劳动合同，是用人单位的法定义务。根据《中华人民共和国劳动合同法》第八十二条第一款规定："用人单位自用工之日起超过一个月不满一年未与劳动者订立书面劳动合同的，应当向劳动者每月支付二倍的工资。"该规定中的二倍工资具有惩罚性赔偿性质。因此，非因用人单位的过错（如不可抗力、劳动者本人的原因等）造成其未在法定期限内与劳动者订立书面劳动合同，应当免除用人单位的赔偿责任。在有法律明确规定鼓励和扶持退役军人就业的情况下，本案中的用人单位在与孙某建立用工关系时应依法履行签订书面劳动合同的法定义务，该义务不因其对孙某身份的认知混淆而免除，应承担未签劳动合同二倍工资差额的给付责任。

编写人：辽宁省大连市中级人民法院　刘婷娜

10

确认劳动关系应以"事实优先"为原则，且兵团职工可以建立双重劳动关系

——乔某诉某物资公司劳动争议案

【案件基本信息】

1. 裁判书字号

新疆维吾尔自治区高级人民法院伊犁哈萨克自治州分院（2023）新40民终645号民事判决书

2. 案由：劳动争议

3. 当事人

原告（上诉人）：乔某

被告（被上诉人）：某物资公司

【基本案情】

乔某之夫苟某经人介绍于2011年6月入职某物资公司，某物资公司为苟某提供车辆，苟某负责驾驶货车去B地拉运粉煤灰。2022年4月23日，苟某驾驶货车从混凝土公司卸完货后返回A地途中，突发疾病身亡。2022年3月10日，某物资公司（甲方）与苟某（乙方）签订了一份《劳务合同书》，合同主要内容有：第一条本合同期限自2022年3月10日起至2022年10月31日止，合同期满，双方不持异议继续顺延。第二条甲方安排乙方从事车辆驾驶工作，甲方因经营需要并根据乙方工作表现，可调整乙方工作。乙方不同意甲方调整内容的，即视为甲乙双方解除劳务合同关系。第三条乙方提供劳务，甲方按实际毛利提成发放劳务费。第五条甲方按现行运输劳务标准提成向乙方支付劳务费，甲方支付劳务费为每月20日。乙方劳务费数额以甲方当月结算为准，乙方对此有异议可在收到劳务费三日内向甲方提出。合同履行期间若甲方对乙方工作进行调整或实行新的劳务费提成标准时，乙方的劳务费待遇作相应调整。第六条凭劳务发票到甲方处结算劳务费，甲方依法代扣代缴个人所得税。某物资公司在苟某提供劳动期间按照其工作量为其发放了报酬，但存在间断、未连续发放满一年的情况。苟某生前系兵团职工，享有职工身份，兵团为其缴纳了各项社会保险。苟某死亡后，其妻子乔某申请仲裁要求确认苟某与某物资公司之间存在劳动关系，仲裁委裁决双方之间不存在劳动关系。乔某遂提起诉讼。

【案件焦点】

1. 苟某与某物资公司之间是劳务关系还是劳动关系；2. 苟某系兵团职工是否能够阻却双方劳动关系的建立。

【法院裁判要旨】

新疆维吾尔自治区奎屯市人民法院经审理认为：劳动关系是指机关、企业、事业、社会团体、个体经济组织和劳动者之间，依照劳动法的规定签订劳动合同，使劳动者成为用人单位的成员，接受用人单位的管理，从事用人单位指定的工作，并获取劳动报酬和劳动保护所产生的法律关系。劳务关系是指劳动者为被服务对象提供特定的劳动服务，被服务方依约支付报酬所产生的法律关系。劳务关系的特点是双方为平等主体，提供的劳动内容具有特定性，双方均按照约定行使权利承担义务，双方主体之间只存在财产关系，彼此之间无从属性，不存在行政隶属关系。本案中，从《劳务合同书》内容来看，该合同中明确约定了按照实际毛利提成发放劳务费，劳务费数额以某物资公司当月结算为准，每月 20 日支付劳务费。双方对工作时间、基本工资、福利待遇等未作约定。从乔某提供的银行卡交易明细清单及收入纳税明细来看，也可以证明苟某领取劳动报酬是按照运输劳务标准提成发放，每月领取的数额不等，没有提供劳务，当月则没有收入，由此可以说明双方在现实中也是按照劳务合同的约定履行的，故从上述事实及合同的内容可确定双方属于劳务关系。至于乔某提出的某物资公司将苟某纳入职工核酸检测名单、公司通讯录及工作微信群，并为其提供了出入证、宿舍、工服等，系某物资公司为履行劳务合同提供的保障方式，上述情况及证据不能证明其与某物资公司存在劳动管理关系，亦不能推翻双方已按照劳务合同内容实际履行的事实。

新疆维吾尔自治区奎屯市人民法院依照《中华人民共和国民法典》第一百七十六条，《中华人民共和国民事诉讼法》第六十七条第一款、第一百四十五条之规定，判决如下：

一、驳回乔某的诉讼请求；

二、确认苟某与某物资公司之间自 2011 年 6 月至 2022 年 4 月 23 日不存在劳动关系。

乔某不服一审判决，提出上诉。新疆维吾尔自治区高级人民法院伊犁哈萨克自治州分院经审理认为：针对焦点一，苟某与某物资公司应当被认定为劳动关系，理由如下：虽然某物资公司提供了与苟某之间签订的劳务合同，但是认定双方之间是劳动关系还是劳务关系应当通过双方的行为所产生的权利义务来确认。根据原劳动和社会保障部《关于确立劳动关系有关事项的通知》第一条的规定，第一，双方之间符合建立劳动关系的主体资格。第二，苟某自 2011 年 6 月至 2022 年 4 月其去世一直在某物资公司从事驾驶员工作，持续时间近 11 年，虽然每年从事的劳动时间有长有短，但结合银行交易明细可以看出，其领取报酬具有一定的规律性和持续性，还是区别于劳务关系一次性、临时性、短期性特点的，苟某负责运输粉煤灰，该工作也属于某物资公司业务的组成部分，某物资公司以苟某完成的工作量为其支付劳动报酬，属于按劳分配的范畴，且苟某的相关待遇与签订劳动合同的员工并无区别。苟某领取工资、维稳费、高温补贴，报销差旅费，进入公司微信工作群，公司为苟某提供宿舍等事宜均是公司对其工作具有一定安排、指示和管理的体现，且苟某在所谓劳务合同期限内并不能随意决定其是否提供劳动，不具有劳务关系中自由支配劳动力的特点，因此可以认定苟某与某物资公司之间已具有人身隶属性的特点。第三，苟某系以某物资公司名义对外提供劳动，并且苟某还领取了某物资公司的工作服、工作证等，其劳动所产生的风险也由某物资公司负担。从上述三点可以看出，双方之间符合建立劳动关系的构成要件，应当认定双方存在劳动关系。针对焦点二，首先，根据查明的事实，苟某系某兵团职工，享有职工身份，某兵团为其缴纳了各项社会保险，其与某兵团之间属全日制劳动关系，并在其为某物资公司提供劳动期间一直存续。苟某虽然不属于《最高人民法院关于审理劳动争议案件适用法律问题的解释（一）》第三十二条第二款规定的“企业停薪留职人员、未达到法定退休年龄的内退人员、下岗待岗人员以及企业经营性停产放长假人员”，但目前我国劳动法律、法规并未禁止双重劳动关系的建立，因此苟某系某兵团职工的事实并不能影响本案中苟某与某物资公司之间建立劳动关系。其次，因苟某系兵团职工，某物资公司无法为其缴纳社会保险及办理退休养老手续，故其与某物资公司的劳动关系具有不稳定性，其只能享有获得报酬、劳动保护及工伤保险等有限劳动者权利，是权利限制性劳动关系，不能完全等同于劳动合同法规定的全日制劳动关系，应当认定为与非全日制用工相类似的特殊形态的劳动关系。最后，某物资公司不能为苟某缴纳社保不影响双方之间建立劳动关系，且人力资源和社会保障部《实施〈中华人民共和国社会保险法〉若干规定》第九条规定："职工（包括非全日制从业人员）在两个或者两个以上用人单位同时就业的，各用人单位应当分别为职工缴纳工伤保险费。职工发生工伤，由职工受到伤害时工作的单位依法承担工伤保险责任。"由此可见，工伤保险是两个用人单位可以分别缴纳的，此在法律上并不存在冲突，故某物资公司认为无法缴纳社保就不存在劳动关系的理由缺乏法律依据，不予采信。

新疆维吾尔自治区高级人民法院伊犁哈萨克自治州分院依照原劳动和社会保障部《关于确立劳动关系有关事项的通知》第一条，《中华人民共和国民事诉讼法》第一百七十七条第一款第二项规定，判决如下：

一、撤销新疆维吾尔自治区奎屯市人民法院（2022）新 4003 民初 2218 号民事判决；

二、确认乔某的丈夫苟某与某物资公司自 2011 年 6 月至 2022 年 4 月 23 日存在劳动关系。

【法官后语】

在司法实践中，劳动关系与劳务关系如何区分、认定是解决劳动关系纠纷中极具争议、复杂的问题。劳动关系和劳务关系的认定结果，会直接影响到劳动者发生工伤事故后的赔偿问题，尤其是工亡事故中的"突发疾病死亡"，认定劳动关系家属会得到相应赔偿，认定劳务关系则可能面临无法得到赔偿的法律后果，因此如何在审判中准确把握劳动关系和劳务关系的相关认定标准至关重要，本案即涉及此问题。另外，在劳动者已经与其他用人单位存在一个全日制劳动关系的前提下，能否阻却另一个劳动关系的建立，尤其是新疆生产建设兵团职工能否建立双重劳动关系，也是值得研究探讨的重点问题。

一、劳动关系与劳务关系的区别问题

要准确区分劳动关系与劳务关系，必须首先明确这两种法律关系各自的特点。

1. 劳动关系的特点。劳动关系，就是劳动力的所有者一方（劳动者）将自己的劳动力有偿交给另一方（用人单位）使用，劳动者人身在一定程度上受到用人单位的控制，劳动关系呈现人身关系的特征，进而成为一种隶属主体间的以指挥和服从为特征的管理关系。用人单位对于劳动者的管理与支配的权力体现在“从属性”上，此也是劳动关系与一般的民事关系最基本的区别，该从属性主要分为人格上的从属性及经济上的从属性。人格上的从属性主要指劳动者对用人单位的指示服从的义务，表现为：（1）用人单位对劳动者的工作时间、地点和业务内容具有广泛的指示权；（2）劳动者成为用人单位组织中的一员，必须服从用人单位组织中的内部劳动规则，即必须遵守本单位的规章制度；（3）劳动者有接受用人单位的检查以及接受合理制裁的义务。经济从属性主要表现为：（1）生产工具或器械由用人单位所有，原料由用人单位供给；（2）劳动者的工作是作为用人单位所经营的事业整体的、不可分割的一部分，劳动者是为用人单位的事业提供劳动而不是为自己提供劳动；（3）责任与危险负担由雇主负责。因此“事实优先”原则对于判断劳动关系是否存在有至关重要的作用，即不管双方当事人是否订立合同，或以何种名义订立合同，主要考察的应是双方之间的权利义务关系是否具有劳动关系的特点，而不能拘泥于各方或双方如何描述这种关系。

2. 劳务关系的特点。所谓劳务关系是劳动者与用工者根据口头或书面约定，由劳动者向用工者提供一次性的或特定的服务，用工者依约向劳动者支付劳务报酬的一种有偿服务的法律关系。它是两个或两个以上的平等主体之间就劳务事项进行等价交换过程中形成的一种经济关系，各方之间没有隶属性，没有管理与被管理的隶属关系，劳务的提供者自主管理、自由支配劳动力，提供劳务的一方自行承担风险。

3. 劳务关系与劳动关系的区别。劳务关系与劳动关系的区别主要有四点：第一，当事人地位不同。前者当事人之间无组织、隶属关系，地位平等。后者当事人之间存在隶属关系，劳动提供方是接受方的组织成员。第二，标的不同。前者的标的是物化或非物化的劳动成果，后者的标的是劳动力的使用过程。第三，风险责任不同。前者由劳务提供方自担风险，后者由劳动接受方承担劳动过程中的风险。第四，劳动报酬性质不同。前者的劳务报酬与商品交换中的价款具有同样性质，遵循等价有偿规则，通常由劳务接受方一次性支付或分多次支付。后者的劳动报酬是生活消费品的一种分配形式，遵循按劳分配原则，由劳动接受方持续、定期支付。

在审判实践中结合前述劳动关系、劳务关系各自的特点以及区别，与查明的案件事实进行一一对应和分析，再结合原劳动和社会保障部《关于确立劳动关系有关事项的通知》第一条规定的构成事实劳动关系的三个要件，以及第二条中的相关参照性证据，如考勤表、工资表、工作服、工作证及其他劳动者的证言等，即可判断争议双方是劳动关系还是劳务关系。

二、建立双重劳动关系的相关法律依据

双重劳动关系是指同一个劳动者同时与两个以上的用人单位建立或形成均符合劳动关系构成要件的用工关系，该劳动关系既可能是劳动合同关系，也可能是事实劳动关系。在我国，对于双重劳动关系有以下法律及司法解释的规定：

一是非全日制劳动关系可以存在双重或者多重劳动关系。《中华人民共和国劳动合同法》第六十九条第二款规定："从事非全日制用工的劳动者可以与一个或者一个以上用人单位订立劳动合同；但是，后订立的劳动合同不得影响先订立的劳动合同的履行。"可以看出，非全日制用工可以有双重或者多重劳动关系，即从事非全日制用工的劳动者可以兼职，这是非全日制用工不同于全日制用工的显著区别之一。但是，允许非全日制用工中有双重或者多重劳动关系，这里的劳动关系均是指非全日制劳动关系，劳动者不能从事一项非全日制工作，同时兼另一项全日制工作。

二是特殊身份的人员可以存在双重或者多重劳动关系。《最高人民法院关于审理劳动争议案件适用法律问题的解释（一）》第三十二条第二款规定："企业停薪留职人员、未达到法定退休年龄的内退人员、下岗待岗人员以及企业经营性停产放长假人员，因与新的用人单位发生用工争议而提起诉讼的，人民法院应当按劳动关系处理。"

在我国，除去前述关于非全日制双重劳动关系及特殊身份人员可以建立双重劳动关系的规定外，现行法律对双重劳动关系并没有从正面予以规定，但是也并未明确禁止双重劳动关系的存在，尤其是一些特殊主体因市场因素主动形成的双重劳动关系，也应当类推特殊身份人员规定的情形，如因用人单位原因停产停业只领取生活费的劳动者，季节性、周期性产业的劳动者，不定时工作制劳动者等。

三、新疆生产建设兵团职工能否建立双重劳动关系

在前述明确可以建立双重劳动关系的范围之外，能否允许兵团职工建立双重劳动关系是当下审判中急需解决的问题。

根据《兵团连队职工管理办法（试行）》第三条的规定，兵团连队职工是指办理了录用手续，户籍在师市或团场（镇），在连队承包定额地（身份地），签订了国有农用地承包合同，履行民兵义务，依法按时足额缴纳社会保险费的劳动者。可见兵团职工与兵团之间属于全日制的劳动关系。但现阶段部分兵团职工到地方或者兵团企业提供劳动，在此情况下人民法院必须对兵团职工与另一企业之间能否建立劳动关系进行明确的认定，以保障兵团职工在另一用工关系中的合法权益。

因我国对双重劳动关系的建立并未禁止，兵团这一特殊的建制使得兵团职工也属于特殊身份的人员，其可以参照前述司法解释中的人员进行双重劳动关系的认定。但是，劳动者同时建立一个以上劳动合同法意义上的完整全日制劳动关系没有可操作性的法律依据。原劳动部《关于实行劳动合同制度若干问题的通知》第十七条规定："用人单位招用职工时应查验终止、解除劳动合同证明，以及其他能证明该职工与任何用人单位不存在劳动关系的凭证，方可与其签订劳动合同。"由此可见，劳动者与两个用人单位建立全日制劳动法律关系，在法律上有一定阻碍。《中华人民共和国劳动合同法》第三十九条第四项"劳动者同时与其他用人单位建立劳动关系，对完成本单位的工作任务造成严重影响，或者经用人单位提出，拒不改正的"，用人单位可以随时解除劳动合同这一规定也恰恰反证了同一劳动者只能与一个用人单位建立全日制劳动关系。因兵团已为其职工缴纳了各项社会保险，另一新的劳动关系与原劳动关系存在较

大区别，在原劳动关系未解除或终止的情形下，新的用人单位无法为其缴纳社会保险及办理退休养老手续。且若兵团有需要职工必须履行的职责时，可随时通知职工上岗。上述因素导致第二份工作形成的劳动关系随时可能解除或终止，具有不稳定性，故尽管兵团职工与新的用人单位之间可以认定形成劳动关系，但其只能享有获得报酬、劳动保护及工伤保险等有限劳动者权利，是权利限制性劳动关系，不能完全等同于劳动合同法规定的全日制劳动关系，应当认定为与非全日制用工相类似的特殊形态的劳动关系。

不少用人单位存在一个误区，即无法为兵团职工缴纳社会保险即表示双方无法建立劳动关系，但是双重劳动关系前提下，不能免除新用人单位参加社会保险的义务，其应当履行缴纳社会保险费用的义务，尤其是工伤保险。人力资源和社会保障部《实施〈中华人民共和国社会保险法〉若干规定》第九条规定："职工（包括非全日制从业人员）在两个或者两个以上用人单位同时就业的，各用人单位应当分别为职工缴纳工伤保险费。职工发生工伤，由职工受到伤害时工作的单位依法承担工伤保险责任。"可见，工伤保险是两个用人单位可以分别缴纳的，若新用人单位未为职工缴纳工伤保险，劳动者在新用人单位工作期间发生工伤事故的，应当由新用人单位支付工伤待遇。

编写人：新疆维吾尔自治区高级人民法院伊犁哈萨克自治州分院　李霞

11

共享用工三方法律关系认定标准及司法适用

——胡某诉某服务公司确认劳动关系案

【案件基本信息】

1. 裁判书字号

上海市第二中级人民法院（2023）沪02民终7863号民事判决书

2. 案由：确认劳动关系纠纷

3. 当事人

原告（上诉人）：胡某

被告（被上诉人）：某服务公司

【基本案情】

2022年3月，胡某进入某速递公司所属某站点从事快递员工作。之后，甲科技公司与某速递公司达成临时用工协议，由某速递公司安排员工至甲科技公司仓库提供临时服务。经站长询问，胡某同意从事上述临时工作，并与某速递公司若干人员于2022年4月5日共同至某仓库提供劳动。该仓库拣货、打包等业务由某服务公司实际承包，临时用工期间，某服务公司与甲科技公司共同对包括胡某在内的临时用工人员进行用工管理，胡某、某服务公司的总公司、乙科技公司签订《灵活用工协议》，约定由乙科技公司代发工资。某服务公司为胡某购买了商业保险。2022年5月，胡某在工作中受伤，某服务公司通过商业保险为其理赔了医疗费29305.56元。

2022年9月21日，胡某申请劳动仲裁，要求确认其与某服务公司于2022年4月5日至2022年9月20日存在劳动关系。仲裁委对胡某的请求未予支持。胡某不服，诉至法院。

【案件焦点】

1. 本案各方主体是否构成共享用工关系；2. 胡某与某服务公司是否构成劳动关系。

【法院裁判要旨】

上海市宝山区人民法院经审理认为：除从属性外，合意亦是确认双方是否存在劳动关系的核心标准。胡某入职某速递公司站点从事快递员工作，后经其同意被某速递公司安排至某服务公司管理的仓库从事服务，胡某清楚地知晓服务结束后将返回原单位工作。故难以体现胡某系长期稳定地为某服务公司提供劳动，也难以体现双方在临时工作中存在建立劳动关系的合意，无法认定双方存在劳动关系。

上海市宝山区人民法院根据《中华人民共和国劳动法》第七十八条之规定，判决如下：

驳回胡某要求确认与某服务公司自2022年4月5日至2022年9月20日存在劳动关系的诉讼请求。

胡某不服一审判决，提起上诉。上海市第二中级人民法院经审理认为：共享用工以员工的临时流动方式，实现了人力资源的灵活调配与企业间的互助协作，对解决用工余缺矛盾，提升人力资源配置效率和稳就业发挥了积极作用。共享用工期间，原则上借出单位与劳动者之间存在单一劳动关系，借入单位与劳动者不存在劳动关系。胡某对于其系先入职某速递公司站点，后以“志愿者”身份进入涉案仓库从事临时服务及费用结算方式等事实清楚知晓；对服务结束时间及返回原单位亦有预期，在受伤的情况下也是以某速递公司员工身份寻求解决。难以体现胡某系长期稳定地在某服务公司提供劳动以及双方具有建立劳动关系的合意，结合本案用工形态及涉案背景，各方主体符合共享用工情形，无法认定借入单位某服务公司与被借用劳动者胡某之间存在劳动关系。

上海市第二中级人民法院依照《中华人民共和国民事诉讼法》第一百七十七条第一款第一项之规定，判决如下：

驳回上诉，维持原判。

【法官后语】

共享用工作为灵活用工的重要形式之一，因契合经济形势、就业形势及用工需求而获得发展空间。在审判实践中准确把握共享用工三方法律关系认定标准及适用要点，应厘清共享用工的法律内涵、法理依据、认定标准等，以助推共享用工模式有序发展。

一、共享用工的法律内涵界定

共享用工涉及借出单位（用人单位）、借入单位（缺工单位）和共享员工（劳动者）三方主体。对于共享用工，我国尚未制定法律，目前通过规范性文件形式予以初步规制。根据2020年施行的《人力资源社会保障部办公厅关于做好共享用工指导和服务的通知》（以下简称《关于共享用工指导服务通知》），可得出共享用工如下特征：共享用工目的是解决用工余缺矛盾、提升人力资源配置效率和稳就业；开展共享用工的企业之间应签订合作协议，明确双方的权利义务关系；原企业应与劳动者协商一致，不改变原企业与劳动者之间的劳动关系等。根据上述通知，可归纳出共享用工之概念，即共享用工是用人单位与缺工单位通过合同约定，将员工由原单位暂时安排至缺工单位工作，员工在此期间维持与原单位的劳动关系，但接受缺工单位的管理，合同约定的工作期限届满后，员工返回原单位工作的用工形式。①

从用工形态看，当前我国共享用工模式采取保持隶属关系不变的情况下将员工派至第三方单位工作一定时间，期满返回原单位的模式。当前，我国共享用工模式基本集中在企业之间，领域多为劳动密集型产业等。随着平台经济崛起，用工形态不断演化，劳动力流动性增强，共享用工将在更广泛的领域发挥更大作用。

二、共享用工的法理依据选择

审判实践中，从明确三方主体权利义务，更好地保护劳动者权益角度出发，共享用工的认定应以《关于共享用工指导服务通知》“原企业与劳动者协商一致，将劳动者安排到缺工企业工作，不改变原企业与劳动者之间的劳动关系”规定为准，即借出单位与劳动者建立一重劳动关系，借出单位与借入单位系委托合同关系，本质是借出单位将指挥管理权或劳动给付请求权转让给借入单位，但借入单位应对雇主责任承担相应连带责任。②

在三方法律关系中，借出单位与共享员工之间系劳动关系，借出单位与借入单位之间系民事合同关系。关于借入单位的法律属性及其与共享员工之间的关系，应突破传统双边用工理论，站在三方关系视角加以审视。借入单位属于

① 范围：《从“一重劳动关系”到“双重劳动关系”：共享用工规制路径的重构》，载《环球法律评论》2022 年第 4 期。

② 李帛霖：《共享员工视角下企业借调用工的本质及效力认定》，载《中国人力资源开发》2021 年第 9 期。

"利益第三方",[①] 共享员工与其具有一定从属性，但此处突破了劳动的人身专属性，仅凭从属性不应推导出两者存在劳动关系。原因在于，共享员工对借入单位系"不完全的从属性"，该"不完全的从属性"来源于借出单位通过民事合同在双方合意范围内对劳动管理权的部分让渡，借入单位对共享员工享有工作指挥管理权，但原则上不具有人事管理权。故相较传统用工关系中完整的从属性，共享员工对借入单位的"不完全从属性"不足以成为双方成立劳动关系之基础，此让渡并非用人单位责任的全部转移。同时，两家单位通过共享协议让渡的工作指挥管理权本质系劳动力使用权，须以劳动者同意为前提，皆因共享用工系劳动合同履行过程中的特殊情况，劳动者与用人单位签订劳动合同时并没有至缺工单位临时工作的预先假设及预见可能性，这也是共享用工与劳务派遣的本质区别。虽借入单位不具有用人单位法律地位，但毕竟行使了工作指挥管理权，亦应在职业伤害等劳动基准层面承担一定连带责任。

三、共享用工的司法认定标准及适用要点

依据《关于共享用工指导服务通知》的规定，对于共享用工三方主体的法律关系，在审判实践中应遵循如下认定标准。

1. 借出单位、借入单位、劳动者三方就共享用工达成合意，或者借出单位与借入单位两方就共享用工达成合意，经劳动者同意的，应认定三方主体之间构成共享用工关系。

2. 共享用工期间，原则上不宜认定劳动者与借出单位、借入单位形成双重劳动关系。借出单位与劳动者之间存在单一劳动关系，若双方未就变更劳动合同内容协议一致，双方劳动权利义务保持不变。借入单位与劳动者不存在劳动关系，但对劳动者享有借出单位让渡的以指挥管理权为主要内容的部分劳动管理权，基于不完全的从属性，应在职业伤害、劳动安全卫生、工作时间和休息休假等方面承担一定程度的雇主连带责任。

本案中，胡某进入某速递公司所属某站点工作。为应对用工短缺问题，甲

---

① 田思璐：《共享用工："狭义借调"中的三方合同构成》，载《法学》2022 年第 1 期。

科技公司与某速递公司达成临时用工协议，经胡某同意，将其与某速递公司其他人员派至甲科技公司所属的某仓库提供临时服务，某服务公司负责某仓库的日常管理。临时用工期间，甲科技公司与某服务公司共同对临时服务人员进行管理。对于本案临时用工，各方已达成合意，构成共享用工法律关系。胡某应与借出单位（站点所属公司）存在劳动关系。胡某在诉讼中主张与某服务公司具有从属性，不存在合意无法否定双方成立劳动关系。然，共享用工三方关系中，借出单位仅向借入单位让渡了部分劳动管理权，胡某对借入单位系“不完全的从属性”，不足以成为双方成立劳动关系之基础。加之胡某亦清楚期满将返回原单位等事实，故对其主张与某服务公司存在劳动关系之诉请不予支持。另，某服务公司通过商业保险形式为胡某理赔了近3万元医药费，结合服务期限、薪酬水平等因素，已承担了与借入单位管理权能相对应程度的雇主连带责任，符合权利义务衡平原则。

共享用工的主要目的是站在企业用工管理角度提升人力资源配置效率，其本质是劳动关系实际履行过程中的特殊情形，超出了劳动者预见可能性，具有临时性特征。助推共享用工规范发展，应在实现三方关系中劳动权利义务整体平衡之基础上对共享员工进行特别保护。具体至司法实践中，应注意以下要点：

1. 共享用工的成立须以劳动者同意为前提。劳动关系是具有权利义务专属性的以劳动双方信赖基础为核心的继续性法律关系。《中华人民共和国劳动合同法》规定了劳动合同内容的变更需经劳动双方协商一致，而共享用工中，劳动者的劳动管理主体、工作场所、工作地点以及工作内容等必然或可能发生变化，上述变化属于劳动合同内容的变更，应遵循协商变更的原则，以劳动者同意为前提。

2. 共享用工应通过协议等方式明确劳动者在借入单位的劳动条件、劳动保护、薪资待遇等劳动基准内容以及回归期限。为平衡共享用工模式下劳动管理主体、劳动条件变化对劳动者可能造成的不利影响，应明确劳动者在借入单位工作期间的基本权利义务，借入单位应承担与其指挥管理权相匹配的用工主体职责，为共享员工创设良好、无歧视的就业环境，进行职业技能、安全生产培训，提供必要的劳动条件、履行工作保障及协助义务等，三方亦应明确回归期限，为劳动者返回原单位提供条件。

3. 应避免共享用工模式被不当滥用。鉴于共享用工对劳动者岗位稳定等影响较大，当前经济形势下，共享用工模式的适用应以满足企业生产经营客观需求为原则，主要应用于因经营困难而稳岗压力大、受季节性及市场供求等临时性因素影响而用工规模波动大的企业，以实现稳岗和用工余缺调剂合作目标。若非基于生产经营客观需求，原则上企业不能开展共享用工，避免企业通过共享用工模式实施替代劳务派遣及其他规避用工主体责任的行为。同时，亦应对共享用工的期限予以适当规制，避免这一临时性的用工模式被长期化。

综上，伴随着平台经济发展，共享用工作为灵活用工的重要形式，还将继续发挥优化人力资源配置、稳定就业及复苏经济的重要作用。故，司法应对共享用工予以规范，以充分发挥其活跃用工市场的制度优势，服务好“稳就业、促经济”的社会发展大局。

编写人：上海市第二中级人民法院　陈樱　张曦

12

关联公司混同用工模式下劳动关系的确认

——郑某诉甲科技公司劳动争议案

【案件基本信息】

1. 裁判书字号

北京市第二中级人民法院（2023）京 02 民终 9597 号民事判决书

2. 案由：劳动争议

3. 当事人

原告（被上诉人）：郑某

被告（上诉人）：甲科技公司

【基本案情】

2021 年 5 月 12 日，郑某驾驶涉案重型厢式货车与案外人发生交通事故后受伤，此后未再提供劳动。甲科技公司股东兼监事张某 1 为郑某垫付医药费 107500 元。

郑某称经人介绍于 2021 年 3 月 1 日入职甲科技公司，岗位为运输司机，双方未签订劳动合同，未缴纳社保，丁科技公司和丙科技公司代发工资，入职系与队长王某商谈，从王某处接手涉案车辆，平时接受王某管理，王某系某供应链公司调度，某供应链公司的现法定代表人与甲科技公司前法定代表人均为张某。甲科技公司否认与郑某存在劳动关系，表示其只是涉案车辆的登记车主，该车辆已于 2020 年出租给乙科技公司，乙科技公司与丁科技公司、丙科技公司分别签订了《外包项目平台综合服务协议》《服务合同》，通过两公司运营的平台招聘司机，由两公司承揽业务，郑某与丁科技公司、丙科技公司签订协议，从平台注册后接单。

2020 年 8 月 7 日至 2021 年 11 月 3 日张某为甲科技公司股东兼法定代表人，2020 年 8 月 7 日至今张某 1 为甲科技公司股东、监事；乙科技公司成立于 2019 年 3 月 20 日，2019 年 3 月 20 日至 2022 年 8 月 25 日张某担任法定代表人。乙科技公司自 2021 年 3 月 10 日起为郑某投保雇主责任险。

【案件焦点】

甲科技公司与郑某是否存在劳动关系。

【法院裁判要旨】

北京市房山区人民法院经审理认为：判断用人单位与劳动者是否存在劳动关系，应以实质要件为判断标准，核心要素是用人单位对劳动者形成实际控制，双方形成财产上、人身上的从属性关系。根据各方当事人提交的证据及陈述可知，郑某驾驶甲科技公司车辆从事运输工作，根据平台派单情况显示郑某驾驶车辆运输的承运商名称为甲科技公司，虽甲科技公司主张将车辆出租给乙科技公司，但甲科技公司与乙科技公司系关联公司，郑某从事的工作实际为甲科技公司业务的一部分；根据微信群聊天记录，显示王某向郑某发送定位、安排工作等内容能够认定郑某接受王某管理，王某自称系某供应链公司员工，能够认定郑某接受某供应链公司调度，某供应链公司对郑某进行管理，而某供应链公司与甲科技公司为关联公司；郑某的工资虽名义上由丁科技公司、丙科技公司代发，但实际上支付主体为甲科技公司的关联公司乙科技公司。以上特征均显示甲科技公司与郑某之间形成财产上、人身上的从属性关系，符合成立劳动关系的法律特征。综上，甲科技公司虽然主张与郑某不存在劳动关系，但与查明事实相悖，故法院不予采信。法院认定甲科技公司与郑某之间存在劳动关系。甲科技公司作为劳动关系中负有管理责任的一方，应对劳动者入职时间、工作年限承担举证义务，其公司未能举证证明，应承担不利后果。结合在案证据，法院对于郑某主张的劳动关系存续期间予以采信，确认双方2021年3月1日至2021年11月30日存在劳动关系。

北京市房山区人民法院依照《中华人民共和国劳动争议调解仲裁法》第六条，《中华人民共和国民事诉讼法》第一百四十七条之规定，判决如下：

确认郑某与甲科技公司自2021年3月1日至2021年11月30日存在劳动关系。

甲科技公司不服一审判决，提起上诉。北京市第二中级人民法院依照《中华人民共和国民事诉讼法》第一百七十七条第一款第一项规定，判决如下：

驳回上诉，维持原判。

【法官后语】

关联公司，作为一种更具规模性和竞争性的企业组织型态，已成为一种普遍存在的经济现象。实践中，部分关联公司为创新业务模式或规避用工风险往往将劳动关系诸要素打散，劳动者分别与多家公司存在一定关联，但又找不到确定、完整的用工主体，出现纠纷后关联公司之间相互推诿责任。人民法院在审理此类混同用工案件时，面临用工主体多元、用工结构复杂、劳动关系认定困难等现实挑战。

司法实践中，关联公司混同用工案件，主要有以下几种类型。

一是"一套人马，多块牌子"，混淆用工。实践中多家关联公司的法定代表人、控股股东或实际控制人等为同一人或具有亲属关系，办公场所、人事财务、业务内容等高度混同，往往不与劳动者签订劳动合同，故意混淆用工，劳动者亦无法知晓自己到底属于哪一家单位。

二是采用出租合同、承包合同等形式，隐蔽用工。实践中部分关联公司在发生劳动纠纷时，往往主张相应场地、设备、业务等已出租、承包给第三人经营，劳动者与第三人存在劳动关系等。用人单位表面上与关联公司之间签订出租合同、承包合同等普通民事合同，但对劳动者的招录聘用工作时间、工作内容、工作过程等进行实际管理，导致劳动关系认定、劳动者工龄计算、社会保险缴纳等均存在不同隐患。

三是不断变换主体，交替用工。实践中部分集团公司通过变换不同的签约主体和劳动者签署劳动合同，劳动者的工作内容、管理隶属等没有发生明显变化，但劳动合同、工资发放、社保缴纳等可能分布在不同的子公司或分公司。关联公司交替轮流用工，以此规避支付经济补偿、签订无固定期限劳动合同等法律义务。

关联公司混同用工情形下，相关用工事实查明困难，劳动关系扑朔迷离。保护劳动者的合法权益，是劳动法的立法宗旨，而确认劳动关系是各项劳动权益保障的起点。实践中应当坚持事实优先原则，无论存在多少主体，都应根据劳动合同签订、用工管理事实等作出综合判断，必要时可以尊重劳动者的选择权。

从程序上而言，人民法院可以依据劳动者申请或者依职权追加其他关联公司参加诉讼，以查清用工事实，减少劳动者诉累。本案中，郑某驾驶甲科技公司车辆发生交通事故，为认定工伤无奈寻求确认劳动关系。甲科技公司辩称已将车辆出租给乙科技公司，而从在案证据来看，两公司之间存在关联关系。乙科技公司则辩称属于平台用工，和郑某不存在劳动关系，用工链条进一步拉长。一审法院依法通知某供应链公司、丁科技公司、丙科技公司作为第三人参加诉讼，进一步查清事实。

从实体上而言，多家关联公司混同用工，劳动关系诸要素分散、交叉的情形下，可以将招录聘用、日常管理、绩效考核、工资支付、保险缴纳等综合作为判断劳动关系的因素。一般而言，(1) 订立劳动合同的，可以按照劳动合同确立劳动关系；(2) 未订立劳动合同的，以有关联关系的用人单位发放工资、缴纳社会保险、工作地点、工作内容、日常管理等与劳动合同履行相关的要素综合进行判断；(3) 难以厘清与哪家用人单位存在劳动关系的，因为造成劳动关系混同的过错在于多家关联公司，从诉讼经济角度考虑，也可以依据劳动者的选择进行确认。本案中，甲科技公司系车辆所有人，为郑某垫付医药费，某供应链公司对郑某进行日常管理，乙科技公司为郑某投保了雇主责任险，三家公司存在关联关系，均未与郑某签订劳动合同，法院依据郑某的选择确认与甲科技公司存在劳动关系。此外，本案中乙科技公司与丁科技公司、丙科技公司签订相关协议，由后者与郑某签订相关协议、代发工资。用人单位招录劳动者后，要求劳动者在互联网平台注册为自由职业者、独立承包商等，并通过互联网平台代发工资等方式规避与劳动者建立劳动关系的，人民法院应依据实际用工情况进行认定，以维护劳动者合法权益。

编写人：北京市第二中级人民法院　马卫丰

13

承包人与实际施工人招用的工人之间劳动关系的认定

——黄某甲诉某电力建设公司、吴某劳动合同案

【案件基本信息】

1. 裁判书字号

广西壮族自治区南宁市中级人民法院（2023）桂 01 民终 8196 号民事判决书

2. 案由：劳动合同纠纷

3. 当事人

原告（被上诉人）：黄某甲

被告（上诉人）：某电力建设公司

被告：吴某

【基本案情】

2014年7月18日，某电力建设公司与案外人供电局签订《S线路工程、T线路工程施工合同》，由某电力建设公司承包线路工程施工任务。吴某系挂靠某电力建设公司对案涉工程进行施工。为了方便发放领取工程款，某电力建设公司与第三人某劳务公司于2015年8月25日签订《建筑施工分包合同》，第三人某劳务公司通过该公司账户把工程款转给吴某，但是第三人某劳务公司没有对案涉工程进行实际施工。

2016年，黄某甲经吴某介绍在该线路工程担任项目总工，工作期间某电力建设公司未与黄某甲签订劳动合同。吴某请求某电力建设公司在工作期间为黄某甲缴纳社会保险，某电力建设公司遂于2016年4月至2018年12月为黄某甲缴纳了企业养老保险、工伤保险、失业保险。

2019年1月16日，吴某向黄某甲出具《欠款凭证》，内容主要是“本人吴某因至2018年2月前期工资款未能全部完结以及至2018年12月未能给付工资，长期累积共欠黄某甲人民币贰拾壹万元整（￥210000元），经双方协商，吴某已无能力给予支付，将由某电力建设公司在G线路工程的工程款到账时由某电力建设公司财务直接扣款付给黄某甲，经某电力建设公司黄某乙现场确认并证明。另和某电力建设公司证明人一起，经三方协商黄某甲从2019年1月起在G线路工程所工作的所有费用（包含工资、车辆费用、旅差费等）经吴某确认签字后，由某电力建设公司财务先按月给予垫付，所垫付费用在日后工程款到账后，由某电力建设公司直接扣除。债权人可以任意以任何方式收取逾期欠款，或人民法院依法解决，本欠款有无限追诉时效，以此凭证为据”，在落款处有欠款人吴某签字，债权人黄某甲签字，某电力建设公司盖章，证明人黄某乙签字，法定代表人肖某于2020年1月19日签字。黄某甲在收到《欠款凭证》

后即离开不再在该项目工作。

此后黄某甲向隆安县劳动人事争议仲裁委员会提出仲裁申请，2023 年 3 月 15 日仲裁机构作出裁决驳回黄某甲的请求，黄某甲收到仲裁裁决书后不服并向法院起诉，形成本案。

【案件焦点】

1. 黄某甲与某电力建设公司在 2016 年 4 月至 2018 年 12 月 31 日是否存在事实劳动关系；2. 本案是否超过诉讼时效。

【法院裁判要旨】

广西壮族自治区隆安县人民法院经审理认为：原告黄某甲主张与某电力建设公司形成事实劳动关系，某电力建设公司则反驳认为把工程交给吴某去做，然后是吴某叫黄某甲来工作，是由吴某雇请黄某甲。第三人则主张实际施工人是吴某，第三人没有实际施工。法院认为，黄某甲承认是吴某介绍来工作的，并且从《欠款凭证》的内容来看，吴某拖欠了黄某甲工资，因吴某无力支付，由某电力建设公司从到账工程款中直接扣款付给黄某甲。该凭证内容与某电力建设公司的主张相一致，吴某既然负有向黄某甲支付工资的义务，那么吴某与黄某甲之间必然存在事实上的法律关系，故法院采纳某电力建设公司的意见。根据原劳动和社会保障部《关于确立劳动关系有关事项的通知》规定，“建筑施工、矿山企业等用人单位将工程（业务）或经营权发包给不具备用工主体资格的组织或自然人，对该组织或自然人招用的劳动者，由具备用工主体资格的发包方承担用工主体责任”，据此，吴某招用黄某甲，某电力建设公司应该承担用工主体责任。又根据最高人民法院《对最高人民法院〈全国民事审判工作会议纪要〉第 59 条作出进一步释明的答复》中对实际施工人招用的劳动者与承包人之间是否存在劳动关系的答复意见，是“同意第一种观点”，即“不认定实际施工人的前一手具有用工主体资格的承包人、分包人或转包人与劳动者之间存在劳动关系”，据此，某电力建设公司从供电局处承包本案工程，某电力建设公司是承包人，劳动者黄某甲请求确认其与具有用工主体资格的某电力建设公司之间存在劳动关系，法院不予支持，同时对黄某甲要求支付经济补偿金的请求亦不予支持。

既然不能认定为劳动关系，则不适用劳动仲裁的1年时效规定。《欠款凭证》落款签字时间是2019年1月16日，而某电力建设公司法定代表人肖某最后的签字时间是2020年1月19日。黄某甲于2021年11月向法院第一次起诉，所以不论是从2019年1月16日还是从2020年1月19日起算，均没有超过诉讼时效。并且《欠款凭证》第一段中未能明确具体履行日期，所以某电力建设公司主张超过诉讼时效的请求，法院不予采纳。

从《欠款凭证》的内容来看，吴某存在拖欠黄某甲工资的事实，根据《中华人民共和国民法典》第五百七十九条“当事人一方未支付价款、报酬、租金、利息，或者不履行其他金钱债务的，对方可以请求其支付”的规定，据此，黄某甲要求吴某支付拖欠工资有法律和合同依据，法院予以支持。而且，从《欠款凭证》第一段内容来看，因吴某无力支付，故由某电力建设公司从到账工程款中直接扣款付给黄某甲。所以《欠款凭证》约定某电力建设公司承担的是附条件的扣款义务，如果工程款到账，则某电力建设公司负有支付该款项给黄某甲的义务。某电力建设公司当庭表示工程款已到账，故《欠款凭证》约定的条件成立，附生效条件的民事法律行为，自条件成就时生效。据此，黄某甲要求某电力建设公司支付210000元款项有法律和合同依据，法院予以支持。

广西壮族自治区隆安县人民法院依照《中华人民共和国民法典》第一百五十八条、第五百七十九条，《中华人民共和国劳动合同法》第七条，《中华人民共和国民事诉讼法》第一百四十七条，《最高人民法院关于适用〈中华人民共和国民事诉讼法〉的解释》第五十四条之规定，判决如下：

一、吴某、某电力建设公司支付黄某甲款项210000元；

二、驳回黄某甲的其他诉讼请求。

某电力建设公司不服一审判决，提起上诉。广西壮族自治区南宁市中级人民法院经审理认为：根据原劳动和社会保障部《关于确立劳动关系有关事项的通知》第四条“建筑施工、矿山企业等用人单位将工程（业务）或经营权发包给不具备用工主体资格的组织或自然人，对该组织或自然人招用的劳动者，由具备用工主体资格的发包方承担用工主体责任”之规定，某电力建设公司从供电局处承包涉案工程，吴某系挂靠某电力建设公司对案涉工程进行施工。吴某招用黄某甲，某电力建设公司应该对黄某甲承担用工主体责任，某电力建设公司与黄某甲建立的是劳务关系而不是劳动关系，因此，涉案诉讼应适用诉讼时效而非仲裁时效。涉案诉讼实际上是基于《欠款凭证》而引发的纠纷，《欠款凭证》中某电力建设公司的签字时间是2020年1月19日，黄某甲于2021年11月向法院提起诉讼，未超过诉讼时效。

广西壮族自治区南宁市中级人民法院依照《中华人民共和国民事诉讼法》第一百七十七条第一款第一项和第一百八十二条的规定，判决如下：

驳回上诉，维持原判。

【法官后语】

在建设施工领域，对于实际施工人招用的劳动者与发包人、承包人之间关系的界定，审判工作中认识不一，当前审判实务中主要有三种观点。

1. 不存在劳动关系说。此为主流观点。最高人民法院《对最高人民法院〈全国民事审判工作会议纪要〉第59条作出进一步释明的答复》中对实际施工人招用的劳动者与承包人之间是否存在劳动关系的答复意见，是“同意第一种观点”，即“不认定实际施工人的前一手具有用工主体资格的承包人、分包人或转包人与劳动者之间存在劳动关系”。因为实际施工人的前一手具有用工主体资格的承包人、分包人或转包人与劳动者之间丝毫没有建立劳动关系的意思表示，更没有建立劳动关系的合意。如果强行认定为劳动关系，那么实际雇佣劳动者并承担管理职能的实际施工人反而不需要承担任何法律责任了，这种处理方式显然不符合公平原则。

2. 事实劳动关系说。此种观点认为，虽然案涉工程层层转包、分包给不具备用工主体资格的实际施工人，但是实际施工人招用的劳动者在具体提供劳务的过程中，受承包人、分包人、转包人管理，工资由其发放，劳动关系的特征符合原劳动和社会保障部《关于确立劳动关系有关事项的通知》规定的构成要件，此时应当认定双方存在劳动关系。

3. 用工主体责任说。原劳动和社会保障部《关于确立劳动关系有关事项的通知》第四条规定："建筑施工、矿山企业等用人单位将工程（业务）或经营权发包给不具备用工主体资格的组织或自然人，对该组织或自然人招用的劳动者，由具备用工主体资格的发包方承担用工主体责任。"这是用工主体责任说的具体体现。

笔者赞同第一种观点，同时认为，在确认或不确认劳动关系的背后，如果牵连工伤责任的承担问题，可以采用两分法，即将劳动关系的确认与工伤责任问题分开而论。

首先，根据当前建设施工领域的实践情况，绝大部分被实际施工人招用的劳动者与发包人、承包人、转包人不宜认定存在劳动关系，这是主流观点。但是也要具体情况具体分析，对于工程被层层分包而劳动者又被劳动部门认定为工伤的，要求用人单位参照工伤进行赔偿的，应予支持赔偿工伤为宜。理由是此种情形符合劳动合同法的规定，《中华人民共和国劳动合同法》第九十四条"个人承包经营违反本法规定招用劳动者，给劳动者造成损害的，发包的组织与个人承包经营者承担连带赔偿责任"的规定，为承担民事赔偿责任的条款，而非确认劳动关系的依据。即使不确认为劳动关系，劳动者的权益也得到了保护。

其次，有观点认为，用工单位承担"用工主体责任"或"工伤保险责任"并不意味着与职工存在劳动关系。[①] 此时承包人对劳动者承担的是一种替代责任，因为承包人将工程业务转包给没有用工资格的实际施工人，主观上存在过错，让其承担工伤保险责任，作为不具有劳动关系的替代责任，逻辑上合理。

最后，将劳动关系的确认与工伤责任问题分开而论也符合司法解释的规定。《最高人民法院关于审理工伤保险行政案件若干问题的规定》第三条第一款第

---

① 参见最高人民法院中国应用法学研究所编：《人民法院案例选分类重排本（2016-2020）·行政与国家赔偿卷》第六章"劳动与社会保障"第二节"工伤"，人民法院出版社2022年版，第321、322页。

四项规定，“用工单位违反法律、法规规定将承包业务转包给不具备用工主体资格的组织或者自然人，该组织或者自然人聘用的职工从事承包业务时因工伤亡的，用工单位为承担工伤保险责任的单位”，通过解读上述规定，可以知道不论违法转包是否构成劳动关系，用人单位都应该承担工伤保险责任。也即把确认劳动关系与承担工伤责任问题区分开来，目的在于更好地保护劳动者的合法权益。

编写人：广西壮族自治区隆安县人民法院　凌全民

14

未签订劳动合同情况下，挂靠经营模式中的劳动关系主体认定

——某体育发展公司诉董某、某体育文化中心劳动争议案

【案件基本信息】

1. 裁判书字号

北京市第二中级人民法院（2023）京02民终8732号民事判决书

2. 案由：劳动争议

3. 当事人

原告（上诉人）：某体育发展公司

被告（被上诉人）：董某、某体育文化中心

【基本案情】

2021年7月12日，王某与某体育文化中心签订《游泳健身俱乐部承租管理合作协议》，约定：2021年7月15日至2024年7月15日由王某管理案涉健身房，负责健身房销售人员的招聘、培训、管理等，某体育文化中心配合提供

营业执照、泳池高危许可证、消防验收许可、公章、财务章等材料，王某向某体育文化中心支付房租，健身房的盈利收入归王某所有。

2021年9月9日，王某与周某签订《公司托管经营协议书》，约定：从2021年9月2日起至2022年3月12日止，王某委托周某经营管理案涉健身房，向周某支付经营管理费用，经营活动相关的各项成本、人员工资等均由王某承担。

某体育发展公司于2021年10月9日注册成立，王某为该公司的法定代表人。

董某于2021年9月28日至2021年12月31日在案涉健身房工作，担任私教经理一职。该健身房的经营地点与某体育文化中心的工商注册地一致。董某的工资每月由王某通过微信转账形式支付；钉钉打卡记录截图显示的部门为某体育发展公司，打卡地点为某体育发展公司（某体育文化中心的工商注册地）。

董某与某体育发展公司、某体育文化中心均未签订书面劳动合同。

某体育发展公司主张某体育文化中心委托王某管理案涉健身房，王某又委托周某进行经营管理，董某是周某招聘录用的，王某是代某体育文化中心向董某发放工资，故董某与其不存在劳动关系，与某体育文化中心存在劳动关系，不同意由其支付未签订劳动合同二倍工资差额。董某表示从未被告知过某体育文化中心的情况，否认与某体育文化中心存在劳动关系。

【案件焦点】

1. 某体育发展公司、董某是否形成劳动关系；2. 劳动关系的形成时间如何确定；3. 未签订书面劳动合同的二倍工资的计算方式。

【法院裁判要旨】

北京市丰台区人民法院经审理认为：本案的争议焦点有三：一是某体育发展公司、董某是否形成劳动关系；二是某体育发展公司、董某劳动关系形成的时间；三是某体育发展公司应支付董某未签订书面劳动合同的二倍工资的计算方式。

针对第一个焦点，法院认为某体育发展公司、董某之间形成劳动关系。原劳动和社会保障部《关于确立劳动关系有关事项的通知》第一条规定："用人单位招用劳动者未订立书面劳动合同，但同时具备下列情形的，劳动关系成立。(一) 用人单位和劳动者符合法律、法规规定的主体资格；(二) 用人单位依法制定的各项劳动规章制度适用于劳动者，劳动者受用人单位的劳动管理，从事用人单位安排的有报酬的劳动；(三) 劳动者提供的劳动是用人单位业务的组成部分。"本案中，董某在案涉健身房担任私教经理，根据本案查明之事实，租赁该地址经营的公司系某体育发展公司，实际经营管理案涉健身房并向董某支付工资的均系某体育发展公司法定代表人工某，且董某提交的钉钉打卡记录截图显示打卡部门和地点均为某体育发展公司。综合上述情况，董某接受某体育发展公司的管理，从事其安排的有报酬的劳动，某体育发展公司、董某之间的关系完全符合上述特征，应当认定某体育发展公司与董某之间存在劳动关系。

针对第二个焦点，双方当事人均认可董某在 2021 年 9 月 28 日至 2021 年 12 月 31 日在案涉健身房工作，但经法院查明，某体育发展公司于 2021 年 10 月 9 日注册成立，此前某体育发展公司不具备法律规定的用工主体资格，故法院认定某体育发展公司与董某的劳动关系始于 2021 年 10 月 9 日，解除于 2021 年 12 月 31 日。

针对第三个焦点，某体育发展公司于 2021 年 10 月 9 日注册成立，在此之前，某体育发展公司虽已聘用董某，因某体育发展公司主体不合格，某体育发展公司、董某不具备订立劳动合同的客观条件，某体育发展公司注册成立后，未在一个月内与董某订立劳动合同，故某体育发展公司应向董某支付自 2021 年 11 月 9 日至 2021 年 12 月 31 日双方实际解除劳动关系期间未签订劳动合同的二倍工资差额。仲裁裁决某体育发展公司支付董某自 2021 年 10 月 28 日至 2021 年 12 月 31 日未签订劳动合同的二倍工资差额，期间错误，法院依法予以调整。此外，庭审中某体育发展公司与董某均一致认可仲裁裁决计算方法中对工资标准的认定，法院依法核算未签订劳动合同的二倍工资差额为 12149.43 元。

结合案涉健身房内录像、《游泳健身俱乐部承租管理合作协议》、《丰台区职能部门安全生产督查检查通知单》等证据，某体育发展公司自某体育文化中心处承租案涉健身房，该店对外经营主体为某体育文化中心，但王某与某体育文化中心签订上述《游泳健身俱乐部承租管理合作协议》的目的就是从事某体育文化中心拥有经营权的游泳等业务，并由此获得利润。因此，店内摆放某体育文化中心的营业执照、卫生证和高危证只是为了应对有关部门的检查，并不能证明某体育文化中心与董某之间存在事实劳动关系。同时，某体育文化中心为案涉健身房提供上述证件是基于该公司与王某之间的合作协议所约定的合同义务，而不是基于该公司与董某形成事实劳动关系才为之。此外，董某表示从未被告知过某体育文化中心的情况，否认与某体育文化中心存在劳动关系。综上，某体育发展公司主张董某与某体育文化中心之间存在事实劳动关系既无事实基础，亦缺乏法律依据，法院不予采信。

北京市丰台区人民法院依照《中华人民共和国劳动合同法》第八十二条，《中华人民共和国民事诉讼法》第一百四十七条之规定，判决如下：

一、某体育发展公司于判决生效后七日内支付董某2021年11月9日至2021年12月31日未签订劳动合同二倍工资差额12149.43元；

二、某体育发展公司无须支付董某2021年10月28日至2021年11月8日未签订劳动合同二倍工资差额2494.25元；

三、驳回某体育发展公司的其他诉讼请求。

某体育发展公司不服一审判决，提出上诉。北京市第二中级人民法院经审理认为：董某主张其于2021年9月28日入职某体育发展公司，在案涉健身房工作，双方未订立书面劳动合同，并提交钉钉打卡记录截图、工作群微信聊天记录、企业微信记录、微信电子支付凭证截屏等证据。某体育发展公司认可其公司法定代表人王某实际管理案涉健身房，亦认可微信电子支付凭证截屏显示的王某规律性地向董某支付工资的事实。某体育发展公司虽辩称系王某个人接受某体育文化中心委托管理案涉健身房，亦系代某体育文化中心发放董某工资，但是其公司提交的《游泳健身俱乐部承租管理合作协议》《公司托管经营协议书》《丰台区职能部门安全生产督查检查通知单》等证据不足以证明上述事实，亦无法体现某体育文化中心依法制定的各项劳动规章制度适用于董某，董某受某体育文化中心的实际管理，从事某体育文化中心安排的有报酬的劳动。董某表示并不知晓某体育文化中心情况，结合其提交的证据内容，现仅凭其在某体育文化中心的注册地提供劳动的情况，不足以认定其系与某体育文化中心存在劳动关系。故，某体育发展公司关于某体育文化中心实际经营健身房并与董某存在劳动关系的主张，事实依据不足。此外，其他公司缴纳董某诉争期间社保的情况，不影响本案劳动关系的认定。据此，一审法院综合考虑在案证据情况，认定董某与某体育发展公司存在劳动关系，并判决其公司支付董某 2021 年 11 月 9 日至 2021 年 12 月 31 日未签订劳动合同二倍工资差额 12149.43 元，并无不当。某体育发展公司坚持上诉请求，事实依据不足，法院不予支持。综上所述，某体育发展公司的上诉请求不能成立，应予驳回；一审判决应予维持。

北京市第二中级人民法院依照《中华人民共和国民事诉讼法》第一百七十七条第一款第一项规定，判决如下：

驳回上诉，维持原判。

【法官后语】

本案涉及多方主体：某体育发展公司、某体育文化中心、王某及周某，劳动者董某未与任何一方签订书面劳动合同，因此首先需要判断董某与哪一方主体形成劳动关系。

王某与某体育文化中心签订了《游泳健身俱乐部承租管理合作协议》，但合同的性质不能仅凭合同的名称认定，而应当根据双方约定的合同内容及合同实际履行过程中体现出来的双方的权利义务关系综合认定。

首先，从合同目的来看，王某签订合同的目的就是从事某体育文化中心拥有经营权的游泳等业务，并由此获得利润；其次，从合同内容来看，王某向某体育文化中心支付费用以使用某体育文化中心的工商注册地及营业执照、泳池高危许可证、消防验收许可、公章、财务章等，自主经营案涉健身房并承担风险、获得收益；最后，从合同履行来看，案涉健身房内录像显示店内摆放某体育文化中心的证照、《丰台区职能部门安全生产督查检查通知单》载明被督查检查单位为某体育文化中心等，可以看出案涉健身房对外经营主体为某体育文化中心。综上，王某与某体育文化中心之间名为“承租管理合作”，实为挂靠经营合同关系。

在挂靠经营模式下，对于适格主体之间，劳动者与谁形成劳动关系，具体需根据用工行为的“三性”特征——人格从属性、经济从属性、组织从属性进行实质判断。

司法实践中，原劳动和社会保障部《关于确立劳动关系有关事项的通知》是认定劳动关系的主要依据。根据该通知规定，未签订劳动合同情况下，认定劳动关系需同时符合以下条件。

1. 用人单位和劳动者符合法律、法规规定的主体资格。《中华人民共和国劳动法》第二条规定：“在中华人民共和国境内的企业、个体经济组织（以下统称用人单位）和与之形成劳动关系的劳动者，适用本法。国家机关、事业组织、社会团体和与之建立劳动合同关系的劳动者，依照本法执行。”可见，用人单位必须是一个依法成立的组织，包括但不限于企业法人、事业单位法人、社会团体法人、个体工商户等。王某作为个人显然不具备法律规定的用工主体资格，而王某作为法定代表人的某体育发展公司在注册成立后虽然具备了建立劳动关系的主体资格，但此时案涉健身房的挂靠方仍是王某还是变更为某体育发展公司呢？这就涉及该公司注册成立前王某以个人名义与某体育文化中心签订的合同是否对公司有效这一问题。

法定代表人在公司成立前以个人名义对外签订的合同，原则上是属于其个人行为，对成立后的公司并不当然有效，主要考虑以下因素：（1）合同内容：合同是否与成立后的公司业务直接相关，是否旨在为公司成立后的运营做准备。（2）公司追认：公司成立后，可以对法定代表人在公司成立前签订的合同进行追认或通过合同转让等方式，从而使得合同对公司产生效力。（3）实际履行：合同是否已经开始履行，公司成立后是否继续履行该合同。

可见，如果法定代表人在公司成立前签订的合同是为了公司的设立行为，合同内容与成立后的公司业务相关，并且公司成立后也接受了该合同的权利义务继续履行，那么在此种条件下，该合同对公司有效。本案中，某体育发展公司的经营范围包括健身休闲活动、体育运动项目经营（不含高危险性体育项目）等，与合同内容直接密切相关，钉钉打卡记录截图显示的部门和打卡地点均为某体育发展公司，可见该公司已经参与了案涉健身房的运营，合同对某体育发展公司产生了效力，该公司转变为了挂靠方，且具备用工主体资格，而法定代表人王某在职权范围内代表公司所作出的行为，其法律后果直接归属于公司。

2. 用人单位依法制定的各项劳动规章制度适用于劳动者，劳动者受用人单位的劳动管理，从事用人单位安排的有报酬的劳动。即用工行为具有人格从属性与经济从属性。人格从属性指的是劳动者在用人单位的指挥和监督下工作，用人单位对劳动者的工作时间、地点、内容和方式等有决定权。经济从属性指的是劳动者为用人单位提供劳动并获得报酬，劳动者的经济来源依赖于用人单位支付的工资。本案中，董某需要遵守王某自己制定或基于与周某之间的合作关系由周某制定的各项规章制度，并由王某规律性地向其支付工资，可见，董某接受某体育发展公司的各项规章制度管理，从事该公司安排的有报酬的劳动，符合构成劳动关系的条件。

3. 劳动者提供的劳动是用人单位业务的组成部分。即用工行为具有组织从属性。组织从属性指的是劳动者的工作是用人单位业务不可分割的一部分，劳动者的工作成果归用人单位所有，并且劳动者参与用人单位的生产或服务过程。本案中，董某由王某授权周某进行招聘，在案涉健身房担任私教经理，其提供的劳动是某体育发展公司业务的组成部分，体现了组织从属性。

通过以上分析可知，某体育发展公司自注册成立成为适格主体之日起，与董某之间的关系即具备了劳动关系的实质特征。根据《中华人民共和国劳动合同法》第八十二条第一款规定："用人单位自用工之日起超过一个月不满一年未与劳动者订立书面劳动合同的，应当向劳动者每月支付二倍的工资。"因此，某体育发展公司于2021年10月9日注册成立后，未在一个月内与董某订立劳动合同，应支付自2021年11月9日至2021年12月31日双方实际解除劳动关系期间未签订劳动合同的二倍工资差额。在劳动关系建立之前，董某与王某之间属于劳务关系，2021年9月28日至2021年10月8日的劳务费可另案向王某或某体育发展公司主张。

从根本上来说，建立劳动关系需要用人单位与劳动者之间具有合意，即双方就建立劳动关系达成一致的意思表示，对工作内容、工作条件、劳动报酬、工作时间、休息休假、社会保险等劳动条件达成共识，而合意通常通过签订书面劳动合同来体现，合同中明确双方的权利和义务。而在没有签订书面劳动合同的情况下，某些在认定劳动关系时可供参照的凭证，反而容易成为判断的迷惑项。如工作地点、社保缴纳单位等一般应与用人单位信息一致，但在劳动者没有建立劳动关系意向的情况下，仅凭在某公司的工商注册地提供劳动不足以认定与该公司存在劳动关系，由其他公司缴纳社保也不影响真实劳动关系的认定。本案中，董某表示并不知晓某体育文化中心情况，且现有证据不足以证明王某系代某体育文化中心发放工资、依据某体育文化中心制定的各项劳动规章制度管理员工并明确告知董某，某体育文化中心为案涉健身房提供营业执照、卫生证和高危证等证件是基于其与王某之间的合作协议所约定的合同义务，无法体现其具有与董某建立劳动关系的意愿，因此仅凭工作地点等信息，难以认定双方具有建立劳动关系的合意。

本案明确了未签订书面劳动合同情况下，挂靠经营模式中由挂靠方直接招聘、管理并支付工资的劳动者通常与挂靠方形成实际的劳动关系，并具体阐明了判断实际用工主体的方法，有助于统一司法实践中的裁判标准，充分保护劳动者的合法权益；同时也对用人单位和劳动者起到了警示和教育作用，增强了二者法律意识，促使双方更加重视劳动合同的签订和履行，推动用人单位更加规范用工，构建规范和谐的用工环境。

编写人：北京市丰台区人民法院　商丽颖

15

超过仲裁时效后义务人同意履行，诉讼时效重新计算

——廖某诉某塑料机械厂劳动争议案

【案件基本信息】

1. 裁判书字号

浙江省台州市中级人民法院（2023）浙10民终406号民事判决书

2. 案由：劳动争议

3. 当事人

原告（被上诉人）：廖某

被告（上诉人）：某塑料机械厂

【基本案情】

原告廖某原系被告某塑料机械厂的员工，双方未签订书面劳动合同。后廖某于2020年4月26日离职，双方劳动关系终止。双方约定2019年至2020年间的薪资由月工资8000元、出差补贴、年底奖金及机器提成组成。某塑料机械厂法定代表人林某甲分别于2020年2月14日、3月27日通过微信转账及同年4月22日通过案外人林某乙（系林某甲女儿）银行账户向廖某转账10000元、10000元、20000元。

廖某诉至法院前，于2022年4月28日向黄岩劳动仲裁委申请劳动仲裁，该委以申请已超过一年仲裁时效为由驳回了廖某的所有仲裁请求。廖某不服该仲裁裁决，遂诉至法院。

另查明，2021年8月2日，廖某与林某甲的微信聊天记录中，廖某称："2019年工资80600元，2020年1月工资8000元，加出差费，3月13000元，

长沙出差6天900元，4月13000元，厦门出差17天2550元，住宿车费我也忘记是多少了，两台旧机你答应的提成是20000元”，“以前在你家里谈好一年给我15万~18万元，我每月拿8000元，拿12个月也只有9万元，按最低15万元你也要给我6万元啊”等。林某甲称：“你把账单列出来，合理的我会给”，“我们该怎么算就怎么算，不会因为别的原因卡你工资”以及“这两台，第一台你出了，给你1万元”，“年底都是4万元”“2020年这二个月，有你出差补助，也有你请假没有上班，总共按实际工资算，共26000元”等。

再查明，廖某仲裁请求中的2019年11月、12月工资及出差补贴20600元，某塑料机械厂已支付，廖某亦予以确认。

【案件焦点】

双方间的微信聊天记录能否认定某塑料机械厂同意履行案涉款项以及同意履行的款项金额。

【法院裁判要旨】

浙江省台州市黄岩区人民法院经审理认为：双方确定于2020年4月26日终止劳动关系，廖某于2022年4月28日提起劳动争议仲裁时已超过一年的申请期间，且未提供时效中止、中断的相关证据，应认定廖某的诉请已超过仲裁时效。本案的争执焦点为双方间的微信聊天记录能否认定某塑料机械厂同意履行案涉款项以及同意履行的款项金额。某塑料机械厂法定代表人林某甲在仲裁时效届满后与廖某的微信聊天记录能够证明林某甲系作为某塑料机械厂法定代表人履行职务行为且同意向廖某履行尚未支付的2019年年底奖金40000元，2020年工资、出差补贴等26000元及机器提成10000元，共计76000元款项的事实。

浙江省台州市黄岩区人民法院根据《中华人民共和国劳动法》第五十条，《中华人民共和国劳动合同法》第七条，《中华人民共和国劳动争议调解仲裁法》第二十七条，《最高人民法院关于审理民事案件适用诉讼时效制度若干问题的规定》第十九条和《中华人民共和国民事诉讼法》第六十七条之规定，判决如下：

一、某塑料机械厂于判决生效之日起十日内支付廖某 36000 元；

二、驳回廖某的其他诉讼请求。

某塑料机械厂不服一审判决，提起上诉，浙江省台州市中级人民法院经审理认为：本案二审的争议焦点为：一是一审审理程序是否合法；二是某塑料机械厂是否应向廖某支付工资款项。

关于争议焦点一，本案黄岩劳动仲裁委作出的仲裁裁决为终局裁决。劳动者对终局裁决不服的，可以自收到仲裁裁决书之日起十五日内向人民法院提起诉讼。《最高人民法院关于审理劳动争议案件适用法律问题的解释（一）》第十六条规定，劳动争议仲裁机构作出仲裁裁决后，当事人对裁决中的部分事项不服，依法提起诉讼的，劳动争议仲裁裁决不发生法律效力。故，一审法院就仲裁时效以及双方争议的实体问题进行处理，符合劳动争议相关法律规定。

关于争议焦点二，根据《中华人民共和国劳动争议调解仲裁法》第二十七条第四款，劳动关系存续期间因拖欠劳动报酬发生争议的，劳动者申请仲裁不受本条第一款规定的仲裁时效期间的限制；但是，劳动关系终止的，应当自劳动关系终止之日起一年内提出。本案中，双方的劳动关系于 2020 年 4 月 26 日终止。在双方劳动关系终止一年后，某塑料机械厂的法定代表人林某甲于 2021 年 8 月 2 日通过微信向廖某表示同意履行尚未支付的 2019 年年底奖金 40000 元，2020 年工资、出差补贴等 26000 元及机器提成 10000 元，共计 76000 元款项。某塑料机械厂的法定代表人林某甲在时效届满后同意向廖某支付工资报酬，故双方已经达成新的协议，本案诉讼时效应从 2021 年 8 月 2 日起重新计算。廖某通过申请劳动仲裁以及起诉等方式主张权利，均构成诉讼时效中断，故本案未过诉讼时效期间。某塑料机械厂主张廖某在向一审法院起诉时并无要求支付奖金，故奖金不在本案诉讼请求范围内。法院认为，该奖金已经包含在廖某起诉的工资总额内，故对某塑料机械厂的这一主张不予采纳。因双方在一审中同意对某塑料机械厂法定代表人林某甲及案外人林某乙转账给廖某的 40000 元在本案中进行抵扣，故一审法院判决某塑料机械厂需支付廖某 36000

元，并无不当。

浙江省台州市中级人民法院依照《中华人民共和国民事诉讼法》第一百七十七条第一款第一项之规定，判决如下：

驳回上诉，维持原判。

【法官后语】

一、仲裁时效与诉讼时效的衔接问题

仲裁时效、诉讼时效同属于民事法律体系，目的在于督促当事人及时行使权利。法律意义上的时效是指法律规定的某种事实状态经过法定时间而产生一定法律后果的法律制度。它是民事法律关系产生、变更、消灭的根据。民法中的时效通常指诉讼时效，即民事权利受到侵害的权利人在法定的时效期间内不行使权利，当时效期间届满时，人民法院对权利人的权利不再进行保护的制度。与其他民事案件相比，劳动争议案件则是一种特殊的民事案件。因为我国对劳动争议案件的处理采取的是仲裁前置模式，即劳动仲裁是劳动争议诉讼的前置程序。而法律对于劳动仲裁则规定了仲裁时效。劳动仲裁时效是指劳动者在法定期间内不行使权利即丧失请求劳动争议仲裁机构依法保护其权利并同时承担相应的法律后果的法律制度。劳动争议案件属于一种特殊的民事案件，其依法适用劳动仲裁时效，但其在进入民事诉讼程序后应否再适用民事诉讼时效，也即两者的衔接问题，关键在于正确把握民事诉讼时效和劳动仲裁时效二者的关系。

《中华人民共和国民法典》第一百九十八条规定："法律对仲裁时效有规定的，依照其规定；没有规定的，适用诉讼时效的规定。"《中华人民共和国劳动争议调解仲裁法》第二十七条规定，劳动争议申请仲裁的时效期间为一年。《中华人民共和国民法典》第一百八十八条第一款规定："向人民法院请求保护民事权利的诉讼时效期间为三年。法律另有规定的，依照其规定。"根据"特别法优于一般法"的法律适用基本原则，劳动争议案件应当适用劳动法领域中的劳动仲裁时效，而不应再适用一般法的民事诉讼时效。这与劳动争议纠纷在处理程序上的"仲裁前置"在原理上是一致的。劳动争议案件不适用仲裁时效，而直接适用诉讼时效的例外：劳动者以用人单位的工资欠条为证据直接提起诉讼，诉讼请求不涉及劳动关系其他争议的，视为拖欠劳动报酬争议，按照普通民事纠纷受理。

对于劳动争议案件而言，其应当适用劳动仲裁时效，而无须再适用诉讼时效。尽管劳动争议案件中的追索劳动报酬和经济补偿金等纠纷均属于债权请求权范畴，理论上讲也属于受诉讼时效限制的范围，但不能因此而对相关劳动争议案件直接适用诉讼时效，毕竟在劳动法作为特别法而有特别规定的情况下应当适用劳动仲裁时效，故劳动争议案件不存在仲裁和法院阶段分别适用不同时效规定的情形。司法实践中，对于劳动争议案件即使是在进入民事诉讼程序后，人民法院也应当就是否超过劳动仲裁时效进行审查，而不应审查是否超过诉讼时效，更不能以诉讼时效而否定劳动仲裁时效。

二、时效抗辩权的行使

时效抗辩权属于民事权利中的抗辩权范畴。以权利的作用为标准，民事权利还包括支配权、请求权和形成权。劳动人事争议仲裁中当事人提出仲裁申请就属于行使请求权的行为，即一方当事人请求对方当事人为特定行为的权利。仲裁案件中抗辩权因仲裁时效经过而发生，以当事人的请求权为客体，直接导致请求权的减损，即申请人依然可以提出仲裁申请，如果被申请人自愿履行相应义务的话，申请人也依然可以得到相应的权利，但是如果被申请人行使抗辩权，申请人则失去了“胜诉权”。

我国实行“一裁二审”劳动争议处理体制，即强制仲裁前置，因此劳动争议案件中行使时效抗辩权必须在仲裁阶段就提出。《最高人民法院第八次全国法院民事商事审判工作会议（民事部分）纪要》也有规定，当事人在仲裁阶段未提出超过仲裁申请期间的抗辩，劳动人事仲裁机构作出实体裁决后，当事人在诉讼阶段又以超过仲裁时效期间为由进行抗辩的，法院不予支持。根据《最高人民法院关于审理民事案件适用诉讼时效制度若干问题的规定》第二条规定，当事人未提出诉讼时效抗辩，人民法院不应对诉讼时效问题进行释明及主动适用诉讼时效的规定进行裁判。这里包含了两层含义，在仲裁程序中首先当事人必须主动行使时效抗辩权，提出时效抗辩，其次当事人没有提出的话仲裁机构不得主动适用，即不能主动以超过仲裁时效为由对仲裁申请不予受理。

三、义务人同意履行的裁判规则

当事人也有权放弃自己的时效抗辩权，通过明确作出“同意履行义务”的表示或者自动履行义务，而不提出时效抗辩来抛弃时效利益。需注意的是：首先当事人仅承认负有义务，并不构成“同意履行义务”；另外，当事人履行义务以后，又提出时效抗辩，以超过仲裁时效、诉讼时效为由反悔的，不予支持。

根据《最高人民法院关于审理民事案件适用诉讼时效制度若干问题的规定》第十四条的规定，“义务人同意履行义务”的方式包括作出分期履行、部分履行、提供担保、请求延期履行、制定清偿债务计划等承诺或者行为。如果是义务人明确作出了履行的承诺或行为，比如出具延期履行申请，出具还款计划书，当然属于“义务人同意履行”的范畴，但是在实践中，往往会出现义务人承认债务存在，但未做出履行的承诺，或者虽同意履行，但是对履行的内容和时间没有明确答复，这种情况下对于“义务人同意履行”的认定，应判断以下三要件：(1) 义务人仅对义务存在事实的承认不构成“义务人同意履行”，义务人必须有同意履行的意思表示；(2)“义务人同意履行”要求能从义务人行为或表述中推定出有愿意履行义务的意思表示，并不要求义务人明确债务具体数额和计划履行的时间；(3) 放弃诉讼时效抗辩权应以债务人知道其享有诉讼时效利益为要件，义务人在诉讼时效期间届满的情形下仍明确同意履行该债务，应推定其知道诉讼时效期间届满的事实，但如果债权人在催讨债务时未向债务人告知借款的发生时间、借款期限、具体金额等合同要件，应认为债务人并不明知或者应当知道其享有诉讼时效利益。

编写人：浙江省台州市黄岩区人民法院　章赛红

二、劳动合同的订立

16

《实习协议》内容符合劳动合同法律特征，应认定为劳动合同关系

——郭某诉某文化公司、某文化公司分公司劳动争议案

【案件基本信息】

1. 裁判书字号

吉林省高级人民法院（2023）吉民申3687号民事裁定书

2. 案由：劳动争议

3. 当事人

原告（上诉人、再审申请人）：郭某

被告（上诉人、再审申请人）：某文化公司

被告（上诉人、再审被申请人）：某文化公司分公司

【基本案情】

郭某是某文化公司员工，实际工作地点在某文化公司分公司。2018年2月26日，某文化公司（甲方）与郭某（乙方）签订《实习协议》，约定实习期从2018年2月26日始至2020年6月30日终；实习期间每月3000元。同日，郭某填写了《员工档案信息登记表》，并签订了《培训协议》《竞业限制协议》

《保密协议》。在此期间，郭某正常进行考勤，某文化公司未给郭某交纳社会保险费用。实习协议期满后，某文化公司未与郭某签订书面劳动合同，但自 2020 年 7 月为郭某依法缴纳了社保费用，直至 2022 年 3 月 26 日郭某离职。诉讼期间，郭某出示了非全日制研究生毕业证。

【案件焦点】

实习协议签订的时间是否应认定为双方建立劳动关系的时间。

【法院裁判要旨】

吉林省吉林市昌邑区人民法院经审理认为：关于超过法定试用期期间的赔偿金问题。郭某于 2018 年 2 月 26 日到某文化公司工作并与该公司签订实习协议至 2020 年 6 月 30 日。该协议内容符合试用期合同特征，因此属于试用合同。郭某工作至 2022 年 3 月 26 日，该合同约定的试用期不得超过 6 个月，对超期工资，应以郭某试用期满月工资为标准，按已经履行的超过法定试用期的期间向其支付赔偿金。郭某在约定试用期满后，某文化公司未与之签订书面劳动合同，工资无明确约定，故按上述期满之时实发工资标准确定赔偿基数计算，即 194252.52 元（8829.66 元/月×22 个月）。

吉林省吉林市昌邑区人民法院依照《中华人民共和国劳动合同法》第十九条第一款、第八十三条等规定，判决如下：

一、某文化公司于判决生效之日起三日内给付郭某超过法定试用期赔偿金 194252.52 元；

……

十一、驳回郭某的其他诉讼请求。

郭某、某文化公司、某文化公司分公司均不服一审判决，提出上诉。吉林省吉林市中级人民法院经审理认为：第一，关于郭某与某文化公司签订的《实习协议》的性质。实习协议是指在校学生通过参加实习单位实际工作进行实践学习，明确双方权利义务的协议。实习阶段的主要目的是实践学习，供双方加深了解的机会，并不代表双方未来会建立劳动关系。郭某与某文化公司签订的

《实习协议》，包括单位的名称、住所和法定代表人；郭某的姓名、住址和居民身份证号；合同期限；工作内容和工作地点；工作时间和休息休假；劳动报酬；劳动保护、劳动条件；双方权利义务、协议解除、违约责任事项。上述事项系《中华人民共和国劳动合同法》第十七条规定的劳动合同应当具备的条款。同日，郭某填写了《员工档案信息登记表》，并签订了《培训协议》《竞业限制协议》《保密协议》，根据上述三份协议内容可见，签订的前提为双方之间存在劳动关系。双方签订的协议虽名为《实习协议》，但明显与实习协议的实质不同，《实习协议》内容符合劳动合同性质，故应认定《实习协议》系双方建立劳动关系的意思表示，《实习协议》约定的期限为劳动合同期限。第二，关于某文化公司应否支付郭某超过法定试用期期间赔偿金的问题。劳动合同除《中华人民共和国劳动合同法》第十七条规定的必备条款外，用人单位与劳动者还可以约定试用期、培训、保守秘密、补充保险和福利待遇等其他事项。试用期并非劳动合同的必备条款。本案中，郭某与某文化公司签订的《实习协议》中并无关于试用期的约定，故郭某主张超过法定试用期期间赔偿金无事实依据，一审判决某文化公司支付超过法定试用期期间赔偿金错误，予以纠正。

吉林省吉林市中级人民法院依照《中华人民共和国民事诉讼法》第一百七十七条第一款第一项规定，判决如下：

……

二、撤销吉林省吉林市昌邑区人民法院（2022）吉0202民初888号民事判决第一项、第五项、第八项、第十一项；

……

四、驳回郭某的其他诉讼请求。

郭某、某文化公司均不服二审判决，提出再审申请。吉林省高级人民法院同意二审法院裁判意见，认为郭某提供的考勤记录证明其基本处于正常工作状态，某文化公司未能提供相反证据证明郭某有长时间请假回学校学习的相关事实，主张仅在郭某无课或周末空闲状态下为郭某安排工作明显与事实不符，且郭某在诉讼期间提供了本人非全日制研究生毕业证。

吉林省高级人民法院依照《中华人民共和国民事诉讼法》第二百一十五条第一款，《最高人民法院关于适用〈中华人民共和国民事诉讼法〉的解释》第三百九十三条第二款规定，裁定如下：

驳回某文化公司、郭某的再审申请。

【法官后语】

一、关于《实习协议》的性质问题

这是本案的焦点问题。实习与试用有着本质区别，实习一般是指学生把学到的理论知识运用到实际工作去应用和检验，以锻炼工作能力，目的是提高自身的综合素质和职业技能，为就业做好准备；试用是指已毕业的劳动者在正式入职或转正前，与用人单位之间，为了相互了解、选择和匹配彼此的预期和需求，双方之间存在劳动关系。区分实习协议与劳动合同应重点从以下几个方面综合判断：一是目的和性质方面。实习协议主要用于规范学生在企业或机构实习期间的权利与义务，通常有带队老师或指导教师，主要是为了让学生获得工作经验，同时为企业提供人力资源；劳动合同是用于确立劳动者与用人单位之间的劳动关系，明确双方的权利义务、合同解除、违约责任等。二是合同期限方面。实习协议通常有明确的开始和结束日期，期限较短，一般与学校的学期或学年相匹配；劳动合同可以是固定期限或无固定期限，根据合同条款和双方的协商确定。三是工作内容和职责方面。实习协议的工作内容通常与实习生的学习领域相关，职责较为有限、单一，侧重于学习和培训；劳动合同的工作内容和职责较为具体、独立，劳动者需要承担完整的工作职责，与其他同岗劳动者工作职责、工作内容、工作量基本相当。四是薪酬福利待遇方面。实习协议一般约定实习生获得较低的津贴，福利待遇基本没有或很少；劳动合同一般约定劳动者应享有的工资标准、工作时间、休息休假、社会保险、竞业限制等方面的权益。

本案中的《实习协议》除双方当事人基本信息外，还包括工作时间和休息休假、劳动报酬、劳动保护、劳动条件及双方权利义务、协议解除、违约责任等事项，明显与实习协议性质不同，更具劳动合同的法律特征。后续签订的

《培训协议》《竞业限制协议》《保密协议》对相关期限的约定均是以双方之间存在劳动关系为前提。且《实习协议》所涉内容与郭某的研究生专业亦无关联性，故认定《实习协议》系双方建立劳动关系的意思表示，实习协议约定的实习期间为劳动合同期间。

二、关于在读研究生建立劳动关系的问题

某文化公司主张郭某2017年9月1日至2020年6月为在读研究生，无法建立劳动关系，郭某工作行为应属勤工俭学。郭某在诉讼期间提供了非全日制研究生毕业证，且考勤记录载明，郭某基本处于正常工作状态，某文化公司未能提供相反证据证明郭某有长时间请假回学校学习的相关事实。我国研究生根据学习方式分为全日制研究生和非全日制研究生，后者档案、户口的管理主体均非学校，双方建立劳动关系亦非劳动合同法所禁止的情形，某文化公司在郭某正常出勤工作的前提下，径行推定其为在读全日制研究生并主张无法建立劳动关系，缺乏事实依据，不能支持。

本案对于非全日制研究生能否与用人单位建立劳动关系的认定具有典型意义，能够进一步明确实习期和劳动合同期限的判断标准。一般情况下，在校学生不能与用人单位建立劳动关系。但我国研究生分为全日制研究生和非全日制研究生，前者档案、户口以及日常生活管理的主体均为学校，其从事兼职劳动在本质上应属勤工俭学性质。而后者则不然，其完全具备劳动法意义上的劳动者主体资格。本案严格把握二者的区别，有利于充分保护非全日制研究生的合法权益，对于非全日制研究生在读期间，也能够建立劳动关系予以确认。同时也督促相关用人主体要依法履行己方法定义务，规范公司用工，对于推动逐步构建和谐劳动关系具有积极意义。

编写人：吉林省高级人民法院　温淑敏

17

事业单位聘用合同的订立规则

——周某诉某小学人事争议案

【案件基本信息】

1. 裁判书字号

北京市第三中级人民法院（2023）京03民终11835号民事判决书

2. 案由：人事争议

3. 当事人

原告（被上诉人）：周某

被告（上诉人）：某小学

【基本案情】

周某于1995年参加工作，于2002年2月作为事业编教师从其他学校调入某小学，担任音乐教师。周某与某小学签订期限为2006年7月9日至2008年7月8日的《北京市事业单位聘用合同书》；2008年6月26日续订期限至2010年7月8日；2010年6月20日续订期限至2012年7月8日；2012年3月22日续订期限至2014年7月8日；2014年3月18日续订期限至2016年7月8日；2016年4月8日续订期限至2019年7月8日；2019年4月9日续订期限至2020年7月31日。2015年4月9日，周某与某小学签订《聘用合同变更书》，内容为："依据2014年7月1日起试行的《事业单位人事管理条例》，对双方之间签订的聘用合同书作如下变更：将聘用合同书中的第二十四条：在续订聘用合同时，乙方在甲方工作已满25年或者连续工龄已满且年龄距国家规定的退休年龄不足10年的，如果乙方提出订立聘用至退休的合同的，甲方应当与其订立聘用至退休的合同。变更为：乙方在甲方单位连续工作满 10 年且距法定退休年龄不足 10 年，如乙方提出订立聘用至退休的合同的，甲方应当与其订立聘用至退休的合同。上述变更的内容自 2014 年 7 月 1 日起执行。聘用合同书未变更部分内容，双方仍继续遵照聘用合同书的约定执行。”

2020 年 6 月 30 日，某小学向周某通过微信送达《终止聘用合同的通知》，内容为：“周某同志：依据《北京市事业单位聘用合同制试行办法》的规定，我单位与你签订的聘用合同，至 2020 年 7 月 31 日止，期限届满，不再续签。根据《北京市事业单位聘用合同制试行办法》有关规定，特此通知如下：请在 2020 年 7 月 31 日前到人事办公室办理档案转移手续。逾期不办者，依据《北京市事业单位聘用合同制试行办法》的有关规定，单位将向你户籍所在地区县失业保险经办机构移交本人的人事档案。”就终止聘用合同的依据，某小学提交了《某小学与周某终止合同的会议记录》《关于终止聘用合同的决议》。周某对证据的真实性不予认可。

【案件焦点】

周某与某小学是否构成人事关系。

【法院裁判要旨】

北京市朝阳区人民法院经审理认为：《事业单位人事管理条例》第十二条规定：“事业单位与工作人员订立的聘用合同，期限一般不低于 3 年。”本案中，周某与某小学于 2019 年 4 月 9 日续订期限至 2020 年 7 月 31 日的聘用合同书，期限不满三年。某小学与周某此前签订的聘用合同亦存在多次期限不满三年的情况。某小学未提交证据证明周某存在可签订期限不满三年聘用合同的情况，故某小学与周某签订期限不满三年的聘用合同，不符合规定。

《事业单位人事管理条例》第十四条规定：“事业单位工作人员在本单位连续工作满 10 年且距法定退休年龄不足 10 年，提出订立聘用至退休的合同的，事业单位应当与其订立聘用至退休的合同。”本案中，周某于 2002 年 2 月作为事业编教师调入某小学，于 2031 年 6 月 25 日达到退休年龄。某小学于 2020 年

6月30日向周某送达《终止聘用合同的通知》，决定于2020年7月31日与周某终止聘用关系。某小学与周某于2019年4月9日续订的劳动合同期限为2019年7月9日至2020年7月31日，期限不满三年，导致周某不符合《事业单位人事管理条例》第十四条规定的订立聘用合同至退休之日的条件，故法院对周某关于要求与某小学续订聘用合同至退休的诉讼请求予以支持。

北京市朝阳区人民法院依照《事业单位人事管理条例》第十二条、第十四条，《中华人民共和国民事诉讼法》第六十七条之规定，判决如下：

一、某小学于判决生效后七日内与周某订立期限至退休之日的聘用合同；

二、驳回周某的其他诉讼请求。

某小学不服一审判决，提起上诉。北京市第三中级人民法院依照《中华人民共和国民事诉讼法》第一百七十七条第一款第一项规定，判决如下：

驳回上诉，维持原判。

【法官后语】

一、人事争议的受理范围

人事关系区别于劳动关系，是指事业单位、社会团体依据人事政策文件规定而建立起来的关于劳动权利义务关系以及非劳动权利义务关系的社会关系。首先，需要明确人事争议纠纷案件的受理范围。《人事争议处理规定》第二条规定："本规定适用于下列人事争议：……（二）事业单位与工作人员之间因解除人事关系、履行聘用合同发生的争议……"《最高人民法院关于人民法院审理事业单位人事争议案件若干问题的规定》第一条规定："事业单位与其工作人员之间因辞职、辞退及履行聘用合同所发生的争议，适用《中华人民共和国劳动法》的规定处理。"第三条规定："本规定所称人事争议是指事业单位与其工作人员之间因辞职、辞退及履行聘用合同所发生的争议。"本案系周某与某小学之间因辞退引发的争议，故本案属于人民法院审理劳动人事争议案件的受理范围。

二、人事聘用合同的订立规则

聘用合同是指聘用单位与受聘人员建立聘用关系，明确双方权利和义务的协议。

1. 事业单位人员也需要订立聘用合同。通过签订合同，事业单位和工作人员可以更加明确各自的权利和义务，使得管理更加规范化。由于聘用合同具有劳动合同及行政合同的双重属性，区别于劳动合同。聘用合同的订立要符合以下特殊规则：《事业单位人事管理条例》第十二条规定："事业单位与工作人员订立的聘用合同，期限一般不低于3年。"第十三条规定："初次就业的工作人员与事业单位订立的聘用合同期限3年以上的，试用期为12个月。"第十四条规定："事业单位工作人员在本单位连续工作满10年且距法定退休年龄不足10年，提出订立聘用至退休的合同的，事业单位应当与其订立聘用至退休的合同。"

2. 事业单位工作人员享有相对稳定的职业地位和收入保障，但是并非不能被解除合同。《事业单位人事管理条例》第十五条规定："事业单位工作人员连续旷工超过15个工作日，或者1年内累计旷工超过30个工作日的，事业单位可以解除聘用合同。"第十六条规定："事业单位工作人员年度考核不合格且不同意调整工作岗位，或者连续两年年度考核不合格的，事业单位提前30日书面通知，可以解除聘用合同。"第十七条规定："事业单位工作人员提前30日书面通知事业单位，可以解除聘用合同。但是，双方对解除聘用合同另有约定的除外。"第十八条规定："事业单位工作人员受到开除处分的，解除聘用合同。"第十九条规定："自聘用合同依法解除、终止之日起，事业单位与被解除、终止聘用合同人员的人事关系终止。"

3. 劳动争议与人事争议的区别。审判实践中，事业单位将员工辞退的理由往往多种多样，在保障事业单位相对稳定性的用工关系前提下，如何规范用工需要注意。通过《事业单位人事管理条例》关于解除的规定可见，事业单位可单方解除聘用合同的事由均是法定的，排除了事业单位解除聘用合同的任意性，体现了公权力对双方权利义务的深度介入，有利于维护社会公共服务组织队伍的稳定性，这明显区别于劳动合同法中的劳动双方解除劳动合同。

编写人：北京市朝阳区人民法院　杨晓娥

三、劳动合同的履行和变更

18

出差在途时间占用休息日或法定节假日的加班工资认定

——郑某诉某科技公司劳动争议案

【案件基本信息】

1. 裁判书字号

北京市第三中级人民法院（2022）京 03 民终 9408 号民事判决书

2. 案由：劳动争议

3. 当事人

原告（上诉人）：郑某

被告（被上诉人）：某科技公司

【基本案情】

郑某于 2019 年 12 月 4 日入职某科技公司，担任法务岗位，双方签订了书面劳动合同，约定工作地点为北京，试用期 6 个月，月工资 16000 元。郑某正常出勤至 2020 年 5 月 9 日，后双方因劳动关系解除产生争议成诉。郑某起诉要求某科技公司支付 2020 年 3 月 7 日（周六）的休息日加班工资、撤销《解除通知书》、继续履行劳动关系等。关于 2020 年 3 月 7 日（周六）的加班事宜，双方当事人均认可在 2020 年 3 月 8 日（周日），郑某作为某科技公司的代理人在广州参加另案庭审，郑某主张2020年3月7日（周六）系自北京到广州的出差在途时间，该时间应算作加班时间，某科技公司应支付加班费。

【案件焦点】

某科技公司是否应支付郑某2020年3月7日的休息日加班工资。

【法院裁判要旨】

北京市朝阳区人民法院经审理认为：该日系其出差在途期间，不属于加班，故对其此项诉讼请求，法院不予支持。

北京市朝阳区人民法院依照《中华人民共和国劳动争议调解仲裁法》第六条之规定，判决如下：

驳回郑某的全部诉讼请求。

郑某不服一审判决，提起上诉。北京市第三中级人民法院经审理认为：关于在途日加班费问题，判断在途日是否应当支付加班费应当结合在途时间发生原因、休息日在途必要性、在途距离及对劳动者休息的影响等因素综合予以考虑，本案中郑某的惯常工作生活地点在北京，因代表公司周日在广州仲裁开庭故而周六出差，应当认为郑某在周六从北京前往广州具有必要性，且北京与广州距离较远，在途时间相对较长，且郑某第二天又将面临开庭，应当认为郑某在该休息日与正常工作期间休息日休息效果差异较大，基于对劳动者休息权的保护，某科技公司应当支付2020年3月7日的加班费用。

北京市第三中级人民法院依照《中华人民共和国劳动合同法》第三十九条、第四十八条，《中华人民共和国劳动争议调解仲裁法》第六条，《中华人民共和国民事诉讼法》第一百七十七条第一款第二项规定，判决如下：

一、撤销北京市朝阳区人民法院（2021）京0105民初30626号民事判决；

二、某科技公司于本判决生效之日起七日内支付郑某2020年3月7日的休息日加班工资1177元及2020年5月10日出差交通费用656元；

三、驳回郑某的其他诉讼请求。

【法官后语】

随着交通的便捷化，商业网络也逐渐贯通四方，劳动者因公司业务而出差的行为也越来越多，随之而衍生的问题是，若出差在途时间占用了休息日或法定节假日，用人单位是否应支付加班费。

一、在途时间加班费认定的实践争议

此问题在实践中存在争议。不支持休息日或法定节假日出差在途时间加班费的案例往往认为出差在途时间劳动者并未提供实质劳动，且途中亦可休息。例如，上海市第一中级人民法院（2019）沪01民终1507号民事判决[①]认为，出差在途时间属于为工作而进行准备的时间，劳动者于该期间并不处于向单位提供劳动之状态。又如，广州市中级人民法院（2017）粤01民终7473号民事判决认为，加班需要以完成特定、具体的工作内容为支撑，而劳动者出差在途时间属于单纯移动时间，与具体完成实际工作任务的加班时间存在差异。再如，沈阳市浑南区人民法院（2018）辽0112民初6678号民事判决认为，在出差途中，劳动者依然可以休息。

支持休息日或法定节假日出差在途时间加班费的案例则侧重认为，出差在途时间与工作有关，且劳动者额外付出了时间。例如，北京市第二中级人民法院（2020）京02民终9518号民事判决认为，劳动者客观上存在频繁出差的情况，且多次出差在途时间均发生在法定工作时间以外亦耗时较长，已经超出了劳动者在工作时间之外为完成工作任务能够或者应当额外付出的合理的时间期间。又如，天津市滨海新区人民法院在（2015）滨功民初字第504号民事判决中认为，虽劳动者主张加班时间属于在途时间，但仍与工作有关。再如，北京市第一中级人民法院（2019）京01民终6867号民事判决认为，出差与日常上下班路程的性质不同，出差系劳动者经用人单位安排为完成工作付出的时间，如该时间超出了劳动者执行的工时标准，一般应属于加班。

---

① 载中国裁判文书网，https：//wenshu. court. gov. cn，2025年4月3日访问。以下同一出处案例不再进行特别说明。

二、出差在途时间属于加班的根源探究

根据《中华人民共和国劳动法》第三条的规定，劳动者享有休息休假的权利。虽然有观点认为，劳动者出差在途时也可以休息，但是，并非所有“未处于工作之中”的状态均属于法律所规定的“休息”，“休息权”的内涵和本质应当更加丰富。

一方面，“休息权”不仅包括“消极休息”，还包括“积极休息”。“消极休息”是指劳动者在耗费一定的体力或脑力后，通过脱离工作状态而静养的方式恢复生理机能和精神状况。“积极休息”是指劳动者在耗费一定的体力或脑力后，通过参与家庭活动、休闲娱乐等积极的方式获得心理慰藉、情感支撑和情绪舒缓。相较于“消极休息”，“积极休息”能够更大限度地提升劳动者的工作状态和生产效率。出差在途时间虽然可以让劳动者进行一定程度上的“消极休息”，却阻断了劳动者通过参与家庭活动、社会活动进行“积极休息”的可能性。

另一方面，“休息权”应当具有“自由属性”。劳动者在休息时间之内享有充分的休息权，其有权选择、决定自己在何地点采取何种休息方式。而出差在途时间在一定程度上限制了劳动者的休息选择，劳动者只能在高铁或飞机座位上采用“消极休息”方式，导致劳动者无法享有完整的“休息权”。

回顾出差在途时间加班费的实践争议，不支持加班费的理由在保护劳动者“休息权”的角度下略显牵强。首先，出差途中劳动者的“休息”与劳动者正常的休息相比在性质和效果上均存在差异，劳动者休息权缺乏自由性和完整性。其次，劳动者出差系完成工作内容的一种形式，出差包含劳动者自出发地到达目的地，完成工作任务后又回到出发地的整个过程，不宜将出差途中与出差到达目的地后的工作内容割裂审视，而应将其视为一体，劳动者的整个出差过程为用人单位创造了价值，则出差在途时间便不属于“无经济效益产生的时间”。

因此，休息日或法定节假日的出差在途时间占用了劳动者的休息时间，侵犯了劳动者的休息权，用人单位应当支付加班费。

三、认定在途时间加班费的考虑要素

在审理实践中，还需要综合考虑如下要素，对加班费予以认定。

第一，在途时间发生原因。着重考虑是否系因工作原因导致劳动者不得不出差，在途时间占用休息日或法定节假日是否具有必要性。如本案中，郑某作为法务担任公司的代理人，应仲裁庭要求线下到外地参加庭审，庭审时间亦被定在周日，其周六出发系因工作原因，周六被在途时间占用具有必要性，某科技公司应支付在途时间的加班费。

第二，在途时间对休息权的影响程度。主要考虑出差的距离及在途时间的长短，如本案中，郑某从北京到广州出差，距离较远，其需花费大量时间在途，对其休息权的影响程度较大，认定周六属于加班时间，具有合理性。

第三，岗位特点。对于销售等具有灵活性、工作时间长短与收入大幅相关的岗位，其出差在途时间是否认定为加班时间，应审慎处理。本案郑某的工作岗位为法务，不属于可以灵活掌握工作时间的岗位。

综合上述因素，因公出差的在途时间占用了郑某的休息日，影响了郑某“休息权”的“自由性”和“完整性”，某科技公司应当支付其加班费。

编写人：北京市第三中级人民法院　郑吉喆　田艳飞

19

公司因出差给予的补助和调休是否可以代替加班费

——王某诉某机械公司劳动争议案

【案件基本信息】

1. 裁判书字号

北京市第一中级人民法院（2023）京01民终35号民事判决书

2. 案由：劳动争议

3. 当事人

原告（上诉人）：王某

被告（上诉人）：某机械公司

【基本案情】

王某于2012年2月1日入职某机械公司，双方签订了劳动合同，合同约定王某担任制造部调试岗位，执行标准工时制度，每天工作时间不超过8个小时，每周不超过40个小时，每周休息日为星期六、星期日，工作地点位于北京。2018年4月，王某基本工资为6200元；自2014年9月至2022年1月，某机械公司调整王某工资结构，基本工资变更为4000元，除基本工资外，每月固定发放绩效工资、保密工资、工龄工资。

王某提交考勤表照片证明其加班时长。某机械公司制定的《出差管理制度》规定：假日出差，出差时间含4个休息日回来安排1天休息，含8个休息日回来后安排2天休息，以上以此类推，回来后酌情安排倒休；节假日出差，按节假日加班处理。差旅费分为交通费、住宿费、伙食补助费及杂费（市内交通及交际费等），员工在周六、周日、国家法定节假日、国家和公司调休日出差，公司在支付相应出差期间伙食补助的同时，另行支付出差补助，标准为每人每天100元。双方均认可王某出差后已休息38天。

某机械公司提交5年的《工资标准确认表》，上面均写明“以（新）基本工资为基础计算加班费”，每份《工资标准确认表》上均有王某的签名，王某称签字时并未看到“以基本工资为基础计算加班费”。庭审中，某机械公司称其以4000元为计算基数，已足额发放王某出差期间的加班工资。

王某向北京市昌平区劳动人事争议仲裁委员会提出仲裁申请，要求某机械公司支付延时加班工资、休息日加班工资及法定节假日加班工资。2022年6月29日，该委作出裁决书，驳回王某的仲裁请求。王某不服仲裁裁决，于法定期限内诉至北京市昌平区人民法院。

二审期间，某机械公司提交新证据《假日出差补助发放凭证及统计表》和《离职结算单》，《假日出差补助发放凭证及统计表》证明2018年4月1日至

2022年1月31日，王某按照某机械公司报销流程提交出差报销单，公司核对无误后按照100元一天标准向王某实际支付202天的假日出差补助共计20200元，其公司对出差的补偿包括调休和现金补偿两部分。《离职结算单》证明王某在2018年4月至2022年1月共享有38天差后休，在实际调休37天后，王某离职仍有1天差后休未休，某机械公司将该日（第38日）差后休按照双方约定的4000元为基数折合为休息日加班费向其支付。

【案件焦点】

1. 某机械公司是否应支付王某出差期间的各项加班工资；2. 公司因出差给予的补助和调休是否可以代替加班费。

【法院裁判要旨】

北京市昌平区人民法院经审理认为：第一，关于王某主张出差期间的延时加班工资，因王某未就其本人在出差期间工作日延时加班的具体时长提供充分证据证明，故法院不予支持。第二，关于王某主张的出差期间休息日加班工资，因现行法律未禁止企业根据实际情况灵活安排周休息日，某机械公司通过补休的方式实际上保障了王某出差期间的周休息日，王某亦实际进行了补休，故某机械公司并未侵犯王某的休息权。因二审中出现新证据，故法院认定某机械公司实际安排王某补休天数为37天，在计算休息日加班费时长中予以折抵。第三，关于王某主张的出差期间节假日加班工资，王某提交的考勤表照片能够证明其节假日加班，故法院予以支持。

对于加班工资计算基数，某机械公司主张以双方合同约定的4000元为加班费计算基数，但该工资标准低于王某实际工资，应视为双方实际变更了合同约定的工资标准，故法院对某机械公司主张的计算基数不予采信。某机械公司以4000元标准计算第38日休息日加班工资缺乏依据，应予以补足。经核算，某机械公司应支付王某延时加班工资差额17888.83元、休息日加班工资差额76769.85元、节假日加班工资差额1944.83元。

北京市昌平区人民法院依照《中华人民共和国劳动合同法》第三十一条，

《中华人民共和国民事诉讼法》第六十七条之规定，判决如下：

一、某机械公司于判决生效后十日内支付王某2018年4月1日至2022年1月31日延时加班工资差额17888.83元、休息日加班工资差额76350.11元、节假日加班工资差额1944.83元；

二、驳回王某的其他诉讼请求。

某机械公司与王某均不服一审判决，提出上诉。某机械公司在二审中提交了新证据即离职结算单。北京市第一中级人民法院经审理认为：某机械公司实际安排王某补休天数为37天，最终核算休息日加班工资差额为76769.85元。对其他金额认定同意一审法院裁判意见。

北京市第一中级人民法院依照《中华人民共和国民事诉讼法》第一百七十七条第一款第二项规定，判决如下：

一、撤销北京市昌平区人民法院（2022）京0114民初5951号民事判决第二项；

二、变更北京市昌平区人民法院（2022）京0114民初5951号民事判决第一项为：某机械公司于本判决生效后十日内支付王某2018年4月1日至2022年1月31日延时加班工资差额17888.83元、休息日加班工资差额76769.85元、节假日加班工资差额1944.83元；

三、驳回王某的其他诉讼请求。

【法官后语】

加班是指用人单位在正常工作时间以外安排劳动者进行工作，是基于用人单位根据生产经营需要对劳动者的工作时间进行额外安排而产生。加班的认定应同时满足两个条件：一是时间要件，工作日延长的时间、双休日或节假日；二是事实要件，从事单位安排的工作或为工作做准备。基于以上两个条件，因为加班是一种持续的工作状态，出差期间仅有打卡记录并不代表进行了正常工作，劳动者主张加班费的，应当就加班事实的存在承担举证责任。

部分用人单位在《员工手册》或《考勤管理制度》等文件中规定员工出差后可以调休，并且发放出差补助。该种情况下，用人单位能否以此抗辩而不予发放加班费呢？

首先，调休是否可以代替加班费。因延时加班、休息日加班及节假日加班的工资计算标准不同，故针对通常情况而言，只有休息日的加班才可以安排调休的，延长时间的加班与法定休假日的加班，依然应当支付加班费。劳动者休息日加班天数多于用人单位规定的调休天数，用人单位应当补发调休天数折抵后的休息日加班工资。

其次，出差补助能否代替加班费。出差补助，是指用人单位基于劳动者的工作地点变化、日常生活被打乱而支付给劳动者的伙食补贴和其他补助，是一种对员工出差在外期间的额外劳动消耗和生活费额外支出的经济补偿，而且出差补助是出差期间每天均发放的。而加班费是劳动者在规定工作时间之外继续工作所获得的劳动报酬，包含劳动所得和休假损失补偿的成分。故，出差补助和加班费属于不同的项目和待遇，二者的功能截然不同，不能混同。

最后，加班费工资基数应如何计算。加班费的多少与工资基数有关。(1) 如果劳动合同对加班工资基数已作出明确约定的，应按照双方的约定计算加班工资。(2) 如果劳动合同明确约定工资数额，但没有约定加班工资基数的，应当以劳动合同约定的工资作为加班工资基数。如果劳动合同上工资项目分为基本工资、岗位工资、职务工资等，应以各项总和作为基数计发加班费。(3) 如果劳动合同对劳动报酬没有约定，或者约定不明，引发劳动争议的，用人单位应与劳动者重新协商，协商不成的，可由用人单位与职工代表通过集体协商确定，协商结果应签订集体合同或工资协商协议。(4) 如果集体合同、劳动合同均没有约定工资数额以及加班工资基数的，应当以劳动者本人实际工资收入作为加班工资基数。需要注意的是，如果劳动合同对工资基数作出明确约定，但是在劳动合同履行过程中用人单位调整劳动者薪资报酬结构后向劳动者发放工资数额增加，则视为双方实际变更了合同约定的工资发放标准，用人单位应该以新的工资标准为基数计算加班费。

编写人：北京市昌平区人民法院　李戍环　周洁

20

网络在线形式“加班”的认定标准

——曹某诉某管理公司劳动争议案

【案件基本信息】

1. 裁判书字号

北京市第一中级人民法院（2023）京01民终2674号民事判决书

2. 案由：劳动争议

3. 当事人

原告（上诉人）：曹某

被告（被上诉人）：某管理公司

【基本案情】

曹某于2017年9月25日入职某管理公司任信息中心总监。2022年1月3日，曹某向某管理公司送达因未及时足额支付工资报酬而被迫解除劳动关系通知，双方劳动关系于当日解除。

曹某以要求某管理公司支付加班工资等向北京市昌平区劳动人事争议仲裁委员会提出仲裁申请，该委于2022年4月25日作出裁决，驳回了曹某关于加班工资的仲裁请求。曹某对该裁决不服，诉至北京市昌平区人民法院。

诉讼中，曹某主张其加班事实包括两部分：一是休息日居家线上参加的集团周例会；二是被派至某医院进行的行政总值班和信息技术运维的延时、休息日、法定节假日期间部分。就在线周例会加班事实，曹某提交微信群组聊天记录，显示某管理公司办公室主任发送集团周例会通知和线上会议邀请链接，其另提交其本人的线上会议账户截图，显示按照前述通知时间和会议号参会。上述证据显示 2020 年 8 月 2 日至 2021 年 12 月 4 日，基本上每周周六或周日均召开周例会，例会开始时间较为固定，多为 9：00 或 9：30，会议时长大多为 1 小时至 2 小时不等。微信群组中还发送周例会会议纪要，记载会议情况，载明的参会人包含曹某。就在线周例会加班事实，某管理公司主张，曹某系参加集团周例会，并非该公司会议；且曹某有可能参与一些网络技术上的事宜，但未实际参会；此外，该公司《考勤及休假管理制度》规定加班需进行加班申请及审批，曹某在明确知晓和同意的情形下，从未提交过任何加班申请。双方当事人均认可曹某与某管理公司存在劳动关系期间并未与集团公司存在双重劳动关系或劳务关系。

【案件焦点】

曹某线上参加集团周例会是否属于加班，某管理公司是否应向其支付加班工资。

【法院裁判要旨】

北京市昌平区人民法院经审理认为：劳动者主张加班费的，应当就加班事实的存在承担举证责任。曹某提交的电子证据无法核实微信聊天记录中对话人的身份，会议详情截图未显示有某管理公司相关信息，数据汇总表均为打印字样，某管理公司均不予认可，故曹某提交的证据不足以证明其加班情况，对其要求支付加班工资的诉讼请求，法院不予支持。

北京市昌平区人民法院依据《中华人民共和国劳动法》第四十五条、第五十条，《中华人民共和国劳动合同法》第四十六条、第四十七条及《中华人民共和国民事诉讼法》第六十七条之规定，判决如下：

一、某管理公司于本判决生效后十日内支付曹某 2020 年 2 月 1 日至 2020 年 5 月 31 日工资差额 36000 元；

二、某管理公司于本判决生效后十日内支付曹某 2019 年至 2021 年绩效工资 120000 元；

三、某管理公司于本判决生效后十日内支付曹某 2019 年 9 月 25 日至 2021

年 12 月 31 日未休年休假工资 14184.83 元；

四、某管理公司于本判决生效后十日内支付曹某解除劳动关系经济补偿金 158009.99 元；

五、某管理公司于本判决生效后十日内支付曹某 2022 年 1 月 1 日工资差额 67.73 元；

六、驳回曹某的其他诉讼请求。

曹某不服一审判决，提出上诉。北京市第一中级人民法院经审理认为：就周末线上参加的集团周例会，某管理公司认可微信群组的真实性，亦认可该公司办公室主任在群组中发送周例会通知，曹某在上述群组中，且其提交了线上会议参会详情，显示曹某的线上会议账户于通知周例会的会议号按照相应时间参会，上述证据能够形成完整证据链，证明曹某实际参加了集团周例会。某管理公司主张曹某有可能参与一些网络技术上的事宜，未实际参会，但该解释不尽合理，不足以推翻曹某的证据。某管理公司另主张例会属于集团例会，参会不属于某管理公司安排的工作，但相应通知由该公司办公室主任发送，且该公司主张曹某与该公司存在劳动关系期间并未与集团公司存在双重劳动关系或劳务关系，故应认为曹某参加集团周例会系受某管理公司的安排，该公司应对此承担雇主责任。周末周例会虽为远程在线形式，但参会人员受用人单位安排，基于自身业务提供相应劳动，用人单位受领劳动成果，其性质应属于加班。与在线加班无关的加班认定在此不予赘述。

北京市第一中级人民法院依照《中华人民共和国劳动法》第四十四条、第五十条，《中华人民共和国劳动合同法》第四十六条、第四十七条，《中华人民共和国民事诉讼法》第一百七十七条第一款第二项规定，判决如下：

一、维持北京市昌平区人民法院（2022）京 0114 民初 7790 号民事判决第一、二、三项；

二、撤销北京市昌平区人民法院（2022）京 0114 民初 7790 号民事判决第四、五、六项；

三、某管理公司于本判决生效后十日内支付曹某解除劳动关系经济补偿金

170280元；

四、某管理公司于本判决生效后十日内支付曹某2022年1月1日工资差额203元；

五、某管理公司于本判决生效后十日内支付曹某2021年3月1日至2021年12月31日的工资差额30000元；

六、某管理公司于本判决生效后十日内支付曹某2019年10月1日至2021年12月31日的休息日加班工资130258元、法定节假日加班工资74482元；

七、驳回曹某的其他诉讼请求。

【法官后语】

随着即时通信和远程办公软件的广泛应用，工作模式也越发灵活——用工管理可以通过在线信息的形式发出指令，完成工作内容也不再拘泥于用人单位提供的固定工作场所，通过网络在线形式提供劳动的情形日益普遍。与此同时，“工作的便捷”和“工作侵入生活的便捷”是同时发生的一体两面，劳动者越来越强烈地要求对远程在线提供的劳动支付法定劳动报酬，“隐形加班”成为热议词汇。劳动争议仲裁机构、人民法院就“加班”审查时应虚化工作场所的概念，不能仅因劳动者未在用人单位安排的工作场所工作而否定劳动者的加班事实。

远程通过网络在线形式提供劳动主要有两种模式：（1）网络通信设备系工作的平台和媒介，劳动者在固定工作场所之外依靠网络在线完成工作任务。如通过即时通信工具参加工作会议、销售商品、接受客户咨询等。（2）雇主发出工作指令后，劳动者通过网络通信设备交付工作成果，但实质性劳动过程并非在网络平台完成，而是在固定工作场所之外线下完成。例如，制作、修改文稿、设计方案、代码等，劳动者居家完成并通过在线形式远程交付。远程在线工作模式最初比较集中于互联网、科技型企业，但随着管理理念的发展和技术的成熟，各类行业和岗位都在不同程度地探索远程办公的可能性，如本案中，在线会议的工作方式几乎可以适用于全体劳动者，对固定工作场所局限性的突破不再具有明显的行业和岗位特征。

对于以上两种模式，认定是否构成加班的内在逻辑和审查标准存在共性，均应综合考量以下因素：

一是用人单位的安排。加班需经用人单位安排或同意，劳动者自主延长的工作时间通常不能被认定为加班。如果用人单位的规章制度规定了加班审批制度，劳动者加班的，应当按照规章制度进行审批，劳动者没有经过相应的审批程序而自愿加班，此时用人单位有权拒绝支付劳动者加班工资；但无论用人单位是否存在加班审批制度，有证据证明用人单位直接安排劳动者加班的，经安排延长的工作时间均应当认定属于加班。

二是实质性的工作内容。考察网络在线加班不能简单审查时间的经过，还应当审查劳动者的劳动力是否客观被用人单位占用，以确定用人单位对劳动者的支配性。如果劳动者仅需在线进行简短回复、转发消息等简单处理，不具有实质性的工作内容和劳动产出，一般认为属于履行劳动合同的附随义务，劳动者应基于岗位职责给予必要的协助和配合，不宜认定为加班；如果工作内容超出一般简单沟通的范畴，劳动者付出实质性劳动内容，具有实质性的工作内容和明确的工作产出，应认定为加班。

三是明显占用劳动者的休息时间。用人单位安排加班之所以应当支付加班工资，本质上是对减损劳动者休息权所付出的法定对价，故对休息权是否构成减损是判断是否构成加班的要素。如果用人单位的工作具有偶发性和临时性特征，并未实质影响劳动者生活休息的，可以不认定为加班；反之，如果对劳动者休息时间的占用具有持续性或连贯性特征，应当认定为加班。

裁判机关应确立新形势下网络在线形式加班的审查认定标准，保障劳动者合法权益，让“加班”不再“隐形”。

编写人：北京市第一中级人民法院　王丽蕊　余志燕

北京市门头沟区人民法院　凌志颖

21

提成工资中“款到提成”的效力认定

——某广告公司诉文某劳动争议案

【案件基本信息】

1. 裁判书字号

重庆市第三中级人民法院（2023）渝03民终1363号民事判决书

2. 案由：劳动争议

3. 当事人

原告（被上诉人）：某广告公司

被告（上诉人）：文某

【基本案情】

2020年6月15日，文某与某广告公司签订劳动合同，约定某广告公司聘请文某从事广告销售工作，每月业绩考核工资为当月业绩总额的5%（封顶为每月20万元），享受业绩提成，价差的85%归销售人员所得。文某在某广告公司处上班期间，某广告公司按约定每月支付了文某业绩考核工资和部分业务提成及价差。2023年1月3日，某广告公司制作了文某价差、业务提成及客户奖金情况统计表，载明某广告公司应支付文某价差、业务提成及客户奖金合计420173元，客户款项未收部分的价差、业务提成合计198235元，客户奖金为211150元；客户款项已收部分的业绩工资、绩效工资、价差、业务提成合计10788元。文某向劳动仲裁委申请劳动仲裁，请求裁决某广告公司支付其业务提成奖金。2023年3月17日，劳动仲裁委裁决某广告公司支付文某业务提成奖金209023元。

2021 年 8 月，某广告公司（乙方）与某置业公司、某商业公司（甲方）签订的广告合同协议，约定甲方委托乙方制作、发布公交车身广告费用冲抵乙方向某置业公司购买商铺部分费用。某广告公司法定代表人刘某在诉讼中陈述 B 广场项目房屋产权已登记在其名下。2022 年 10 月 18 日，某广告公司向某置地公司出具《广告费用抵款证明》，证明某置地公司以某商铺抵偿其欠付某广告公司的广告费用。

【案件焦点】

1. 某广告公司应否支付文某客户未回款的业务提成；2. 广告费用抵款合同履行结果是否影响文某业务提成。

【法院裁判要旨】

重庆市涪陵区人民法院经审理认为：用人单位应按劳动合同约定，及时足额支付劳动者劳动报酬。根据双方签订的员工劳动合同及《销售部管理办法》约定，业务奖金及价差支付时间为合同款项全部收取完毕后，结合文某签字确认的客户奖金情况统计表标记为“已收”部分的金额为 10788 元，故某广告公司应支付文某业绩工资、价差、业务提成 10788 元。

重庆市涪陵区人民法院依照《中华人民共和国劳动合同法》第三十条，《工资支付暂行规定》第八条之规定，判决如下：

一、驳回某广告公司的诉讼请求；

二、某广告公司于本判决生效后十日内支付文某业绩工资、价差、业务提成 10788 元。

文某不服一审判决，提起上诉。重庆市第三中级人民法院经审理认为：文某与某广告公司就提成工资约定“客户款项收取完毕作为支付时间”符合法律规定，可以作为确定双方权利义务的依据。对《统计表》中客户款项收取情况标记为“已收”部分的业务提成 10788 元，予以确认。某广告公司对同意支付文某招商银行项目业务提成 2750 元，予以确认。

对于 B 街和 B 广场项目的广告费用，某广告公司已与相对方协商一致以商铺冲抵，某广告公司亦向 B 街项目相对方出具《广告费用抵款证明》，某广告公司法定代表人认可 B 广场项目房屋产权已登记其名下，应视为文某已完成前述项目的回款义务，某广告公司应支付前述项目的业务提成 116160 元。某广告公司辩称因公司经营出现问题涉及给客户退款，前述广告合同未履行完毕，业务提成支付条件不成就。法院认为，某广告公司该行为系企业自身应承担的市场经营风险变相转嫁于文某，其明显加重了劳动者的负担，有违公平原则，故对其该项辩称不予采纳。文某未能举示充分证据证明其他项目提成支付条件已经成就，依法应当承担举证不能的不利后果。需指出，某广告公司应积极采取有效措施促使提成项目相对方支付项目回款，使己方在和劳动者所约定的项目提成的付款条件成就，若长期怠于向第三方主张权利，将依法承担不利法律后果。

重庆市第三中级人民法院依照《中华人民共和国劳动合同法》第四条第四款，《中华人民共和国劳动法》第四十七条，《最高人民法院关于审理劳动争议案件适用法律问题的解释（一）》第五十条，《工资支付暂行规定》第八条，《中华人民共和国民事诉讼法》第一百七十七条第一款第三项，《最高人民法院关于适用〈中华人民共和国民事诉讼法〉的解释》第九十条规定，判决如下：

一、撤销重庆市涪陵区人民法院（2023）渝 0102 民初 2370 号民事判决；

二、某广告公司在判决发生法律效力后十日内向文某支付业绩工资、绩效工资、价差、业务提成共计 129698 元；

三、驳回文某的其他诉讼请求。

【法官后语】

实践中，涉及销售回款的用人单位常与劳动者约定提成工资实行“收付原则”，即用人单位收到第三方支付的款项后再按约定比例作为提成工资支付给劳动者。本案即涉及提成工资制度的法律适用问题。如何在审判中准确把握提成工资中“款到提成”约定效力及举证责任分配，是本案中值得研究探讨的重点问题。

1. 提成工资中“款到提成”约定的司法实践。对于“款到提成”约定是否有效存在不同观点，有观点认为，提成的标准以及如何发放应当遵循协商原则，双方就提成发放形式、条件达成的约定应为有效；另有观点认为，项目回款属另一民事法律关系，相关回款能否最终收回受制于诸多因素，总体上属于用人单位的经营风险问题。目前，各地法院对于涉提成案件的裁审意见尚未形成统一意见，对于劳动者离职后所主张的提成项目回款的举证责任分配亦存在分歧。部分法院认为双方有约定按约定，劳动者主张提成款，应由其承担相应回款到账的举证责任；部分法院认为离职情况下，回款是否到账的举证责任应由用人单位承担。

2. 提成工资的性质及其分配方式。提成工资是指用人单位将销售收入或者纯利润按照一定比例分配给员工，根据员工的工作量或者其他指标计算发放的劳动报酬，较之固定工资具有一定的激励性。提成工资分配方式是公权力介入下的有限意思自治。一方面，劳动合同作为一种不完全私法合同，渗透了国家公权力必要干预的、以社会公共利益为本位的合同，社会性是其本质属性。实践中，用人单位为了实现自身利益最大化，可能出现打着“用工自主权”的口号对劳动者合法权益进行“合法侵害”的情形，为此，《中华人民共和国劳动合同法》第四条明确了劳动规章制度的合法要件。另一方面，《中华人民共和国劳动合同法》虽然有一定的社会属性，但仍可归属于民法，民法的相关原则适用于劳动合同中，双方当事人可以按照自己的意志，在不违反法律规定且协商一致的前提下订立“款到提成”约定，尊重当事人基于真实意思表示对相互间权利义务的安排，无疑是实现劳动关系稳定的重要内涵。故，在司法实践中应对用人单位的自主用工权给予必要尊重。

3. 关于提成工资中“款到提成”的具体适用标准。首先，准确识别劳动规章制度和劳动合同效力。“款到提成”对劳动者的约束力主要来源于用人单位规章制度和劳动合同约定。故，判断“款到提成”是否对劳动者适用，需判断用人单位规章制度是否合法合理且程序正当，劳动合同约定是否系双方的真实意思表示。当合法有效的单位规章制度、协商一致的劳动合同中确有“款到提成”约定，则双方均应按该约定进行提成工资的发放。其次，明晰提成项目回款的举证责任。劳动者在职情形下，无论是基于其享受的权利（较大提成）抑或契约精神，其对于提成项目的回款会积极向第三方催收，劳动者对于相对方是否实际付款知悉且掌握相关证据，劳动者主张提成工资时用人单位抗辩相对方未回款的，除劳动者有证据证明用人单位掌握此类相关证据的，劳动者应举示相应证据证明提成项目已回款。劳动者离职情形下，劳动关系的终止意味着劳动者无权向提成项目的相对方追收项目回款，而离职职工以个人名义向第三方主张相关款项亦难谓正当。随着时间的推移，离职职工对双方财务往来知悉程度日渐下滑，也存在合同相对方基于后期商业合作需要而拒绝为离职职工出具相关证明材料的情形。故，在劳动者离职后的合理期限内，劳动者仍应承担合同相对方回款的举证责任，但此时劳动者举示初步回款证据即可，对其举证能力不宜过于苛求。用人单位认为离职职工所主张的业务提成支付条件不成就的，可举示财务资料、催款材料等证据证明合同相对方未回款。最后，合理平衡双方利益。对于用人单位规定劳动者辞职不得享有其已经付出实际劳动的提成工资或劳动者应当承担相对方逾期付款责任等，属于将市场经营风险转嫁于劳动者，应给予负面评价。对于用人单位违约导致相对方以正当理由拒绝支付提成回款的，应重点审查用人单位的违约行为，若非因劳动者所致，用人单位不能以“款到提成”约定或规定对抗劳动者的提成款合理诉求。此外，劳动关系解除后，用人单位在相对方付款条件未成就的情形下，不积极向相对方主张权利或放弃相关权利，致使向劳动者提成款付款的条件迟迟不能成就或提成款兑现难度增加，属于用人单位不正当地阻止条件成就，或长期怠于向第三方主张权利的，可认定用人单位不当地阻止提成付款条件成就，视为支付条件已成就。

本案中，文某作为公司销售人员，其工资薪酬包含了业务提成，单位规章制度明确业务提成支付条件为客户回款，双方在劳动合同期间亦是按该约定进行发放业务提成，故“款到提成”的相关约定具有约束力。文某离职后主张业务提成，其在合理期间内应当承担提成项目客户回款的举证责任，法院对其举示证据证明的项目客户回款问题予以支持。文某未能举示充分证据证明其他项目提成支付条件已经成就，依法应当承担举证不能的不利后果。对于某广告公司已与相对方协商一致以商铺冲抵广告费用，相关房屋产权已登记至某广告公司法定代表人名下，应视为文某已完成前述项目的回款义务。因此，法院终审判决最终确认某广告公司应当支付文某业务提成129698元。

编写人：重庆市第三中级人民法院　周建峰

22

"待公司账户解封后支付工资"的约定无效

——L公司诉马某劳动争议案

【案件基本信息】

1. 裁判书字号

北京市第一中级人民法院（2023）京01民终774号民事判决书

2. 案由：劳动争议

3. 当事人

原告（上诉人）：L公司

被告（被上诉人）：马某

【基本案情】

马某于2017年入职L公司，担任采购工程师，双方签订了三年期限的劳动合同。2021年6月18日，L公司（甲方）与马某（乙方）签订《终止劳动合同劳动关系协议》，其中正面载明："L公司与您本人协商一致，公司与您签订的劳动合同关系已于2020年11月30日终止。劳动合同关系延长期于2021年6月18日终止。现就相关事宜明确如下……甲方承诺支付乙方自2020年1月1日起到2021年5月31日终止劳动合同延长期为止欠发工资及停工停产生活费

41109.38 元……按照本终止劳动合同协议的备注#1、#2 条款的约定处理……”该协议反面载明：“备注：#1. 在 L 公司受到某集团非法集资案件的第三方牵连，杭州公安机关为调查取证而冻结公司银行账号……无法使用公司账户资金支付任何费用……#2. ……公司承诺在杭州公安解决集团案件能解封公司账户允许公司支付的第一时间或案件进入司法程序处理法院判决允许公司拍卖财产对员工工资、社保支付的第一时间，履行本协议的承诺。”

杭州市公安局某区分局出具两份《协助冻结财产通知书》，分别冻结 L 公司及 L 公司法定代表人账号。

马某以要求确认与 L 公司自 2017 年 11 月 20 日至 2021 年 6 月 18 日存在劳动关系及要求 L 公司支付工资、停工停产生活费为由申请仲裁，仲裁委作出仲裁裁决：1. 确认马某与 L 公司自 2017 年 11 月 20 日至 2021 年 6 月 18 日存在劳动关系；2. L 公司支付马某工资及停工停产生活费共计 41109.38 元。L 公司不服仲裁结果，于法定期限内起诉。

经询，《终止劳动合同劳动关系协议》由 L 公司预先拟定，L 公司未就将“解封公司账户”或“法院判决允许公司拍卖财产对员工工资、社保支付”作为支付条件与马某进行过协商提举证据，亦未就曾采取合理方式提示马某注意上述条款提举证据。双方均认可 L 公司账户仍处于冻结中，L 公司称不清楚解除冻结时间。

【案件焦点】

《终止劳动合同劳动关系协议》中将“解封公司账户”或“法院判决允许公司拍卖财产对员工工资、社保支付”作为工资支付条件的约定是否有效。

【法院裁判要旨】

北京市海淀区人民法院经审理认为：针对 L 公司所持支付条件尚未成就这一主张，《终止劳动合同劳动关系协议》系 L 公司一方拟定，现该公司未就其中关于工资、停工停产生活费支付条件条款与马某进行协商提举证据，故该条款系格式条款。根据《中华人民共和国民法典》规定，采用格式条款订立合同的，提供格式条款的一方应当采取合理方式提示对方注意免除或减轻其责任等与对方有重大利害关系的条款，按照对方的要求，对该条款予以说明。提供格式条款的一方未履行提示或者说明义务，致使对方没有注意或者理解与其有重大利害关系的条款的，对方可以主张该条款不成为合同的内容。本案中，工资及停工停产生活费支付条件与马某有重大利害关系，现L公司未就支付条件条款曾对马某进行提示及说明提举证据，故法院认定上述条款不作为《终止劳动合同劳动关系协议》的内容。退一步讲，即使不认定为格式条款，根据《中华人民共和国劳动合同法》第二十六条的规定，用人单位免除自己的法定责任、排除劳动者权利的劳动合同条款无效。L公司针对支付马某工资、停工停产生活费设置条件，而工资、生活费是劳动者提供劳动的基本对价和生活保障，现L公司亦自认解封时间无法确定，故上述支付条件能否达成及何时达成均处于无法确定的状态。该条款违反了“用人单位应及时足额支付劳动者劳动报酬”这一法律规定，排除了马某作为劳动者及时获得劳动报酬及生活保障的基本权利，应属无效。综上，L公司所持无须立即支付马某工资及停工停产生活费的诉讼请求，于法无据，法院不予支持，进而判令L公司支付马某工资及停工停产生活费41109.38元。

北京市海淀区人民法院依据《中华人民共和国民法典》第四百九十六条，《中华人民共和国劳动合同法》第二十六条之规定，判决如下：

一、确认马某与L公司于2017年11月20日至2021年6月18日存在劳动关系；

二、L公司于本判决生效之日起十日内支付马某工资及停工停产生活费41109.38元。

L公司不服一审判决，提出上诉。北京市第一中级人民法院依照《中华人民共和国民事诉讼法》第一百七十七条第一款第一项之规定，判决如下：

驳回上诉，维持原判。

【法官后语】

所谓附条件的劳动报酬，是指用人单位在规章制度中规定或在劳动合同中约定劳动报酬的支付条件，待该条件达成时，向劳动者支付对应的劳动报酬。用人单位针对劳动报酬设置支付条件的法律效力在司法实践中存在争议。

一、用人单位能否就劳动报酬设置支付条件

《中华人民共和国劳动法》第五十条规定，工资应当以货币形式按月支付给劳动者本人。不得克扣或者无故拖欠劳动者的工资。同时，相关法律法规亦通过最低工资标准、工资支付周期、工时制度等对工资支付作出全面规制。从上述规定来看，按月向劳动者支付工资是用人单位的法定义务，不应附加任何条件。但随着市场经济的发展，劳动报酬呈现多样化趋势，除按月领取工资、加班费外，还包括绩效工资、年终奖、提成、股权激励等，而是否完成一定业绩、是否达到考核分值等会被作为支付相关报酬的依据。如果不允许就此作出约定，则违背当事人的意思自治原则，亦与实践背道而驰。究其原因，劳动法兼具公法和私法属性，在保障劳动者基本权利的前提下，亦需尊重企业的经营自主权及劳动双方的自由意志，故在一定范围内应允许劳动双方针对劳动报酬设置支付条件。

二、用人单位就劳动报酬设置支付条件的边界

《中华人民共和国劳动合同法》第二十六条规定，用人单位免除自己的法定责任、排除劳动者权利的劳动合同无效或者部分无效。从劳动报酬的范围来看，用人单位仅在其自主经营权范围内有权设置支付条件，而不能就劳动者的基本工资、加班工资等正常提供劳动的对价设置支付条件。一般来说，用人单位可根据自身经营状况，为激励劳动者勤勉工作而针对奖金、提成等劳动报酬设置支付条件，且劳动者的工资总额及支付周期不能违反法律法规中的强制性规定。同时，用人单位仅可通过与劳动者协商一致或经民主程序制定规章制度的方式针对劳动报酬设置支付条件，而不能单方作出决定。

三、附条件支付劳动报酬条款的司法审查

司法实践中，针对附条件支付劳动报酬纠纷的审理，需要着重注意以下方面：（1）对“条件”的认定。条件必须是将来发生与否不确定的、双方当事人意定、不违反法律强制性规定的事实。（2）条件成就与否的举证责任分配。根

据“谁主张，谁举证”的举证分配规则，对积极事实的存在，需要主张之人承担举证责任。法律有特殊规定的，依照该规定执行。例如，《最高人民法院关于审理劳动争议案件适用法律问题的解释（一）》第四十四条规定，因用人单位作出的开除、除名、辞退、解除劳动合同、减少劳动报酬、计算劳动者工作年限等决定而发生的劳动争议，用人单位负举证责任。故，在以考核结果或公司经营业绩、部门业绩作为劳动报酬支付条件的情况下，由用人单位就相关条件未成就承担举证责任。(3) 特殊情况下条件成就与否的拟定。《中华人民共和国民法典》第一百五十九条规定，附条件的民事法律行为，当事人为自己的利益不正当地阻止条件成就的，视为条件已成就；不正当地促成条件成就的，视为条件不成就。条件成就与否本为不能确定的事实，不能受任何一方当事人不正当地促成或阻碍，否则都难免对他方当事人产生不公平的结果。

编写人：北京市海淀区人民法院　董洪辰

23

工资异议期条款的效力认定

——赵某诉某信息公司劳动争议案

【案件基本信息】

1. 裁判书字号

北京市第一中级人民法院（2023）京 01 民终 2681 号民事判决书

2. 案由：劳动争议

3. 当事人

原告（上诉人）：赵某

被告（上诉人）：某信息公司

【基本案情】

赵某于 2013 年 8 月 23 日入职某信息公司，担任高级副总裁。双方于 2018 年 8 月 3 日签订了无固定期限劳动合同，该劳动合同第十八条约定“员工如对发放的薪资有异议，应在发薪日后五个工作日内提出书面意见，逾期未提出则视为确认和认同”。某信息公司未发放赵某 2018 年 1 月至 2019 年 3 月的绩效工资，该公司主张未予发放的原因有二：一是赵某在此期间内没有业绩，故不享有绩效工资；二是根据双方劳动合同第十八条的约定，其未在发薪日后五个工作日内提出书面意见，应视为其认可已经发放的工资金额。经询，赵某表示就某信息公司未发放 2018 年 1 月至 2019 年 3 月绩效工资一事，其仲裁前未提出异议。诉讼期间，某信息公司未能就赵某的绩效考核标准、绩效考核结果以及与绩效考核结果相对应的客观依据提供证据予以证明。赵某月工资标准为 30000 元，其中基本工资 21000 元、绩效工资 9000 元。该案经仲裁前置程序后，赵某因对仲裁结果不服，向北京市海淀区人民法院起诉，请求法院判令：某信息公司向赵某支付：（1）2014 年 1 月 1 日至 2018 年 12 月 31 日延时及休息日加班工资 180000 元；（2）2018 年 1 月 1 日至 2019 年 12 月 31 日未休年假工资 81690 元；（3）2019 年 5 月 1 日至 2020 年 4 月 30 日工资 390000 元；（4）2018 年 1 月 1 日至 2019 年 3 月 31 日绩效工资 135000 元；（5）2017 年成立合资公司项目奖金 100000 元。

【案件焦点】

劳动双方存在工资异议期条款约定，劳动者若未在约定的异议期内提出异议，后又向用人单位主张欠付工资的，用人单位可否以工资异议期条款为由进行抗辩，进而排除劳动者对工资的主张，即工资异议期条款的效力应作何评价。

【法院裁判要旨】

北京市海淀区人民法院经审理认为：就绩效工资一节，赵某未于劳动合同中约定的工资异议期内就绩效工资的发放提出异议，法院评价如下：第一，劳动者未及时就薪资数额减少向用人单位提出异议，并正常提供劳动，该状态属于沉默行为，单纯的沉默不构成对薪资减少的确认或认可。第二，本案劳动合同约定的工资异议期限缩了法定时效期间，属于用人单位免除自己的法定责任、排除劳动者的合法权利。综上，法院认定赵某未就绩效工资提出异议，并正常提供劳动，不构成对公司不予发放绩效工资的默示认可，故应当支付赵某涉诉期间的绩效工资。

北京市海淀区人民法院依照《中华人民共和国劳动法》第四十四条、第四十五条，《中华人民共和国劳动合同法》第三十条，《中华人民共和国劳动争议调解仲裁法》第二十七条，《最高人民法院关于审理劳动争议案件适用法律若干问题的解释（三）》第九条，《北京市工资支付规定》第十二条之规定，判决如下：

一、某信息公司支付赵某绩效工资 135000 元；

二、某信息公司支付赵某加班工资 13793.1 元；

三、某信息公司支付赵某未休年假工资 16551.72 元；

四、某信息公司支付赵某成立合资公司的项目奖金 50000 元；

五、驳回赵某的其他诉讼请求。

赵某与某信息公司均不服一审判决，提出上诉。北京市第一中级人民法院经审理认为：双方于劳动合同中约定了工资异议期条款，该条款并不能因劳动者未于异议期内提出书面意见而免除用人单位对工资的支付义务，原因在于：其一，劳动者于劳动关系存续期间对用人单位在人格、经济、组织上具有从属性，隶属于用人单位并接受管理，故可能由于多种原因无法以书面形式及时向用人单位提出工资异议，此时并不能以单纯的沉默行为即视为劳动者对工资的认可。其二，用人单位是否向劳动者足额发放工资系客观事实，在劳动者正常提供劳动的情况下获得相应的工资是其法定权利，故劳动者未于劳动合同约定的工资异议期内提出书面意见并不能视为劳动者对工资请求权作出放弃的处分。其三，劳动者就薪酬待遇问题提起仲裁申请的时效期间为劳动合同解除或终止后 1 年内，而上述劳动合同约定的内容显然较法律规定限制了劳动者追索劳动报酬的权利，系某信息公司免除自己的法定责任、排除劳动者的合法权利，属于《中华人民共和国劳动合同法》中规定的劳动合同无效情形，因而劳动合同中对于工资异议期的约定并不产生效力。由此，一审法院认定某信息公司应当支付赵某涉诉期间绩效工资并无不当。

北京市第一中级人民法院依照《中华人民共和国民事诉讼法》第一百七十七条第一款第一项规定，判决如下：

驳回上诉，维持原判。

【法官后语】

工资异议期条款，是指用人单位与劳动者在劳动合同中约定，劳动者未在约定的异议期内就工资实际支付情况向用人单位提出异议，即视为对工资数额的认可。对于工资异议期条款的效力应作何评价，司法实践中存在不同的观点：第一种观点认为，工资异议期条款属于双方当事人的意思自治，应当认定有效，劳动者未于异议期内提出异议系以沉默的方式认同已经发放的工资数额。第二种观点认为，工资异议期条款排除了劳动者的合法权利，属于《中华人民共和国劳动合同法》规定的无效情形。

本案中，合议庭采取了第二种观点，认为不能够以此为由认定劳动者以沉默的意思表示产生变更工资标准或者确认工资金额的法律后果。

一、无法产生变更劳动合同的法律后果

变更劳动合同无论是采取书面形式还是口头形式，均要以用人单位和劳动者就劳动合同变更的内容协商一致为前提。但就工资异议期条款的效力而言：其一，用人单位协商变更工资标准的要约并不明晰。用人单位可能基于多种理由向劳动者支付少于往期金额的工资，但不附加工资金额的解释以及降低工资标准的意思联络，不能被认定为用人单位作出了协商降低工资标准的要约。其二，如果按照工资异议期条款成立的逻辑来推演，用人单位支付低于原水平的工资，劳动者未提出异议即完成协商一致的结果，实质上属于预先剥夺了劳动者与用人单位就变更劳动合同内容进行协商的程序性权利，并不符合“用人单位与劳动者协商一致”的条件。

二、无法发生合意确认工资金额的法律后果

《中华人民共和国劳动合同法》第二十六条第一款第二项规定:“下列劳动合同无效或者部分无效……(二)用人单位免除自己的法定责任、排除劳动者权利的……”笔者认为,工资异议期条款存在排除劳动者权利的情形,劳动者即便未在异议期内提出异议,也不能被认定为作出认可工资金额的表意,理由如下。

其一,异议期条款排除了劳动者的时效权利。用人单位未及时足额支付劳动报酬的,劳动者的救济渠道有三。一是通过一裁两审程序向劳动人事争议仲裁委员会申请劳动争议仲裁,自劳动合同解除或终止后适用一年的仲裁时效;二是直接向人民法院提起诉讼;三是人民法院申请支付令,渠道二和渠道三均适用三年的诉讼时效。实践中,工资异议期条款约定的异议期皆在劳动关系存续期限内,通常时间为发薪后十日以内,均明显短于仲裁和诉讼时效期间。该约定虽不能排除劳动者的起诉权,但实质目的在于排除异议期满后劳动者的胜诉权,本质上是对劳动者仲裁和诉讼时效权利的不当限制和部分排除。

其二,异议期条款加剧劳动者的弱势地位。有别于普通民事法律关系,在劳动关系中,用人单位和劳动者并非平等的民事主体,而劳动者对用人单位具有从属性,劳动者势必隶属于用人单位并接受其管理,于内部形成“此强彼弱”的非对称关系。在劳动关系存续期间,劳动者的表意自由实质上受到限制,劳动者出于追求工作的进步、害怕被职场边缘化等考虑,往往不便于通过非常直接的方式维权,其进行维权的能力也弱于用人单位。而工资异议期条款必然加剧劳动者的弱势地位,进一步限缩劳动者维权的能力。

综合以上论述,笔者认为,劳动者诉请支付欠付工资,用人单位以工资异议期条款为由进行抗辩的,人民法院应不予支持,仍需按照举证责任分配规则,根据在案证据,进行实质审查和裁判。

编写人:北京市第一中级人民法院 王丽蕊 高愉祥

24

未订立书面劳动合同应付二倍工资差额诉讼时效的认定

——朱某诉某环卫服务中心劳动争议案

【案件基本信息】

1. 裁判书字号

河南省驻马店市中级人民法院（2023）豫17民终4978号民事判决书

2. 案由：劳动争议

3. 当事人

原告（上诉人）：朱某

被告（上诉人）：某环卫服务中心

【基本案情】

朱某自2017年6月到某环卫服务中心工作，岗位为街道冲洗车司机，实行半日制工作。某环卫服务中心以月工资3000元的标准从2017年6月向朱某支付劳动报酬，支付至2021年10月。自2021年11月开始由新蔡县国库支付中心代付朱某的工资。朱某在某环卫服务中心工作期间，双方未签订书面劳动合同。2023年6月27日，朱某向新蔡县劳动人事争议仲裁委员会申请仲裁，新蔡县劳动仲裁委员会于2023年7月4日作出不予受理通知书，理由为不属于规定的争议范围。朱某不服该通知书，遂向法院提起诉讼。朱某向新蔡县劳动仲裁委员会申请仲裁及提起诉讼时仍然在某环卫服务中心从事街道冲洗车司机工作。朱某于2023年7月24日不再到某环卫服务中心工作。朱某提出如下诉讼请求：依法判令某环卫服务中心向朱某支付因未签订书面劳动合同的双倍工资差额33000元。

【案件焦点】

朱某所提出的请求某环卫服务中心支付因未签订书面劳动合同的双倍工资差额，是否超过诉讼时效。

【法院裁判要旨】

河南省新蔡县人民法院经审理认为：根据《中华人民共和国劳动合同法》第八十二条第一款规定："用人单位自用工之日起超过一个月不满一年未与劳动者订立书面劳动合同的，应当向劳动者每月支付二倍的工资。"某环卫服务中心未与朱某签订书面劳动合同的事实存在，故应支付朱某未签订书面劳动合同 11 个月的工资差额 33000 元。

河南省新蔡县人民法院依照《中华人民共和国劳动法》第七条、第十条、第二十四条、第八十三条，《中华人民共和国劳动合同法》第七条、第八十二条第一款、第八十七条，《中华人民共和国民事诉讼法》第六十七条第一款、第一百四十五条规定，判决如下：

一、朱某与某环卫服务中心存在事实劳动关系；

二、解除朱某与某环卫服务中心之间的事实上的劳动关系；

三、限某环卫服务中心于本判决生效之日起十日内支付朱某未签订书面劳动合同双倍工资差额 33000 元；

四、驳回朱某的其他诉讼请求。

朱某与某环卫服务中心均不服一审判决，提出上诉。河南省驻马店市中级人民法院经审理认为：用人单位应支付给劳动者未订立书面劳动合同应付二倍工资中的一倍应为正常的劳动报酬，另一倍赔偿金则不是基于劳动者提供的劳动，而是基于用人单位的违法行为产生的惩罚性赔偿金，性质上与劳动报酬不同。因此，案涉双倍工资差额 33000 元，应适用普通仲裁时效的规定，申请仲裁的时效期间为 1 年，从当事人知道或者应当知道其权利被侵害之日起计算。朱某于 2017 年 6 月到某环卫服务中心工作，于 2023 年 6 月 27 日提起仲裁申请，该申请已超 1 年的仲裁时效，对朱某请求的因未签订书面劳动合同的双倍工资差额 33000 元，不予支持。

河南省驻马店市中级人民法院依照《中华人民共和国民事诉讼法》第一百七十七条第一款第二项规定，判决如下：

一、维持河南省新蔡县人民法院（2023）豫1729民初4487号民事判决第一项、第二项；

二、撤销河南省新蔡县人民法院（2023）豫1729民初4487号民事判决第三项、第四项；

三、变更河南省新蔡县人民法院（2023）豫1729民初4487号民事判决第三项为某环卫服务中心于本判决生效之日起十日内支付朱某经济补偿金19500元；

四、驳回朱某的其他诉讼请求。

【法官后语】

一、“二倍工资”性质的认定

未签订劳动合同应付“二倍工资”不属于劳动报酬，应当认定为惩罚性赔偿。首先从立法目的上分析，由于在劳动关系中，用人单位与劳动者地位的不平衡，不签订劳动合同，将给劳动者维护权益带来较大的困难，因此，为了对劳动者权益进行倾斜保护，我国劳动法律明确规定用人单位要与劳动者签订书面劳动合同，并设置“二倍工资”罚则以督促用人单位及时与劳动者签订书面劳动合同，强化对劳动者权益的保护，维护用工关系的稳定与和谐。从“二倍工资”取得原因分析，其不同于劳动报酬基于劳动者履行的劳动所获得的对价，而是因用人单位未及时履行法律所规定的与劳动者签订书面劳动合同的义务所受处罚。因此，“二倍工资”是因法律规定而产生，本质上不属于劳动报酬。此外，从法律解释方面分析，虽然法律条文将“二倍工资”表述为“工资”，但不能单纯地从文义解释的角度理解，应当结合体系解释及目的解释，综合分析其真正内涵。《中华人民共和国劳动合同法》第八十二条位于“法律责任”一章，该章主要是对用人单位、劳动者以及劳动行政部门和其他主管部门及其工作人员违反相关法律法规的不利后果的规定。综上，“二倍工资”系违反法定义务的用人单位所应承担的法律责任，具有法定性、惩罚性的特征，其性质应属于惩罚性赔偿金。

二、“二倍工资”的时效制度

“二倍工资”的时效计算应从当事人知道或者应当知道其权利被侵害之日起计算。理由如下。

1. 从诉讼时效制度设置的法理来看，根据全国人大常委会法制工作委员会的解读，劳动争议诉讼（仲裁）时效规定具有三个方面重要意义：(1) 尽快结束当事人间权利义务的不稳定状态，使之在法律上固定下来，从而维护劳动关系的稳定；(2) 督促权利人及时行使请求权，有利于劳动关系的尽快解决；(3) 方便劳动争议处理机构尽快介入劳动纠纷，有利于其及时调查取证，正确处理劳动纠纷。[①] 因此，时效制度的本质是督促当事人尽快行使权利，结束劳动纠纷，从而维护劳动关系的稳定。

2. 从“二倍工资”请求权的取得来看，“二倍工资”请求权无异于普通民事权利，“二倍工资”请求权是指用人单位由于违反了签订书面劳动合同的法定义务而使得劳动者所取得的权利，该请求权的取得与其他普通的民事权利别无二致，故诉讼时效也应适用普通仲裁时效从当事人知道或者应当知道其权利被侵害之日起计算一年的规定。

3. 从“二倍工资”性质的认定来看，根据《中华人民共和国劳动争议调解仲裁法》第二十七条第一款、第四款规定：“劳动争议申请仲裁的时效期间为一年。仲裁时效期间从当事人知道或者应当知道其权利被侵害之日起计算。……劳动关系存续期间因拖欠劳动报酬发生争议的，劳动者申请仲裁不受本条第一款规定的仲裁时效期间的限制；但是，劳动关系终止的，应当自劳动关系终止之日起一年内提出”，以及前文对于“二倍工资”性质的认定，“二倍工资”并非劳动报酬，系对于用人单位怠于履行与劳动者签订书面劳动合同法定义务的一种惩罚性赔偿，因此，“二倍工资”的时效理应适用《中华人民共和国劳动争议调解仲裁法》第二十七条第一款之劳动争议普通仲裁时效规定，即从当事

---

① 全国人大常委会法制工作委员会行政法室编著：《中华人民共和国劳动争议调解仲裁法解读》，中国法制出版社 2008 年版，第 92 页。

人知道或者应当知道其权利被侵害之日起计算一年。

4. 从法律适用的统一性来看，《中华人民共和国劳动合同法》第八十二条规定："用人单位自用工之日起超过一个月不满一年未与劳动者订立书面劳动合同的，应当向劳动者每月支付二倍的工资。"《中华人民共和国劳动合同法实施条例》第六条规定："用人单位自用工之日起超过一个月不满一年未与劳动者订立书面劳动合同的，应当依照劳动合同法第八十二条的规定向劳动者每月支付两倍的工资，并与劳动者补订书面劳动合同……用人单位向劳动者每月支付两倍工资的起算时间为用工之日起满一个月的次日，截止时间为补订书面劳动合同的前一日。"据此，法律法规已明确规定二倍工资的起算时间。用人单位未依法与劳动者签订书面劳动合同、未按月支付二倍工资，劳动者即知道或者应当知道其权利被侵害，仲裁时效期间应开始起算。

5. 从"二倍工资"规则适用的客观实际来看，二倍工资规则具有矫正功能，通过由用人单位承担惩罚性赔偿的方式，运用倒逼机制强制用人单位履行签订书面劳动合同的义务。"从当事人知道或者应当知道其权利被侵害之日起计算"规则有利于促使劳动者主动维权、用人单位主动履责。司法实践中发现部分劳动者诉求二倍工资时，不诚信维权现象时有发生。"从当事人知道或者应当知道其权利被侵害之日起计算"规则可以更好地依法平衡劳动双方利益，实现互利共赢。

具体到本案中，朱某于2017年6月到某环卫服务中心工作，工作期间，某环卫服务中心未与朱某签订书面劳动合同，因未签订书面劳动合同应支付的二倍工资期间为2017年7月至2018年6月。朱某于2023年6月27日，向新蔡县劳动人事争议仲裁委员会申请仲裁，向前推1年至2022年6月27日，因此，2023年6月27日申请未签订书面劳动合同支付二倍工资差额，已明显超过法律规定的劳动仲裁时效，且朱某在此期间亦未向单位或相关部门主张权利，不存在导致劳动仲裁时效中断的情形。故，应认定朱某要求某环卫服务中心支付未订立书面劳动合同的二倍工资差额的请求已经超过仲裁时效。

编写人：河南省驻马店市中级人民法院　陈淑丽

25

劳动者主张停工留薪期内二倍工资的不予支持

——孙某诉某速运公司劳动争议案

【案件基本信息】

1. 裁判书字号

江苏省无锡市中级人民法院（2023）苏02民终4692号民事判决书

2. 案由：劳动争议

3. 当事人

原告（上诉人）：孙某

被告（上诉人）：某速运公司

【基本案情】

2020年8月18日，孙某入职某速运公司，但双方未签订书面劳动合同。2020年9月5日，孙某发生工伤后，遂在家休养。2021年1月30日，孙某停工留薪期满，但公司未为其安排工作，其也未主动要求返岗。2021年2月19日、3月3日，孙某向公司两次发函要求上班，但某速运公司拒收前述函件。2021年12月17日、2022年3月1日，孙某再次向公司发函要求上班。公司收函后，仍未予理会。2022年8月17日，孙某发出被迫解除劳动合同通知。孙某申请仲裁后，遂诉至法院。请求判令：某速运公司向其支付2020年9月18日至2021年9月17日的二倍工资差额66303.60元、停工留薪期工资28530.64元、2021年2月1日至2022年8月17日的工资损失117940.04元、2020年8月的休息日加班费806.68元。

【案件焦点】

孙某能否主张 2020 年 9 月 5 日至 2021 年 1 月 30 日停工留薪期内的二倍工资差额。

【法院裁判要旨】

江苏省无锡市新吴区人民法院经审理认为：孙某所受伤害事故已被认定为工伤，其停工留薪期为 2020 年 9 月 5 日至 2021 年 1 月 30 日，故某速运公司应当向其支付该期间的停工留薪期工资 27789 元。孙某停工留薪期满后，其曾明确向公司提出返岗工作的要求，但公司未为其安排工作，孙某因此产生的工资损失 40987.68 元，应由公司承担。关于二倍工资差额，鉴于孙某在入职未满一个月即发生工伤事故，其所主张的停工留薪期工资属于工伤待遇，不属于劳动报酬，故该部分款项不应计算二倍工资。但其停工留薪期满后至 2021 年 8 月 17 日，某速运公司应当支付二倍工资差额 7835.88 元。

江苏省无锡市新吴区人民法院依照《中华人民共和国劳动合同法》第三十条第一款、第八十二条第一款，《工伤保险条例》第三十三条第一款之规定，判决如下：

一、某速运公司于本判决发生法律效力之日起十日内支付孙某二倍工资差额 7835.88 元、停工留薪期工资 27789 元、在职期间工资损失 40987.68 元、加班费差额 125.04 元；

二、驳回孙某的其他诉讼请求。

孙某、某速运公司均不服一审判决，提起上诉。江苏省无锡市中级人民法院经审理认为：孙某与某速运公司劳动关系的存续期间为 2020 年 8 月 18 日至 2022 年 8 月 16 日，某速运公司未与其签订书面劳动合同，应当承担二倍工资的法律后果，金额以十一个月的工资为限。但是，在应当签订劳动合同的一个月尚未届满时，孙某于 2020 年 9 月 5 日发生工伤，此时至 2021 年 1 月 30 日属于停工留薪期，停工留薪期工资属于工伤保险待遇，不是劳动对价。因此，孙某主张该期间的二倍工资没有法律依据，不予支持。停工留薪期满后，虽然孙某曾发函要求上班，但是孙某客观上未实际提供劳动，某速运公司赔付的是未安排孙某工作的工资损失，故对孙某主张该期间的二倍工资，不予支持。

江苏省无锡市中级人民法院依照《中华人民共和国民事诉讼法》第一百七十七条第一款第二项规定，判决如下：

一、撤销无锡市新吴区人民法院（2022）苏0214民初8892号民事判决；

二、某速运公司于本判决发生法律效力之日起十日内支付孙某停工留薪期工资27789元、工资损失40987.68元、加班费差额125.04元；

三、驳回孙某的其他诉讼请求。

【法官后语】

《中华人民共和国劳动合同法》第八十二条规定，用人单位自用工之日起超过一个月不满一年未与劳动者订立书面劳动合同的，应当向劳动者每月支付二倍的工资。但是对于劳动者在停工留薪期内未签订书面劳动合同能否主张二倍工资差额问题，在实践中存在争议。

第一种观点认为，如劳动者在入职后工作一个月，但不满一年受伤，用人单位未在劳动合同法规定的时限内与劳动者签订书面劳动合同的，属于违法行为，用人单位公司应支付停工留薪期间的二倍工资。而第二种观点认为，劳动者在停工留薪期内获得"工资"，属于工伤保险待遇，不属于劳动者的劳动所得，故该部分款项不应计算二倍工资。在上述两种观点中，笔者更倾向于第二种观点。理由如下。

一、从二倍工资计算基数的性质分析

二倍工资的支付依据来源于《中华人民共和国劳动合同法》第八十二条规定，用人单位自用工之日起超过一个月不满一年未与劳动者订立书面劳动合同的，应当向劳动者每月支付二倍的工资。法律规定向劳动者每月支付二倍的工资，该二倍工资实际上由两部分构成：第一部分为劳动者的正常工资；第二部分为惩罚性赔偿金。因此，二倍工资是在正常工资基础上再加一倍，即惩罚性赔偿金的数额跟劳动者当月应获得工资数额系保持一致。当劳动者每月工资数额有变化时，工资之外的另外一倍惩罚性赔偿金也随之变化。由此可知，二倍工资的计算基数系劳动者当月的应得工资，该工资是劳动者正常劳动的对价，即劳动者向用人单位正常提供劳动所获得的劳动报酬。

二、从停工留薪期工资的属性分析

《工伤保险条例》第三十三条第一款规定，职工因工作遭受事故伤害或者患职业病需要暂停工作接受工伤医疗的，在停工留薪期内，原工资福利待遇不变，由所在单位按月支付。而《工伤保险条例》将停工留薪期规定在第五章中，故可以确认停工留薪期工资虽名为“工资”，但其性质为保险待遇。

三、结合二倍工资的立法目的分析

《中华人民共和国劳动合同法》第十条规定，建立劳动关系，应当订立书面劳动合同。同时，针对该条设立了二倍工资的罚则。立法本意在于规范用人单位与劳动者签订书面劳动合同，以此保障劳动者能够及时和充分地获得劳动报酬并享受法定的相关权利。而劳动者在停工留薪期内并未实际提供劳动，也不会发生劳动者因提供劳动而无法获得劳动报酬的情形。综上，劳动者在停工留薪期内获得“工资”不是劳动对价，而是工伤保险待遇，故不符合二倍工资罚则的适用情形。

编写人：江苏省无锡市中级人民法院　陶志诚　王嘉熙　汤燕峰

26

劳动合同约定不明情形下劳动者因本人原因致用人单位损失的赔偿责任认定

——某保安公司诉胡某、罗某劳动争议案

【案件基本信息】

1. 裁判书字号

福建省厦门市中级人民法院（2023）闽02民终5795号民事判决书

2. 案由：劳动争议

3. 当事人

原告（上诉人）：某保安公司

被告（被上诉人）：胡某、罗某

【基本案情】

2021年8月5日，胡某入职某保安公司，岗位是人事主管。胡某的工作内容包括负责员工劳动合同的签订以及转账事务。2021年4月12日，罗某入职某保安公司，岗位是人事内勤。罗某的工作内容是日常的内勤活动，偶尔会有转账事务。2021年11月30日10时，胡某、罗某被骗加入名为"L保安服务"的QQ群，后胡某电话通知罗某根据该群中相关人员的指示使用某保安公司对公账户向指定账户转账216000元，导致某保安公司被骗取216000元。当日，胡某、罗某以及某保安公司的法定代表人郭某三人一同向厦门市公安局莲前派出所报警，办理意见：属于公安机关接警范围，拟予登记受理。厦门市公安局莲前派出所在郭某的《询问笔录》中载明，郭某讲道："罗某是我公司的内勤，平常有时候也会帮忙操作转账，不过都要我签名确认同意才行。公司账户有开通网银，而且U盾也都在公司，所以她可以直接操作……"2021年12月26日，胡某因个人原因离职。2022年1月3日，罗某因个人原因离职。

另查，某保安公司向法院提交部分《用款审批单》以及《工资表审批单》："领导审核"或"总经理"签名处均有郭某的手写签名。胡某、罗某向法院提交胡某与郭某的《微信聊天记录》与《通话录音》：郭某曾通过微信和电话沟通的方式让胡某先对外支付款项后再补签审批单。

某保安公司以胡某、罗某作为被申请人，向厦门市劳动人事争议仲裁委员会申请仲裁，请求胡某、罗某共同赔偿经济损失216000元及利息损失13013.26元（自2021年11月30日起计算至2022年4月28日止）。2023年1月19日，厦门市劳动人事争议仲裁委员会作出裁决：驳回某保安公司的仲裁请求。某保安公司不服上述裁决，向法院提起诉讼。胡某、罗某未提起诉讼，二人对某保安公司上述主张均不同意。

【案件焦点】

1. 胡某、罗某因遭受电信诈骗给某保安公司造成的损失，是否存在重大过失；2. 胡某、罗某是否可以未有合同约定为由而不承担赔偿责任；3. 应如何划分胡某、罗某的赔偿责任比例以及赔偿数额。

【法院裁判要旨】

福建省厦门市思明区人民法院经审理认为：某保安公司与胡某、罗某之间存在劳动关系。关于争议焦点一，劳动者在履行劳动合同过程中，因故意或重大过失给用人单位造成损失的，应予适当承担赔偿责任。胡某、罗某虽非专职财务人员，但均要负责并处理转账事务，在进行转账事务时需尽到应有的审慎义务。二人在接到陌生电话时没有警惕意识就加入所谓的 QQ 工作群，在明知对外付款应经审批的情况下未向郭某核实，即轻信陌生指示对外转账，未尽到基本的审慎和注意义务。故，胡某、罗某对某保安公司的损失存在重大过失。关于争议焦点二，根据在案证据可知，该公司工作人员对外转账需上级领导审批，胡某、罗某知晓并曾实际执行审批制度。故，胡某、罗某未尽到审慎注意义务且违反用款审批制度导致公司损失，应共同对损失承担赔偿责任。关于争议焦点三，因某保安公司财务管理不够规范、审批流程管控不严、职员职责划分不清，对本案的损失也存在一定的过错，据此应酌情减轻胡某、罗某的赔偿责任。根据胡某、罗某的过失程度，并兼顾二人的实际收入水平和财务职业风险，一审法院酌定由胡某、罗某共同承担损失 10% 的赔偿责任。胡某作为人事主管，应承担赔偿金额的 70%，即 15120 元；罗某作为人事内勤，应承担赔偿金额的 30%，即 6480 元。

福建省厦门市思明区人民法院依照《中华人民共和国劳动争议调解仲裁法》第六条，《中华人民共和国民事诉讼法》第六十七条第一款规定，判决如下：

一、胡某应于本判决书生效之日起十日内向某保安公司支付赔偿款 15120 元；

二、罗某应于本判决书生效之日起十日内向某保安公司支付赔偿款6480元；

三、驳回某保安公司的其他诉讼请求。

某保安公司不服一审判决，提出上诉。福建省厦门市中级人民法院同意一审法院裁判意见，至于某保安公司上诉主张应由胡某、罗某承担主要赔偿责任依据不足，二审法院不予支持。综上所述，某保安公司的上诉请求不能成立，应予驳回。

福建省厦门市中级人民法院依照《中华人民共和国民事诉讼法》第一百七十七条第一款第一项规定，判决如下：

驳回上诉，维持原判。

【法官后语】

劳动者因本人原因给用人单位造成经济损失的情形，在现有法律条文中暂无明确规定，有的部门规章、地方性法规中有所提及，明确用人单位依据劳动合同约定或本单位规章制度要求劳动者承担赔偿责任。如何在审判中准确把握劳动者赔偿责任的认定标准，是本案中值得研究探讨的重点问题。

一、劳动者因本人原因给用人单位造成经济损失的情形认定

（一）纯粹劳动者本人原因导致

在未受到第三方干扰的情况下，用人单位的损失纯粹因劳动者重大过失导致，如劳动者在履职过程中出现营私舞弊、玩忽职守、严重违反规章制度等故意或重大过失的行为，此种情形在证据充分的情况下用人单位可要求劳动者承担赔偿责任，法院应当支持。

（二）外在因素介入导致

外在因素的介入加上劳动者本人的过错，共同导致用人单位损失的发生，且介入的外在因素非用人单位正常经营风险。面对此种情形，用人单位需举证劳动者未尽到劳动义务，严重违反劳动合同、规章制度、工作流程等，且损失不属于正常的经营风险。如营业员在岗期间店内商品被盗，若在安保措施不到位、在岗人手安排不足等情况下，不宜要求劳动者承担赔偿责任。反观本案，

某保安公司已举证胡某、罗某违反对外转账审批制度，结合日常工作职责，可认定劳动者因未尽审慎义务而受电信诈骗致用人单位损失，属于用人单位可要求劳动者赔偿经济损失的情形。

二、劳动者造成用人单位损失是否属于重大过失的考量因素

（一）劳动者构成重大过失的要素

重大过失是指在正常情况下，责任人在法律行为能力范围内能够预见而没有预见或是已经预见但轻信事故不会发生而未采取措施所造成的事故及损失。因此符合以下条件方能确认劳动者构成重大过失：一是劳动者有相应工作能力和职责；二是劳动者在正常情况下能预见到可能会给用人单位造成损失；三是劳动者具有因疏忽大意未预见到损失发生或是已预见到损失发生但轻信不会发生的主观心态；四是劳动者造成的损失不属于劳动过程中正常的劳动风险。

（二）“劳动义务+劳动风险”双重分析

劳动义务需要结合岗位职责、工作内容、工作能力综合评析，劳动风险需结合生产资料、劳动条件、单位利益综合评析。本案中，胡某、罗某作为成年人具备一定的生活经验和反诈常识，面对陌生电话号码及QQ工作群，有预见可能是电信诈骗的能力，二人却疏忽大意未向单位核实，且违反审批制度进行216000元的大额对外转账。可见，电信诈骗不属于胡某、罗某劳动过程中正常的劳动风险，也不属于某保安公司合理的经营损失，故二人存在重大过失。综上是否属于重大过失，应当结合劳动风险、劳动义务加以判断。

三、劳动合同未明确约定劳动者赔偿损失的审理思路

（一）法院不宜直接驳回用人单位诉求

劳动合同未约定或未设相应规章制度并不能直接作为案件驳回的先决条件，在此情形下并不意味着用人单位丧失要求劳动者承担赔偿责任的权利，约定是对日后可能发生赔偿事先达成共识。从社会效果来看，如果用人单位无权对劳动者因本人原因致单位损失的行为进行追偿，无疑等同于由用人单位承担劳动者个人的过失责任，显失公允。故，法院不应该以劳动合同未约定为由直接驳回用人单位的诉求。

（二）兼顾劳动者与用人单位的利益平衡

审理此类案件不仅要考虑用人单位与劳动者各自承担风险的能力，还需兼顾二者之间利益的平衡。在已确认劳动者存在重大过失的前提下，应当查明用人单位是否也存在过错，若查明用人单位对损失的发生也存在过错，应酌情减轻劳动者的赔偿责任。同时，赔偿范围应当与劳动者的过错大小、工资收入水平相适应，不能一概将其损失全部转嫁给劳动者，故应兼顾劳动者的实际收入水平和职业风险酌定其应承担的赔偿责任。

编写人：福建省厦门市思明区人民法院　王舒彦

27

电子合同中“一签多用”情形下格式条款提示说明义务的认定

——某顾问公司诉张某劳动争议案

【案件基本信息】

1. 裁判书字号

北京市第三中级人民法院（2023）京03民终12380号民事判决书

2. 案由：劳动争议

3. 当事人

原告（被上诉人）：某顾问公司

被告（上诉人）：张某

【基本案情】

张某与某顾问公司签订劳动合同，约定劳动期限自2021年1月1日至2023年6月30日。某顾问公司称张某已于2021年8月31日因个人原因辞职并于次日入职甲服务公司。某顾问公司提供的“张某线上入职模板材料”显示，张某通过电子签名签署辞职申请表、面试记录表、劳动合同等十余份文件。

其中，辞职申请表载明张某因个人原因提出辞职，最后工作日是 2021 年 8 月 31 日；张某与甲服务公司签订的劳动合同包含如下条款：（1）公司可以根据业务情况随时调整张某的工作地点、工作岗位和工作内容；（2）连续或累计请假三天以上公司可以无责解除劳动合同；（3）劳动期限自 2021 年 9 月 1 日起至项目结束之日止。

上述十余份文件均有张某的电子签名，字样极为一致。除辞职申请表显示的时间为 2021 年 8 月 31 日外，其余文件显示的时间均为 2021 年 9 月 1 日，且时间为机打字样。

张某提交的银行交易明细显示，在 2021 年 2 月至 2022 年 6 月乙服务公司、某顾问公司、甲服务公司分别向张某发放不同月份的工资。张某提交《委托协议》载明，某顾问公司委托甲服务公司于 2021 年 7 月 1 日至 2022 年 12 月 31 日为某顾问公司员工发放工资。

乙服务公司为张某缴纳了 2021 年 1 月至 4 月的社会保险，某顾问公司为张某缴纳了 2021 年 5 月至 2022 年 7 月的社会保险。

张某提交的微信聊天记录及微信朋友圈截图显示，张某的工作在 2021 年 9 月前后并未发生变化。

另查，甲服务公司系某顾问公司投资设立的一人有限责任公司。

张某请求确认：在 2021 年 1 月 4 日至 2022 年 7 月 13 日与某顾问公司存在劳动关系。

【案件焦点】

张某通过一次签名同时签署多份电子合同，某顾问公司是否履行了异常格式条款的提示说明义务。

【法院裁判要旨】

北京市顺义区人民法院经审理认为：张某与甲服务公司签订了生效日期为

2021年9月1日的劳动合同，张某虽不认可签字，但亦未提交充分证据予以反驳。一审法院认定张某自2021年1月4日至2021年8月31日与某顾问公司存在劳动关系，张某自2021年9月1日至2022年7月13日与某顾问公司不存在劳动关系。

北京市顺义区人民法院依照《中华人民共和国劳动争议调解仲裁法》第六条之规定，判决如下：

一、张某自2021年1月4日至2021年8月31日与某顾问公司存在劳动关系；

二、张某自2021年9月1日至2022年7月13日与某顾问公司不存在劳动关系；

三、驳回某顾问公司的其他诉讼请求。

张某不服一审判决，提出上诉。北京市第三中级人民法院经审理认为：根据在案证据，可以认定张某于2021年9月1日至2022年7月13日与某顾问公司仍存在劳动关系。

首先，从签署过程而言，张某是通过一次签名同时签署多份电子合同。产品服务证明的内容显示，张某进行电子签名的时间为2021年10月22日15：40：08，未显示张某存在多次签名的情况，而某顾问公司提供的具有张某电子签名的文件合计十余份，上述文件中张某电子签名字样极为一致，有理由认为上述文件中数十处电子签名字样均系张某于2021年10月22日通过一次签名的方式形成。

其次，某顾问公司未举证证明就异常格式条款向张某履行提示说明义务。本案中，某顾问公司提供的“张某线上入职模板材料”系某顾问公司自行制作的格式电子文本，其中辞职申请表、张某与甲服务公司的劳动合同等文件，包含张某建立劳动关系主体的变更、张某能否获得解除劳动关系经济补偿金、张某在原用人单位的工作年限能否合并计算为新用人单位的工作年限、劳动岗位的调整权限、劳动关系的解除条件等，属于免除或者减轻其责任、排除或者限制对方权利等与对方有重大利害关系的异常格式条款。“张某线上入职模板材料”有十余份文件、页数长达数十页，张某仅签名一次，无证据显示张某在签名时清楚地知晓其签署文件的内容及其签名所对应的文件，亦无证据显示张某在签署相关文件时某顾问公司对于上述异常格式条款进行了提示说明，故二审法院无法依据上述文件中有张某电子签名字样即认定上述文件均系张某的真实意思表示。

最后，张某的工作情况未发生实质变化，劳动关系仍从属于某顾问公司。在 2021 年 9 月 1 日之后，张某的工作地点和工作内容并未发生变化，某顾问公司仍继续支付张某工资并为其缴纳社会保险。某顾问公司称张某因个人原因主动从某顾问公司辞职，次日又立刻入职某顾问公司的全资子公司甲服务公司，与常理不符。

北京市第三中级人民法院依照《中华人民共和国民法典》第四百九十六条，《中华人民共和国民事诉讼法》第一百七十七条第一款第二项，《最高人民法院关于适用〈中华人民共和国民法典〉合同编通则若干问题的解释》第十条规定，判决如下：

一、撤销北京市顺义区人民法院（2023）京 0113 民初 3174 号民事判决；

二、张某自 2021 年 1 月 4 日至 2022 年 7 月 13 日与某顾问公司存在劳动关系；

三、驳回某顾问公司的诉讼请求。

【法官后语】

随着我国移动终端的普及和数字经济的迅速发展，电子合同在市场交易中的应用日益广泛。由于人们对纸质与电子通信的认知存在明显差异，因此相应的格式条款提示说明义务应有所区分。本案依据《最高人民法院关于适用〈中华人民共和国民法典〉合同编通则若干问题的解释》（以下简称《合同编通则解释》）关于电子合同格式条款的规定，对当事人以“一签多用”方式同时签署多份电子合同时的提示说明义务作出相关认定。

一、电子合同格式条款提示说明义务的特殊性

提示义务在纸质合同中通常体现于对于格式合同条款加黑、加粗、另起一

段、下划线、斜体等特殊处理，纸质合同的厚度、醒目文体、特殊材质等本身释放信号功能，会给当事人具象直观的认知，提醒当事人基于交易的重要性进行注意。而电子合同因无纸化操作的便利性和低成本性，对合同篇幅限制较少，可以容纳较多合同条款，导致在移动端浏览时存在阅读负担，使得传统纸质合同对于格式合同的提示手段易流于形式。本案中，张某签署多份电子合同时，只需要一次点击就可以作出效力表达，对于其中列明的各种不公平条款缺乏敏感性，这为某顾问公司侵害张某的利益提供了便利和空间。

说明义务以对方提出要求为条件，即说明义务具有被动性，但电子合同常见为异地签署，或者交易方通过软件或平台直接签署，说明义务的履行存在不便。因此对电子合同异常格式条款的提示说明义务，应当考虑网络方式与纸质方式的不同，关注用户的实质感知。

二、电子合同语境下履行提示说明义务的认定标准

（一）异常条款的含义

《合同编通则解释》第十条提出异常条款的概念。从范围而言，异常条款不仅包括《中华人民共和国民法典》（以下简称《民法典》）第四百九十六条的免除或者减轻责任条款，也包括《民法典》第四百九十七条排除或者限制对方权利条款。从程度而言，异常条款限定于对相对方存在较大不利影响，但该不利影响不能达到“不合理”的程度，否则就会被归入绝对无效的条款类型。本案中，“张某线上入职模板材料”包含十余份文件，其中劳动关系主体的变更、能否获得解除劳动关系经济补偿金、在原用人单位的工作年限能否合并计算为新用人单位的工作年限等事项属于权益保障和救济条款，直接关系劳动者的基本权益实现，当然属于上述司法解释规定的异常条款范畴。

（二）勾选、弹窗的法律效力

勾选，是指合同相对方在签署页面对于合同文本或者合同条款进行选择，并确认签字效力及于上述内容。勾选对鼓励合同相对人阅览全文有积极意义，在一定程度上体现风险自担的原则。但实践中勾选方式存在滥用情形。本案中张某一次签署十余份电子合同，但勾选时仅展示合同或者条款标题，张某需要

点进标题才能阅读内容，甚至有的异常条款层层嵌套于文件之中，增加阅读负担。除此以外，部分电子签署软件存在默认勾选、一键勾选的情形，签署人如不同意相关条款需要手动取消，对相对方的提示程度更加不足。

弹窗，是指通过弹出单独窗口推送信息，合同相对方需要阅读或者进行其他操作后才能推进下一步。相较勾选，弹窗能够中断合同相对方的现有操作，强制其关注异常格式条款。但是强制显示不等同于有效提示，长篇累牍的文字使得用户匆匆浏览甚至不浏览直接点击下一步，抑或同一页面的各类弹窗层出不穷，影响用户的有效阅读。

从考察真实合意和内容公平性角度，仅仅通过勾选和弹窗的方式，并不能有效平衡缔约双方的地位。以本案“一签多用”为例，张某通过一次签名签署多份合同，实际上是以概括同意的方式签订合同，这种概括同意并非对所有合同的实际同意，而是仅仅满足了可见性的表面同意，甚至会导致某些格式条款、合同文本在用户不知情的情况下产生法律效力。因此，在“一签多用”背景下，提供格式条款的一方有义务保障相对方知悉签署的每一份电子合同的内容，尤其是涉及有重大利害关系的异常格式条款。

（三）电子合同有效履行提示说明义务的标准

相较于纸质文本的单一性，电子合同应借助互联网技术化优势，提供多样化的提示说明方式，使得相对方有效知悉并表达真实意思。第一，从语义规范而言，使用清晰、简洁的语言，确保相对方知悉涉及有重大利害关系的条款含义；第二，从内容呈现而言，通过强制跳转、强制阅读、延时同意等技术手段让相对方确实可能注意到异常条款的存在，并对关键内容设置不同的字体、字号、颜色等进行提示，防止其匆匆浏览甚至不浏览直接进行点击，在特殊场景下可以基于不同的用户画像而对不同合同相对方群体设置多样化的提示方式，如语音播报、视频展示等；第三，从意思表达而言，应就多项重大利害关系条款内容要求相对方分别表达接受，如通过多次点击等方式予以确认，并为接受和拒绝提供同等便利的途径，减少相对方自由意志表达的障碍。

编写人：北京市第三中级人民法院　龚勇超　林鑫　郭妍子

28

劳动合同履行过程中劳动者达到法定退休年龄后的用工关系认定

——文乙诉某演艺经纪公司劳动争议案

【案件基本信息】

1. 裁判书字号

北京市第一中级人民法院（2023）京 01 民终 1353 号民事判决书

2. 案由：劳动争议

3. 当事人

原告（被上诉人）：文乙

被告（上诉人）：某演艺经纪公司

【基本案情】

文甲于 1961 年 1 月 13 日出生，原工作单位为某百货纺织品总公司，单位改制前其已从该单位辞职，其个人自行负担缴纳养老保险。2019 年 8 月 26 日经人介绍到某演艺经纪公司指派的仓库从事管理工作。2021 年 1 月 31 日 6 时 35 分，文甲在下班途中返回住所行走时与他人驾驶的车辆发生交通事故被撞死亡，对方负事故全部责任。事故发生后文甲之独女文乙申请至海淀仲裁委，要求确认文甲与某演艺经纪公司 2019 年 8 月 26 日至 2021 年 1 月 31 日存在劳动关系，海淀仲裁委裁决：驳回文乙的全部仲裁请求，文乙不服裁决内容向一审法院提起诉讼。

文甲自 2019 年 8 月 26 日起与某演艺经纪公司先后签订有两份为期均为一年名为劳务协议的合同，期限至 2021 年 8 月 25 日止。两份劳务协议内容除提供服务内容、劳务报酬标准不同外，其余条款均相同。前一份劳务协议约定向甲方提供场工服务，劳务报酬标准为 6000 元/月，后一份劳务协议约定向甲方提供库房管理服务，劳务报酬标准为 7000 元/月。劳务协议主要内容还包括每月支付劳务报酬的时间、甲方依法代扣代缴乙方个人所得税、终止或解除本协议双方互不支付违约金、补偿金及赔偿金等内容。

文甲与某演艺经纪公司工作人员谢某微信聊天记录显示，其从事的库房管理工作包括配合公司演出用设备、道具的出库与入库、库存盘点、防火及消毒管理，出入库时间并不固定，多数情况下发生于夜间。其间，文甲曾几次因办私事向谢某请假。2020 年 4 月，谢某通知文甲公司因不可抗力原因整体调整 3 个月工资。另文甲每月从公司报销住房费用 1000 元。文甲于 2019 年 9 月至 2020 年 1 月按月固定收到某演艺经纪公司转账支付报酬，名目为劳务费。

某演艺经纪公司主张文甲已办理退休但未能就此事实充分举证，另主张文甲已于 2021 年 1 月 31 日年满 60 周岁，达到法定退休年龄，其至迟在当天已不具备建立劳动关系的主体资格，其与某演艺经纪公司之间的用工关系应按劳务关系处理。

【案件焦点】

1. 名实不符的用工合同性质认定；2. 劳动合同履行过程中达到法定退休年龄的用工关系认定。

【法院裁判要旨】

北京市海淀区人民法院经审理认为：对于劳动者与用人单位之间是否构成劳动关系的判断，除需审查劳动者与用人单位均具有符合法律、法规规定的主体资格外，还应审查劳动者接受用人单位的管理、遵守用人单位的规章制度、用人单位向劳动者支付劳动报酬的事实，以及劳动者提供的劳动是否为用人单位业务的组成部分事实。本案中，文甲死亡当天刚届 60 周岁，尚未办理退休手续，某演艺经纪公司及文甲均具有建立劳动关系的主体资格。文甲实际工作内容并非单一看守库房，还涉及设备、道具的盘点、码放及库房防火、消毒等事务，系覆盖库房管理事务的全面。某演艺经纪公司系以经营演出及经纪业务为主的企业，文甲负责的演出设备、道具的出入库及保管，保证该公司正常经营演出，应属某演艺经纪公司的业务范畴。文甲工作时间不固定、不均衡亦是受到该公司人员安排并与某演艺经纪公司的各项演出档期有关。该公司约定并实际履行中按月向文甲发放报酬，此外，文甲请假亦需经该公司人员批准同意、调薪服从公司的统一要求及可按月享受公司固定的租房费用报销等事实能够反映出双方是管理与被管理关系。故，某演艺经纪公司与文甲虽然签订了名为《劳务协议》的合同，但根据双方实际履行的事实情况，能够认定双方具备劳动关系的主要特征。

北京市海淀区人民法院依照《中华人民共和国劳动合同法》第七条规定，判决如下：

确认文甲生前2019年8月26日至2021年1月31日与某演艺经纪公司存在劳动关系。

某演艺经纪公司不服一审判决，提出上诉。北京市第一中级人民法院经审理认为：文甲身亡之日恰逢其60周岁生日当天，亦未办理退休手续，故文甲符合建立劳动关系的主体资格。一审法院已结合在案证据及实际情况对双方具备劳动关系的主要特征进行了详细分析，法院予以确认。某演艺经纪公司虽主张双方为劳务关系，但经过前述分析，其主张的法律关系与事实不符。应认定某演艺经纪公司与文甲生前2019年8月26日至2021年1月31日存在劳动关系。

北京市第一中级人民法院依照《中华人民共和国民事诉讼法》第一百七十七条第一款第一项规定，判决如下：

驳回上诉，维持原判。

【法官后语】

本案涉及两个争议焦点：第一个是名实不符的用工合同性质认定；第二个是劳动合同履行过程中达到法定退休年龄的用工关系认定。司法实践中对于第一个问题，已经形成基本共识，应从劳动合同内容及实际履行情况加以判断。

本文主要讨论第二个问题，达到法定退休年龄是否必然导致劳动合同终止存在争议，值得讨论。

一、达到法定退休年龄与享受基本养老保险待遇的法理冲突

对于退休年龄与劳动合同关系的规定，2007年公布的《中华人民共和国劳动合同法》第四十四条第二项规定，劳动者开始依法享受基本养老保险待遇的，劳动合同终止。2008年公布的《中华人民共和国劳动合同法实施条例》第二十一条规定，劳动者达到法定退休年龄的，劳动合同终止。《中华人民共和国劳动合同法实施条例》将《中华人民共和国劳动合同法》规定的劳动合同终止情形，解释为达到法定退休年龄，实则是一种扩大解释。

二、用人单位与超龄劳动者用工关系认定的司法分歧

用人单位与达到法定退休年龄但未能享受养老保险待遇人员的用工关系认定，以及在履行劳动合同过程中，劳动者达到法定退休年龄但未办理养老保险待遇的用工关系认定，实践中存在争议。

第一种观点认为，用人单位应当继续履行劳动合同，为劳动者缴纳社会保险，当符合可以享受基本养老保险条件时，用人单位可以终止劳动合同。第二种观点认为，劳动者已经达到法定退休年龄而不能依法享有基本养老保险待遇的情况非常复杂，一律禁止用人单位终止劳动合同，对其不公。第三种观点认为，达到法定退休年龄但尚未享受基本养老保险待遇的劳动者为用人单位提供劳动，劳动者请求参照适用劳动法律法规处理劳动报酬、工作时间、休息休假、劳动保护、职业危害防护以及工伤保险待遇等争议的，人民法院应予支持。第三种观点中和了前两种观点的意见，避免了对用工关系的直接认定，该种分离处理为实践中用工关系认定的复杂情形留下了灵活空间，避免了“一刀切”的弊端。

三、通过实质性审查超龄劳动者未享受基本养老保险待遇的原因，对此类劳动者与用人单位的用工关系作出区分认定

对于劳动者入职时尚未达到法定退休年龄，在劳动合同履行过程中达到了法定退休年龄，劳动关系是否即时成为劳务关系。笔者认为，需要根据劳动者

是否能够享受养老保险待遇，分情况处理，平衡劳动双方的利益。

第一种情况，由于劳动者本人原因不办理退休手续，或先前用人单位原因致使养老保险未缴满15年，进而该劳动者无法办理退休手续，未享受基本养老保险待遇①。因该类劳动者无法办理退休的原因不在现用人单位，不应加重现用人单位责任，故现用人单位有权依据《中华人民共和国劳动合同法实施条例》第二十一条终止劳动合同。若双方持续保持着用工关系，对于劳动者达到法定年龄退休后发生的用工事实应认定劳务关系为宜，但还应参照劳动法律法规保护超龄劳动者的基本劳动权益。这样可以兼顾保护相关劳动者的合理权益和降低用人单位的用工成本。

第二种情况，劳动者在履行劳动合同过程中达到法定退休年龄，也符合享有基本养老保险待遇的条件，但非因劳动者本人原因尚未办理退休手续。例如，本案中的情况，男性劳动者文甲在60周岁生日当天，下班途中遭遇车祸身亡，其社会保险缴纳的情况亦符合办理退休的规定，未能办理退休手续的原因并非其主观原因，因此就不宜认定双方在达到法定退休年龄当日即为劳务关系。此外，由于现用人单位原因无法办理退休手续，也不应直接认定双方在达到法定退休年龄之日即劳动合同终止，应考虑实际情况及过错原因，综合认定双方在劳动者达到法定退休年龄后是否构成劳动关系。

编写人：北京市第一中级人民法院　李昊婷

---

① 参见新疆维吾尔自治区高级人民法院（2022）新民再229号民事判决书。

29

人事争议中对双方签订《服务协议》性质及违约金数额的认定

——某医院诉罗某人事争议案

【案件基本信息】

1. 裁判书字号

新疆维吾尔自治区吐鲁番市中级人民法院（2023）新21民终558号民事判决书

2. 案由：人事争议

3. 当事人

原告（上诉人）：某医院

被告（被上诉人）：罗某

【基本案情】

某医院为事业单位，罗某系地方性事业编制。某医院与罗某于2017年9月1日签订了《劳动合同》、2019年6月22日签订了《某医院外出进修培训与服务协议》，协议第三条约定，“外出进修学习6个月以上者（含6个月），四年内不得调离本院。服务期未满三年的，按进修期间医院支付的所有费用（进修费、住宿费、工资、补助等）的二倍支付违约金”。2022年5月17日，罗某以个人执业规划等事由向某医院递交了辞职信，同年7月31日离岗。某医院根据双方签订的《某医院外出进修培训与服务协议》协议第三条约定，因罗某外出进修学习一年，服务期未满三年，故应按进修期间医院支付的所有费用的二倍支付违约金。罗某在2019年7月至2020年6月进修期间，在医院领取工资

44553.05 元、绩效 2360 元、效能奖 12699 元、奖励性绩效 6945 元、三项奖 3810 元、进修费 7180 元，合计：77547.05 元，某医院要求罗某双倍支付违约金应为 155094.1 元（77547.05 元×2）后，方可办理解除劳动合同相关手续。罗某于 2022 年 12 月 15 日向吐鲁番市劳动人事争议仲裁委员会申请劳动仲裁，吐鲁番市劳动人事争议仲裁委员会于 2023 年 1 月 10 日作出仲裁裁决书，某医院不服，提起诉讼。罗某 2022 年 7 月的工资已发放，2022 年 1 月至 6 月的绩效工资只发放了一个月，尚欠 3490 元绩效工资。某医院支付的培训费 7180 元，进修结业后，罗某服务期已满 2 年。

【案件焦点】

1. 医院是否应当向罗某发放绩效 3490 元；2. 罗某是否应向医院支付违约金以及违约金数额如何认定。

【法院裁判要旨】

新疆维吾尔自治区吐鲁番市高昌区人民法院经审理认为：双方于 2017 年 9 月 1 日签订《劳动合同》，劳动合同的签订就是劳动关系的确立。罗某参加脱产培训行为，应当视为履行对医院的劳动义务。医院支付给罗某 70367.05 元的工资是其应当获得的劳动报酬，不属于专属培训费，不应作为违约金的计算依据。根据双方签订的培训协议约定服务期为四年，罗某已实际服务两年，尚未履行的服务期两年，罗某应当向医院支付的违约金为 7180 元。关于罗某抗辩主张其 2022 年 1 月至 6 月的绩效工资只发放了一个月，尚欠 3490 元绩效工资，并提供了相应的证据在案佐证，法院予以采信。关于罗某抗辩要求医院应补发 2022 年 7 月工资的请求证据不足，不予支持。

新疆维吾尔自治区吐鲁番市高昌区人民法院判决如下：

一、罗某于本判决生效后三日内向某医院支付违约金 7180 元；

二、某医院于本判决生效后三日内向罗某支付绩效工资 3490 元；

三、某医院于本判决生效后十五日内给罗某办理解除劳动合同手续；

四、驳回某医院的其他诉讼请求。

某医院不服一审判决，提出上诉。新疆维吾尔自治区吐鲁番市中级人民法院经审理认为：《中华人民共和国劳动法》第五十条规定："工资应当以货币形式按月支付给劳动者本人。不得克扣或者无故拖欠劳动者的工资。"经审理已经查明某医院尚欠罗某3490元绩效工资，一审法院认定予以发放，应当予以维持。

罗某与某医院签订的《某医院外出进修培训与服务协议》，系当事人之间人事关系的组成部分，亦属于聘用合同的组成部分，协议中明确约定违约情形和违约金的计算方式，对用人单位和劳动者都具有约束力。在此次培训中单位不是唯一的受益方，劳动者亦是受益方。一审庭审中罗某自认是因为单位不同意她提出的参加规范化培训的申请，所以才辞职，不能作为劳动者辞职的正当理由，亦不是构成劳动者违约的合理借口，故罗某应当向用人单位支付违约金。考虑到人事争议中，劳动者对于用人单位来说处于弱势地位，双方签订的《某医院外出进修培训与服务协议》中约定的违约金明显过高，为有效化解矛盾纠纷，本着公平公正的原则，法院对违约金数额予以调整，按照双方约定数额的20%计算违约金。

新疆维吾尔自治区吐鲁番市中级人民法院判决如下：

一、维持新疆维吾尔自治区吐鲁番市高昌区人民法院（2023）新2101民初1024号民事判决第二项"某医院于本判决生效后三日内向罗某支付绩效工资3490元"；

二、维持新疆维吾尔自治区吐鲁番市高昌区人民法院（2023）新2101民初1024号民事判决第三项"某医院于本判决生效后十五日内给被告罗某办理解除劳动合同手续"；

三、维持新疆维吾尔自治区吐鲁番市高昌区人民法院（2023）新2101民初1024号民事判决第四项"驳回某医院的其他诉讼请求"；

四、变更新疆维吾尔自治区吐鲁番市高昌区人民法院（2023）新2101民初1024号民事判决第一项"罗某于本判决生效后三日内向某医院支付违约金7180元"为"罗某于本判决生效后三日内向某医院支付违约金24415.22元"。

【法官后语】

一、人民法院在审理事业单位人事争议案件中对《中华人民共和国劳动法》《中华人民共和国劳动合同法》的适用

实践中应当注意区分事业单位的人事争议与一般的劳动争议，人民法院在审理事业单位人事争议案件时，审理程序应适用《中华人民共和国劳动法》的相关规定，但是实体问题的处理应当优先适用人事方面的相关规定。首先，《最高人民法院关于事业单位人事争议案件适用法律等问题的答复》第三条规定，人民法院审理事业单位人事争议案件的案由为“人事争议”。故，本案的案由应当确定为“人事争议”。其次，《最高人民法院关于事业单位人事争议案件适用法律等问题的答复》第一条规定，人民法院在审理事业单位人事争议案件的程序应适用《中华人民共和国劳动法》的相关规定，实体处理应当适用人事方面的法律规定。又根据《中华人民共和国劳动合同法》第九十六条规定，事业单位与实行聘用制的工作人员订立、履行、变更、解除或者终止劳动合同，法律、行政法规或者国务院另有规定的，依照其规定；未作规定的，依照本法有关规定执行。所以对事业单位人事争议案件的实体处理应当适用人事方面的法律规定。

二、人事争议中违约金数额的认定

事业单位的用人单位和劳动者之间可以签订《进修服务协议》，可以在协议中约定违约条款，且违约金的约定数额不受《中华人民共和国劳动合同法》第二十二条的限制。《事业单位人事管理条例》第十七条规定：“事业单位工作人员提前30日书面通知事业单位，可以解除聘用合同。但是，双方对解除聘用合同另有约定的除外。”《国务院办公厅转发人事部关于在事业单位试行人员聘用制度意见的通知》第四部分“规范聘用合同的内容”规定了违反聘用合同的责任，据此，经双方当事人协商一致，可以在聘用合同中约定试用期、培训和继续教育、知识产权保护、解聘提前通知时限等条款。根据《国务院办公厅转发人事部关于在事业单位试行人员聘用制度意见的通知》第六部分“规范解聘辞聘制度”的规定，受聘人员经聘用单位出资培训后解除聘用合同，对培训费用的补偿在聘用合同中有约定，按照合同的约定补偿。即应当认定进修培养服

务协议约定的违约金条款有效，对用人单位和劳动者均具有约束力。事业单位与职工应当按照国家有关法律、政策的要求，在平等自愿、协商一致的基础上，通过签订合同，明确单位和受聘人员与工作有关的权利和义务。

需要说明的是，鉴于无论在何种劳动关系中，一般来说，劳动者对于用人单位来说都是处于弱势，故事业单位与劳动者之间约定违约金的数额应当明确，且惩罚性不宜过高，人民法院释明后对约定不合理的应当适当予以调整。

编写人：新疆维吾尔自治区吐鲁番市中级人民法院　高乐

30

未续签劳动合同继续履行的法律后果

——海某诉某策划公司劳动争议案

【案件基本信息】

1. 裁判书字号

河南省高级人民法院（2023）豫民申13779号民事裁定书

2. 案由：劳动争议

3. 当事人

原告（上诉人、再审申请人）：海某

被告（被上诉人、再审被申请人）：某策划公司

【基本案情】

海某于2020年11月1日经某策划公司招聘为销售内勤，双方于2020年11月1日签订了自2020年11月1日起至2021年10月31日止为期一年的书面劳动合同。劳动合同到期后，双方没有续签劳动合同，某策划公司也未与海某解除劳动合同关系，海某仍在该公司工作至2023年3月。某策划公司于2023年3

月提出公司解散，海某打卡记录显示其正常打卡到2023年3月20日。2023年4月某策划公司口头解除与海某的劳动合同关系，某策划公司未向海某出具书面解除劳动合同关系通知书，也未向海某支付经济补偿金。海某参加了河南省城镇职工企业养老保险。

2023年5月12日，海某向淅川县劳动人事争议仲裁委员会申请劳动仲裁，要求确认与某策划公司之间的劳动关系并支付拖欠7个月的工资以及相应经济补偿。其间，案外人姜某向海某转账27908.57元，并备注“代支付营销2022年9月至2023年3月工资”。该委于2023年6月13日作出仲裁裁决。

【案件焦点】

某策划公司应否向海某支付2021年12月1日至2022年10月31日，11个月的二倍工资差额。

【法院裁判要旨】

河南省淅川县人民法院经审理认为：海某于2020年11月1日经某策划公司招聘为销售内勤，并于同日签订了为期一年的书面劳动合同。劳动合同到期后，某策划公司未解除与海某之间的劳动关系，海某继续在某策划公司营销部工作至2023年3月20日。故，海某与某策划公司自2020年11月1日至2023年3月31日之间存在劳动关系。因双方已于2020年11月1日签订了为期一年的书面劳动合同，并非属于自用工之日起超过一个月不满一年未与海某订立书面劳动合同的情形，且在该合同到期后，双方仍按原合同标准继续履行各自义务，视为用人单位与劳动者已订立无固定期限劳动合同，因此对于海某请求某策划公司支付未续签劳动合同的二倍工资差额的诉讼请求，予以驳回。因某策划公司决定提前解散，符合《中华人民共和国劳动合同法》第四十四条第五项规定的劳动合同终止情形，某策划公司应支付海某经济补偿金9968.78元。因海某未能提交证据证明某策划公司系因《中华人民共和国劳动合同法》第四十条规定的情形解除了与海某之间的劳动合同，故海某主张额外一个月工资的诉讼请求缺乏事实依据，对此不予支持。海某要求某策划公司支付失业保险损失的诉讼请求，不属于人民法院的受案范围，不予支持。

河南省淅川县人民法院判决如下：

一、确认海某与某策划公司之间于2020年11月1日至2023年3月31日之间存在劳动关系；

二、某策划公司于本判决生效后十日内支付海某经济补偿金9968.78元；

三、确认某策划公司已支付海某拖欠的7个月工资共计27908.57元；

四、驳回海某的其他诉讼请求。

海某不服一审判决，提起上诉。河南省南阳市中级人民法院经审理认为：某策划公司在海某到本单位工作之初即与其签订了书面劳动合同，仅是在合同到期后未再续签书面劳动合同，但海某仍在某策划公司继续工作，对此可视为双方之间继续按照原合同约定条件履行劳动合同，双方的权利和义务可以按照原劳动合同进行确定。某策划公司虽然没有给海某缴纳失业保险，但海某也未向法庭提交其是否存在失业，是否申请就业等相关证据，其主张由某策划公司支付失业保险损失，证据不足，理由不能成立。某策划公司因在淅川县的房产项目未能继续进行，导致公司不再继续经营，准备解散，为此公司将用工人员予以辞退。但公司没有提前三十日通知用工人员，也未支付一个月额外的工资，违反了劳动合同法的规定。

河南省南阳市中级人民法院判决如下：

一、维持河南省淅川县人民法院（2023）豫1326民初2406号民事判决第一、二、三项，撤销第四项；

二、限被上诉人某策划公司在本判决生效后十日内支付给上诉人海某额外一个月工资3987.51元；

三、驳回海某的其他诉讼请求。

海某不服二审判决，申请再审。河南省高级人民法院经审理认为：本案劳动合同到期后，海某的工作岗位、劳动报酬并未发生变化，双方之间的劳动关系正常存续，视为双方同意以原条件继续履行劳动合同。原劳动合同并未终止，海某的权利仍旧受原劳动合同的保护，原审法院认定某策划公司不应向海某支付因原合同到期后，未续签劳动合同的二倍工资差额并无不当。海某主张因某策划公司过错导致其无法领取失业保险金，但并未提供证据证明其已办理失业登记，并有求职要求、符合领取失业保险金的条件，原审法院以海某证据不足为由未支持其失业保险损失并无不当。

河南省高级人民法院依照《中华人民共和国民事诉讼法》第二百一十一条第一款，《最高人民法院关于适用〈中华人民共和国民事诉讼法〉的解释》第三百九十三条第二款规定，裁定如下：

驳回海某的再审申请。

【法官后语】

《中华人民共和国劳动合同法》第十条第一款规定："建立劳动关系，应当订立书面劳动合同。"劳动合同是保护劳动者权益，稳定社会关系，保障民生的基石。劳动合同到期后，用人单位未再与劳动者续签劳动合同，劳动者在原岗位继续工作，用人单位也按照原来的标准提供工作条件，发放劳动报酬，那么双方的权利义务如何确定？实践中存在不同观点。

第一种观点认为，《中华人民共和国劳动合同法》第八十二条第一款规定："用人单位自用工之日起超过一个月不满一年未与劳动者订立书面劳动合同的，应当向劳动者每月支付二倍的工资。"因此，劳动合同期满后，劳动者继续在用人单位工作，用人单位未续签书面劳动合同的应当支付十一个月的双倍工资。

第二种观点认为，《中华人民共和国劳动合同法实施条例》第七条规定："用人单位自用工之日起满一年未与劳动者订立书面劳动合同的，自用工之日起满一个月的次日至满一年的前一日应当依照劳动合同法第八十二条的规定向劳动者每月支付两倍的工资，并视为自用工之日起满一年的当日已经与劳动者订立无固定期限劳动合同，应当立即与劳动者补订书面劳动合同。"所以应当根据劳动合同到期后，劳动者在原单位继续工作的时长确定双方权利义务：如果劳动者继续工作时长满一个月未满一年的，应当向劳动者支付十一个月的双倍工资；如果劳动者继续工作时长已满一年，视为已经与劳动者订立无固定期限劳动合同，用人单位所应当承担的法律责任由支付二倍工资义务转为无固定期限劳动合同的义务。[①]

第三种观点认为，《最高人民法院关于审理劳动争议案件适用法律问题的解释（一）》第三十四条第一款规定，劳动合同期满后，劳动者仍在原用人单位工作，原用人单位未表示异议的，视为双方同意以原条件继续履行劳动合同。一方提出终止劳动关系的，人民法院应予支持。以原条件继续履行劳动合同意味着双方权利义务延续，故不应支持未续签书面劳动合同双倍工资赔偿的主张。[②]

笔者同意第三种观点，接下来从立法原意和法律体系两个方面进行说明。

从立法原意来看，法律规定用人单位未签订劳动合同，应向劳动者每月支付二倍工资，目的是敦促用人单位履行自己的法定义务，确立劳动者和用人单位之间的劳动关系，明确双方的权利义务。劳动合同需记载用人单位的名称、劳动者的姓名、劳动合同期限、工作内容、工作地点、工作时间、劳动报酬、社会保险等重要事项，如果劳动合同未签订，则上述事项均处于不明确的状态，不仅不利于劳动者合法权益的保护，在双方产生争议后，也不利于劳动仲裁机构及法院对劳动关系相关事实的查明。但是，如果劳动者和用人单位已经签订过劳动合同，在第一次合同到期后，双方虽然没有续签劳动合同，但劳动者仍在原用人单位工作，其工作内容、工作地点、工作时间、劳动报酬、社会保险等重要事项均未发生变化，视为双方同意以原条件继续履行劳动合同，双方的权利义务按照原劳动合同确定。所以法律对于劳动者权益的保护的力度并未削弱，若双方发生争议，劳动者依旧能够根据原劳动合同主张权利，而劳动仲裁机构及法院亦能够依据原劳动合同判断双方劳动关系相关事项。

从法律体系来看，《中华人民共和国劳动合同法》第八十二条第一款规定了用人单位自用工之日起超过一个月不满一年未与劳动者订立书面劳动合同的，应当向劳动者每月支付二倍的工资。该条明确了未订立书面劳动合同的支付双倍工资义务的前提条件是“自用工之日起”，应理解为在用人单位和劳动者的

---

① 韩琰、夏丽琴、周国良：《劳动合同到期后未续签书面劳动合同的处理》，载《中国劳动》2010年第9期。

② 参见河南省洛阳市中级人民法院（2023）豫03民终5755号民事判决书。

劳动关系确立之初，未与劳动者订立书面劳动合同的，用人单位应向劳动者每月支付二倍的工资。《最高人民法院关于审理劳动争议案件适用法律问题的解释（一）》第三十四条则明确了劳动合同到期后，双方权利义务的处置，与《中华人民共和国劳动合同法》第八十二条的规定能够形成完整的体系链条，补充了非初次确定劳动关系时，未订立劳动合同的法律规定。如果认为未续订劳动合同的法律后果与未初次订立劳动合同的法律后果一致，就没有单独对“劳动合同期满后，劳动者仍在原用人单位工作”情形的法律后果进行特别解释的必要。

综上，海某要求某策划公司支付因原合同到期后，未续签劳动合同的两倍工资差额的主张不应得到支持。

编写人：河南省高级人民法院　翟天田

31

用人单位单方调整劳动者工作地点的效力

——秦某诉某房地产公司劳动合同案

【案件基本信息】

1. 裁判书字号

重庆市第一中级人民法院（2023）渝01民终6601号民事判决书

2. 案由：劳动合同纠纷

3. 当事人

原告（被上诉人）：秦某

被告（上诉人）：某房地产公司

【基本案情】

2013年9月6日，秦某至某房地产公司就职，工作地点为重庆市渝北区。

2020年2月24日，秦某与某房地产公司签订无固定期限劳动合同，约定秦某同意某房地产公司有权根据工作需要对工作岗位及薪资进行调整。2020年2月24日，双方签订的《补充协议》第二条约定双方解除或终止劳动合同书，符合《中华人民共和国劳动合同法》第四十六条规定情形之一的，某房地产公司按《中华人民共和国劳动合同法》第四十七条规定给予秦某经济补偿；该《补充协议》第三条约定某房地产公司根据工作需要，有权对秦某工作岗位及职务进行调整，秦某应当服从调动或调整，如秦某有异议，可以在公司作出调动或调整后十日内向公司书面提出，双方可对调动或调整事宜进行协商，秦某在约定期限提出书面异议后双方未能协商达成一致的，双方均可解除《劳动合同书》，解除后按本协议第二条约定处理。

2022年1月26日，某房地产公司项目总经理通过钉钉系统通知秦某自即日起前往D项目部支持项目销售工作，2022年1月29日起在D项目部营销中心进行考勤。秦某对是否涉及调岗、支持项目销售的时间、差旅费、住宿等进行了询问，并认为其系工程内业岗位，不具有销售工作经验，某房地产公司的此种调岗行为不合理。2022年2月7日，秦某正常到X项目上下班，完成工程内业工作。2022年2月9日，秦某对无法正常考勤提出异议，某房地产公司进行了备案。2022年2月10日，某房地产公司向秦某出具《解除劳动合同通知函》，称秦某无故未到指定地点上班，且未办理任何请休假手续或告知相关领导，已违反了《考勤管理办法》及《内控处罚与赔偿制度》，决定自2022年2月10日起与秦某解除劳动合同。

秦某遂提出如下诉讼请求：1. 某房地产公司向秦某支付扣发的2021年12月工资2236.13元、2022年1月工资2236.13元；2. 某房地产公司向秦某支付违法解除劳动合同的赔偿金153850元。

【案件焦点】

某房地产公司是否有权单方调整秦某的工作地点。

【法院裁判要旨】

重庆市渝北区人民法院经审理认为：工作地点和工作岗位是劳动合同的必

备条款，涉及劳动者的切身利益，也是劳动者最为看重的劳动条件，用人单位在调整劳动者工作地点或工作岗位时，不能仅从生产经营必需的角度出发，还应当考虑调整是否对劳动者的工作、生活、劳动成本产生重大影响，避免以用工自主权为由任意行事。秦某被调岗前多年一直在渝北区工作、上下班，实际上工作地点已经固定，某房地产公司将秦某调岗到距离其两百公里之外的丰都县，不仅大大加重了秦某的工作、生活成本，而且上下班时间明显增加，变相延长了工作时间，不具有合理性。秦某及时提出异议，未到新工作地点上班不构成无故旷工。但根据《补充协议》第二条、第三条的约定，在双方未就调整工作岗位和工作地点达成一致的情况下，某房地产公司解除劳动合同符合双方的约定，视为双方协商一致解除，应当支付经济补偿。

重庆市渝北区人民法院判决如下：

一、某房地产公司于本判决生效之日起十日内向秦某支付 2021 年 12 月工资 2222.21 元、2022 年 1 月工资差额 372.39 元；

二、某房地产公司于本判决生效之日起十日内向秦某支付解除劳动合同经济补偿 76925 元；

三、驳回秦某的其他诉讼请求。

某房地产公司不服一审判决，提出上诉。重庆市第一中级人民法院同意一审法院的裁判意见，依照《中华人民共和国民事诉讼法》第一百七十七条第一款第一项规定，判决如下：

驳回上诉，维持原判。

【法官后语】

一、工作地点承载着劳动者的价值追求

用工自主权的保护源于劳动合同持续性特征的内在要求[①]，但用工自主权的行使受工作地点所承载的经济价值、环境价值、安定价值的影响。首先，工

① 朱军：《认定“严重违反劳动规章制度”的因素及规范构成——基于相关案例的实证分析》，载《法学》2018 年第 7 期。

作地点承载着经济价值。劳动者将自己的剩余劳动力让渡给用人单位，其根本目的是获得相应的报酬及其他福利待遇。用人单位能否为劳动者提供相应的福利待遇、津补贴和便利条件，是衡量用人单位调整劳动者工作地点合理性的重要因素。其次，工作环境衍生出的工作环境权要求维护劳动者的职业安全与健康①，并为劳动者提供自由、体面而富有人文关怀精神的工作环境②，包括交通便利度、餐饮娱乐配套情况等。最后，工作地点承载着劳动者的安定价值。工作稳定是生活稳定的前提，且稳定的工作为生活的安定提供了物质前提和保障，职业安定权要求“职业应获得稳定保障的权利”③。劳动者在某一地点开始工作后，就会以工作地点为中心衍生出各种社会关系，甚至组成新的家庭关系。新旧工作地点距离越大，对劳动者的社会和家庭关系影响就越大，对劳动者是否接受用人单位的安排前往新的工作地点上班也至关重要。

二、用人单位调整工作地点要有合法依据

用人单位单方对劳动者的工作地点进行调整时，必须有合法依据：首先，劳动合同或集体合同中关于工作地点的约定系双方的真实意思表示，用人单位调整劳动者的工作地点应当符合劳动合同或者集体合同的约定。其次，劳动规章制度是用人单位组织劳动和经营管理的规则与制度，用人单位根据劳动规章制度中的惩戒性或者非惩戒性规定对劳动者的工作地点进行调整，具有正当性。最后，用人单位可以根据《中华人民共和国劳动合同法》第四十条④规定的三种情形调整工作地点：一是劳动者患病或者非因工负伤，在规定的医疗期满后

① 黎建飞：《劳动法的理论与实践》，中国人民公安大学出版社2004年版，第432页。

② 义海忠、谢德成：《工作环境权的内容及价值》，载《宁夏社会科学》2012年第5期。

③ 金英杰：《试论职业稳定权——兼谈瑞典劳动法对我国劳动权内涵的启示》，载林嘉主编：《劳动法评论》（第一卷），中国人民大学出版社2005年版，第168~169页。

④ 《中华人民共和国劳动合同法》第四十条规定：“有下列情形之一的，用人单位提前三十日以书面形式通知劳动者本人或者额外支付劳动者一个月工资后，可以解除劳动合同：（一）劳动者患病或者非因工负伤，在规定的医疗期满后不能从事原工作，也不能从事由用人单位另行安排的工作的；（二）劳动者不能胜任工作，经过培训或者调整工作岗位，仍不能胜任工作的；（三）劳动合同订立时所依据的客观情况发生重大变化，致使劳动合同无法履行，经用人单位与劳动者协商，未能就变更劳动合同内容达成协议的。”

不能从事原工作；二是劳动者不能胜任工作；三是劳动合同订立时所依据的客观情况发生重大变化。

本案中，因劳动合同订立时所依据的房地产市场的客观情况发生了重大变化，某房地产公司依据其与秦某在《补充协议》中的约定对秦某的工作岗位进行调整，具有合法依据。

三、用人单位调整工作地点的效力审查

对用人单位调整劳动者工作地点进行效力审查应兼顾合法性与合理性两个维度。

（一）合法性审查

对用人单位调整工作地点的合法性进行审查，不仅要审查用人单位调整工作地点是否具有合同约定或者劳动规章制度及法律规定，而且要审查用人单位调整劳动者工作地点的程序是否正当。而程序正当要求用人单位将工作地点调整的情况提前通知劳动者，为劳动者预留合理的异议期，与劳动者就劳动条件、劳动保护等进行协商，并将协商内容以书面形式进行确定。

（二）合理性审查

对用人单位调整工作地点的合理性进行审查，主要包括以下三个方面：其一，审查用人单位是否善意。用人单位不得作出对劳动者具有侮辱性、歧视性的调整，不得通过调整工作地点迫使劳动者辞职或者接受用人单位变相降薪的不法要求。对此，天津市人力资源和社会保障局通过发布通知的方式明确了前述要求。① 其二，审查工作地点的调整是否基于生产经营的需要、是否系配合政府征收或改善环境污染。其三，审查用人单位有无提供相应的劳动保护，包

① 《天津市人社局关于印发〈天津市贯彻落实《劳动合同法》若干问题实施细则〉的通知》第十三条规定："用人单位与劳动者在劳动合同中可以约定根据生产经营情况单方调整劳动者工作岗位，岗位调整时应同时符合以下条件：（一）用人单位生产经营的客观需要；（二）调整后工作岗位的劳动报酬和劳动条件不存在明显不利变更，但依据劳动合同法第四十条第一项、第二项有关规定调整岗位的除外；（三）调整工作岗位不具有歧视性、侮辱性；（四）不违反法律法规的规定。用人单位与劳动者签订的劳动合同未约定调整工作岗位有关内容，用人单位规章制度也未作相关规定的，除依据劳动合同法第四十条第一项、第二项有关规定调整工作岗位情形外，用人单位与劳动者协商一致，可以调整工作岗位。"

括但不限于通勤车辆、宿舍、食堂、子女就近入学等基本生活保障；因工作地点调整增加劳动者生活成本的，还应当提供相应的津补贴。

本案中，某房地产公司单方将秦某的工作地点由重庆市渝北区调整到重庆市丰都县，却未提供相应的住宿、通勤补贴等劳动保护，缺乏合理性。故，秦某有权提出异议，其不到新的工作地点上班不构成旷工。虽然用人单位有权根据《补充协议》的约定解除劳动合同，但是也应当向劳动者支付解除劳动合同的经济补偿。

编写人：安徽省马鞍山市中级人民法院　李睿

32

用人单位单方调整劳动者岗位是否合法的认定

——李某诉某体育公司劳动争议案

【案件基本信息】

1. 裁判书字号

福建省泉州市中级人民法院（2023）闽05民终8397号民事判决书

2. 案由：劳动争议

3. 当事人

原告（上诉人）：李某

被告（被上诉人）：某体育公司

【基本案情】

2010年11月2日，李某入职某体育公司，其间从事过宿舍管理员工作。2019年11月2日，某体育公司与李某签订无固定期限《劳动合同书》。《劳动合同书》约定李某从事管理工作，某体育公司可以根据工作需要及李某工作能力和表现调整李某的工作岗位，李某无正当理由应服从变更。2022 年 3 月 1 日，某体育公司与李某签订《劳动合同补充协议》，约定李某先行担任会所管理员岗位职务，所履行的岗位职责严格依照某体育公司岗位说明书执行，聘用期间某体育公司可根据工作需要或李某的工作技能、绩效对其岗位作出相应调整。某体育公司调整李某工作应与李某协商，李某若无正当理由必须服从某体育公司调整，李某同意某体育公司给予的劳动报酬随岗位职务的变化而调整，工资标准合计 5150 元。之后，李某在工作中月平均工资实际为 6580. 72 元。2023 年 2 月，某体育公司通知李某到高频厂岗位上班，因李某提出异议，双方进行谈话协商，后某体育公司安排李某到宿管处工作岗位上班，并通知李某到宿管处报到上班，但李某未按时报到。2023 年 3 月 8 日，某体育公司向李某送达员工岗位变动通知书，要求李某于 2023 年 3 月 9 日 8 时到二厂宿舍管理处报到。2023 年 3 月 10 日，因李某仍未报到，某体育公司发出限期到岗通知书，要求李某立即报到，如逾期未到岗报到，将根据有关规定及约定作出处理。2023 年 3 月 13 日，某体育公司以李某旷工超过 3 日严重违反公司规章制度为由决定解除劳动合同，并向公司工会委员会发出解除劳动合同通知工会函。2023 年 3 月 14 日，某体育公司工会委员会向某体育公司发出回复函，同意公司的解除决定，双方因经济赔偿金等问题产生争议。李某于 2023 年 3 月 28 日向晋江市劳动人事争议仲裁委员会申请仲裁。晋江市劳动人事争议仲裁委员会于 2023 年 4 月 20 日作出裁决书。李某为此提起本案诉讼，请求：1. 撤销晋江市劳动人事争议仲裁委员会晋劳仲案（2023）486 号仲裁裁决；2. 判令某体育公司向李某支付违法解除劳动关系经济赔偿金 157937. 28 元（12 个月×平均工资 6580. 72×2 倍＝157937. 28 元）。

【案件焦点】

1. 某体育公司调整李某的工作岗位是否合法；2. 某体育公司解除与李某的劳动关系是否违法。

【法院裁判要旨】

福建省晋江市人民法院经审理认为：某体育公司依据双方签订的《劳动合同书》及《劳动合同补充协议》，调整李某至其原先工作过的宿舍管理员岗位，而李某在某体育公司数次通知其调岗，其明知已被调动到宿舍管理员岗位的事实，却拒不到新岗位报到，并实际脱离生产组织安排，未按照某体育公司的生产指令进行劳动，已然构成旷工，在某体育公司依据公司《考勤管理制度（修订）》解除与李某的劳动合同，也征求了某体育公司工会委员会意见的前提下，以李某旷工为由解除劳动合同，并无不当，不属于违法解除劳动合同。李某认为某体育公司违法解除劳动合同，不予采信；其要求某体育公司支付经济赔偿金的请求，没有依据，也不予支持。

福建省晋江市人民法院依照《中华人民共和国劳动合同法》第三十九条第二项，《中华人民共和国劳动争议调解仲裁法》第六条、第四十八条，《中华人民共和国民事诉讼法》第六十七条第一款，《最高人民法院关于审理劳动争议案件适用法律问题的解释（一）》第十四条，《最高人民法院关于适用〈中华人民共和国民事诉讼法〉的解释》第九十条规定，判决如下：

驳回李某的诉讼请求。

李某不服一审判决，提起上诉。福建省泉州市中级人民法院经审理认为：双方签订的《劳动合同书》明确约定李某从事管理工作，某体育公司可以根据工作需要及李某工作能力和表现调整李某的工作岗位，李某无正当理由应服从变更。双方签订的《劳动合同补充协议》亦约定李某先行担任会所管理员岗位职务，所履行的岗位职责，严格依照某体育公司岗位说明书执行，聘用期间某体育公司可根据工作需要或李某的工作技能、绩效对其岗位作出相应调整。根据本案查明的事实，某体育公司2023年2月通知李某到高频厂上班，因李某提出异议，某体育公司又安排其到宿管处上班，但李某未到新岗位上班。2023年3月8日，某体育公司向李某送达员工岗位变动通知书，因李某仍未到岗，某体育公司于2023年3月13日向其工会委员会函告解除与李某的劳动合同，经工会批准后于2023年3月14日以李某无正当理由连续旷工超过3日为由向李某送达《解除劳动合同通知书》。因双方当事人在劳动合同中明确约定，某体育公司可根据工作需要进行调岗，且调整后的工作岗位、报酬待遇保持不变，李某完全能够胜任，某体育公司在调岗的过程中也与李某进行了充分沟通，对李某的劳动权益并不构成侵害，李某如有异议亦应通过合法的途径积极与某体育公司进行协商，不能采取消极怠工的方式处理问题。因李某未到新岗位上班，亦未实际提供劳动，其行为已违反了劳动纪律和用人单位的规章制度，某体育公司在征求工会意见的前提下解除其与李某的劳动关系，符合劳动合同法相关规定，不存在违法解除劳动合同的情形，李某主张某体育公司应支付其违法解除劳动合同的赔偿金，无事实和法律依据，不予支持。

福建省泉州市中级人民法院依照《中华人民共和国民事诉讼法》第一百七十七条第一款第一项规定，判决如下：

驳回上诉，维持原判。

【法官后语】

调岗，本质上属于用人单位对劳动者工作岗位、职务级别、工作内容等劳动合同内容进行的变更。在劳动关系语境下，基于劳动者对用人单位紧密人身依附性基本法理及保障用人单位合法经营自主权的司法考量，应认可用人单位享有调整劳动者具体工作岗位的权利，但应注意把握企业用工自主权与劳动者生存权保护之间的动态平衡，不得滥用自主权损害劳动者利益。审理过程中，用人单位应对调岗的合理性、合法性及是否履行必要的程序进行举证，具体分析如下：

1. 用人单位单方调岗应符合劳动合同的约定或用人单位规则制度的规定。实践中，劳动合同中通常会约定用人单位有权单方进行调岗。对于该条款的效力，笔者认为应结合劳动合同的具体约定及履行情况进行认定，如果劳动合同中明确约定调岗的具体内容及有关条件，且该约定亦具有一定的合理性，当事人可按约定履行；如果劳动合同虽有约定，但调岗的条件及具体内容不明确不具体（概况性约定），属于用人单位免除自己法定责任、排除劳动者合法权利的情形，应认定该约定无效。

2. 用人单位单方调岗应基于企业生存经营发展的客观需要。用人单位单方调岗往往涉及企业内部公司经营自主决策权问题，企业经营自主权通常涉及市场经济、国际国内形势、行业发展状况、企业投资人决策等各种因素的变化，属于公司自治范畴，司法权一般不主动干涉。若用人单位举证证明因客观情况发生重大变化或者企业转产、重大技术革新、经营生存方式调整等对劳动者进行调岗，可认定具有合理性，但应注意审查用人单位是否存在借“调岗”之名行“变相逼迫劳动者主动辞职”之实。

3. 用人单位单方调岗后，劳动者的薪酬待遇、劳动条件是否发生重大不利变化、用人单位是否提供必要协助、工作便利或进行补偿。用人单位不能因调岗而擅自降低劳动者的薪资待遇，新岗位待遇、劳动条件不应低于原岗位，如果显著降低劳动条件的，用人单位应提供必要协助和工作便利并进行补偿，如调整后工作地点比较远，用人单位应提供通勤便利或进行交通补贴；对于新调岗工作内容，应综合考虑劳动者的专业知识、工作经验等，并考虑新岗位是否与劳动者专业特长、工作经历相匹配。

4. 用人单位单方调岗不存在对劳动者歧视性、侮辱性或针对性。歧视性，即对劳动者的“差别对待”，通常表现在用人单位基于劳动者性别、年龄、外貌特征、健康状况、婚姻情况等因素，对劳动者采取的个别性调整岗位。实践中存在劳动者在孕期或哺乳期调整岗位的问题，此时应结合其他因素考察是否存在歧视性调岗。侮辱性，即对劳动者的变相惩罚，通常表现在用人单位为表达对劳动者的不满，将劳动者调整至特殊岗位。实践中存在将劳动者由总监、总管、主任等降级为普通员工并将其办公地点调整至楼梯边、厕所旁、大堂等位置，明显带有惩罚性和侮辱性。针对性，即劳动者所谓的“被迫辞职”，通常表现在用人单位以调岗的方式，变相逼迫劳动者主动离职。实践中存在用人单位提供几个相关岗位调整方案，并表示如果不愿意选择可主动辞职等内容，该行为名为调岗，实为用人单位为解除劳动关系但为逃避支付经济补偿金或赔偿金法律责任而以变相、恶意调岗的方式迫使劳动者主动离职，该种情形应认定用人单位违法解除劳动合同。

5. 用人单位单方调岗应履行必要的程序。因调岗将显著影响劳动者切身利益，用人单位应根据法律的规定充分履行通知、协商程序，畅通信息反馈渠道。用人单位应设计正当程序，为单方调岗程序合法性奠定基础，可事先通知工会并征求工会意见，确保劳动者知情权和异议权，如劳动者拒绝调岗，用人单位应对劳动者的请求是否合理进行研究答复。

6. 劳动者无正当理由拒绝调岗，用人单位解除劳动合同是否违法的问题。在用人单位对调岗的合法性、合理性及程序正当性充分举证后，劳动者原则上应服从用人单位的调岗。若劳动者拒绝调岗且无正当理由未提供劳动，用人单位可根据其内部规章制度进行处理。此时应审查用人单位规章制度的效力问题，对于经工会或职工代表平等协商确定并向劳动者公示且具有合理性的规章制度，应认定为合法有效，用人单位可依据规章制度的相应规定行使劳动合同解除权且无须支付经济补偿金和赔偿金。若劳动者拒绝调岗但仍继续到原岗位打卡并提供劳动，用人单位主张解除劳动合同的，司法实践对此存在不同的认识。笔者认为，该种情形下，因劳动者拒绝调岗但仍提供劳动，双方未能就调岗协商一致，因工作条件发生变化，用人单位据此提前解除劳动合同的，不应认定构成违法解除劳动合同，但用人单位应根据法律的规定支付相应的经济补偿金。

编写人：福建省泉州市中级人民法院　王莉莉

33

用人单位调岗行为存在程序瑕疵不影响实体合法性

——臧某诉某休闲用品公司劳动争议案

【案件基本信息】

1. 裁判书字号

江苏省淮安市中级人民法院（2023）苏08民终2322号民事判决书

2. 案由：劳动争议

3. 当事人

原告（反诉被告、上诉人）：臧某

被告（反诉原告、上诉人）：某休闲用品公司

【基本案情】

某休闲用品公司在车间公示的规章制度中载明："公司基于生产需要可随时调动员工的职务和工作地点，被调员工不得借故拖延和拒不到职，针对不服从管理者，降职降薪处理。因个人过失发生错误，视情节轻重处罚50~2000元，不服从主管安排，视情节轻重处罚50~2000元。"但该规章制度系部门负责人讨论制定，没有经过职工代表大会或全体职工讨论。

自2020年10月起，臧某在某休闲用品公司担任注塑部副主任一职。2022年6月23日，臧某在生产中存在加铅和周期错误，导致产品不能投入市场。2022年6月28日，某休闲用品公司基于产生的经济损失以及平时产品质量考核扣分情况，根据规章制度向臧某发出通知书，将其工作岗位调整为注塑部科长，调岗后工资每月减少1000多元，副主任不用上夜班，科长需要上夜班，工作内容基本没有变化。

2022年7月12日至8月4日，某休闲用品公司人力资源部先后发布五项公告，以产品质量问题造成严重经济损失、拒不执行生产安排，且多次发生相同事件仍屡教不改为由扣除臧某绩效奖金共计4500元。2022年8月8日，臧某以某休闲用品公司未能按其实际工资金额缴纳社会保险、随意调动其工作岗位及调整上班时间、违法处罚金额巨大、未为其按时缴纳住房公积金等为由，向某休闲用品公司发出离职通知，提出解除劳动关系。

后臧某申请仲裁，盱眙县劳动人事争议仲裁委员会裁决：由某休闲用品公司向臧某支付解除劳动关系的经济补偿金共计60106.61元，其他仲裁请求不予支持。双方均不服，分别提起诉讼。江苏省盱眙县人民法院对两案作并案处理。

【案件焦点】

某休闲用品公司能否对臧某进行调岗，是否应当支付臧某解除劳动关系的经济补偿金。

【法院裁判要旨】

江苏省盱眙县人民法院经审理认为：某休闲用品公司对臧某作出扣除奖金及调岗的处罚所依据的规章制度未通过相关民主程序制定，未将直接涉及劳动者切身利益的规章制度及重大事项决定公示或者告知劳动者，也未给劳动者提出异议的权利，严重损害了劳动者的合法权益。符合法律规定的劳动者解除劳动合同的情形，臧某据此解除劳动合同并要求某休闲用品公司支付经济补偿金，应予以支持。

江苏省盱眙县人民法院依照《中华人民共和国劳动合同法》第四条、第三十八条、第四十六条之规定，判决如下：

某休闲用品公司于本判决生效之日起十五日内向臧某支付解除劳动关系的经济补偿金共计人民币 60106.61 元。

臧某、某休闲用品公司均不服一审判决，提出上诉。江苏省淮安市中级人民法院经审理认为：某休闲用品公司已为臧某缴纳社会保险，臧某关于未足额按实际工资标准缴纳社会保险及公积金不属于劳动者法定可行使单方解除劳动合同事由。其在工作中确实存在过失，给单位造成了较大损失，某休闲用品公司据此对其惩罚性调岗并予以降职有一定的事实依据，臧某称公司对其随意调整工作岗位与事实不符。某休闲用品公司虽对其作出了罚款决定，但处罚金额并没有超出合理限度，并且没有证据表明公司实际执行了处罚决定，因此，臧某称处罚金额巨大不能成立。综上，臧某解除劳动合同的理由均不符合法律规定，其经济补偿金的诉请不能得到支持。

江苏省淮安市中级人民法院依照《中华人民共和国劳动合同法》第三十八条、第四十六条，《中华人民共和国民事诉讼法》第一百七十七条第一款第二项之规定，判决如下：

某休闲用品公司无须向臧某支付经济补偿金 60106.61 元。

【法官后语】

劳动者的工作岗位决定了工作内容，是劳动合同的重要组成部分。一般而言，劳动者与用人单位签订劳动合同时其岗位即确定。但劳动合同的履行是动态的过程，其间可能会发生劳动者不再适合其岗位的情形，此时，用人单位往往采取管理行为，通过岗位调整以实现劳动关系更好存续。需要注意的是，调岗常伴随着薪酬调整，事关劳动者的切身利益，故虽然劳动者负有服从管理的义务，但履行的前提是用人单位的管理行为应是正当合理的，因此，用人单位的调岗行为尤其是单方调岗必须合法，劳动者的权益才能得到保障。

调岗行为的合法性应包括两个方面的内容：程序合法和实体合法。关于程序合法，《中华人民共和国劳动合同法》第四条规定："……用人单位在制定、修改或者决定有关劳动报酬……直接涉及劳动者切身利益的规章制度或者重大事项时，应当经职工代表大会或者全体职工讨论，提出方案和意见，与工会或者职工代表平等协商确定……用人单位应当将直接涉及劳动者切身利益的规章制度和重大事项决定公示，或者告知劳动者。"关于实体合法，调岗行为的实质是为了重新配置劳动力资源，更好实现用工目的，不应也不能损害劳动者的权益，尤其是单方调岗权更应在一定的边界范围内，即调整劳动者的工作岗位确实是基于用人单位生产经营的需要，既不损害劳动者的物质权利，也未有损劳动者尊严，且不存在违反法律的其他情形。

值得思考的是，当程序合法与实体合法不能兼顾，用人单位的单方调岗行为应如何认定，实体的合法能否覆盖程序的瑕疵？正如本案，一审、二审裁判的核心冲突即在于，用人单位某休闲用品公司制定规章制度的程序不当，能否据此对劳动者臧某进行岗位调整。一审法院从某休闲用品公司规章制度制定的程序进行分析，认为程序不当严重损害劳动者的合法权益，调岗无法律依据，故用人单位需要支付经济补偿金；而二审法院是从臧某履职行为进行分析，认为劳动者确实存在工作过失，调岗有事实依据，且规章制度已向劳动者公示，故用人单位不需要支付经济补偿金。

不可否认，审理涉劳动争议纠纷时，考虑到劳动者在用工过程中处于弱势地位，应全力全面保障劳动者的合法权益。但司法审判从不因地位悬殊而偏向于一方，用人单位的权益也同样值得关注与保护，不能因一味地保护劳动者的权益而牺牲用人单位的利益。对于确因劳动者工作过失造成单位经济损失的，用人单位对其进行惩罚性调岗，属于合理行使调岗权。劳动者以相关规章制度制定程序存在瑕疵为由解除劳动关系后要求用人单位支付经济补偿金的，人民法院不予支持。应明确的是，程序合法固然重要，但如果因受程序瑕疵的桎梏，而忽视对实体正义之追求，则裁判难以实现公平。

回归本案，调岗和罚款直接涉及劳动者切身利益，但该规章制度却未经相关民主程序制定，存在程序瑕疵。但臧某在被提拔为注塑部副主任后，履职期间出现生产错误，给某休闲用品公司造成较大的经济损失，作为副主任难辞其咎，其确实存在工作过失。再结合日常产品质量的考核扣分情况，臧某未能切实履行其作为副主任的职责，已然不能胜任副主任这一职位。某休闲用品公司根据生产经营的需要及臧某的工作履职情况，将其岗位调整到原先的科长一职，调整后工作内容基本没有变化，工资虽有所减少但减少幅度也在合理的范围内，岗位的调整并不涉及对臧某尊严的惩罚性和侮辱性，也不存在违反法律的其他情形，故某休闲用品公司的调岗行为实体合法。且案涉规章制度在劳动者的工作场所车间予以公示，一定程度上弥补了制定程序的瑕疵。臧某也并未就规章制度相关内容提出意见，此时如果仅因程序瑕疵即否认调岗行为的合法性，则用人单位的用工权和调岗权将无法实现，必然损害用人单位的利益。因此，鉴于对用人单位与劳动者利益的平衡，且调岗行为已具备必要性、合理性、正当性，某休闲用品公司无须向臧某支付据此解除劳动合同后的经济补偿金。

编写人：江苏省淮安市盱眙县人民法院　曹杰

34

合理界定待岗适用范围，尊重用人单位自主管理权

——孟某诉某配件公司劳动争议案

【案件基本信息】

1. 裁判书字号

江苏省扬州市中级人民法院（2023）苏10民终3413号民事裁判书

2. 案由：劳动争议

3. 当事人

原告（上诉人）：孟某

被告（被上诉人）：某配件公司

【基本案情】

某空调公司是某配件公司和某销售公司的全资母公司。

孟某于2015年11月至某销售公司从事销售经理岗位工作，双方签订最后一次劳动合同的期限为2022年1月1日起至2022年12月31日止，合同约定孟某月基本工资3000元。

某销售公司因经营困难，于2022年5月31日经某配件公司股东研究决定吸收合并某销售公司，6月7日于Y晚报发布吸收合并公告，7月31日公告期满后某销售公司与某配件公司股东会决定同意执行吸收合并。

2022年8月至9月，某空调公司、某配件公司与某销售公司就工作安排事宜与包括孟某在内的员工进行沟通协商。9月16日，某空调公司发布《内部招聘通知》并注明不愿参与竞聘或竞聘失败人员暂时安排待岗。9月23日，某空调公司发布《待岗公示》，明确待岗人员名单并告知待岗期间工资发放标准：

待岗人员的生活费第一个月按照正常工资标准发放，待岗第二个月起按照扬州市最低月工资标准发放。待岗期间，待岗人员归综合管理部管理安排临时工作、组织培训或放假待岗，同时需将业务手机返还公司。

2022 年 9 月 26 日孟某向某空调公司邮寄《解除劳动合同通知书》要求公司向其支付经济补偿金。后，孟某申请劳动仲裁，要求公司向其支付经济补偿金。仲裁裁决未予支持后，孟某诉至法院。

【案件焦点】

1. 某配件公司吸收合并某销售公司期间要求孟某待岗是否属于劳动者可以与用人单位解除劳动合同的法定情形；2. 某配件公司是否应向孟某支付经济补偿金。

【法院裁判要旨】

江苏省扬州市江都区人民法院经审理认为：自某空调公司收到孟某邮寄送达《解除劳动合同通知书》之日起，孟某与某配件公司之间的劳动合同于 2022 年 9 月 26 日已解除。本案的争议焦点为，某配件公司吸收合并某销售公司期间要求孟某待岗是否属于劳动者可以与用人单位解除劳动合同的法定情形？孟某认为某空调公司发布《待岗公示》要求其待岗属于未按劳动合同约定提供劳动保护或者劳动条件，且长期存在不及时足额支付劳动报酬情形，但就该主张并未提供任何证据予以证明，相反，某配件公司提供的证据材料显示，某销售公司受不可抗力影响导致销量下降经营困难，经股东会研究决定进行资源整合，由某配件公司吸收合并某销售公司，合并期间，积极协调各公司之间岗位人员配置安排，目的是更好地保障有适合孟某继续工作的岗位，并无与某销售公司原职工解除劳动合同的意思表示。某空调公司对不愿参与竞聘或竞聘失败人员暂时安排待岗，公示待岗人员名单且告知被待岗期间人员工资福利待遇，并不存在主观恶意不安排孟某上岗，故孟某在公司尚未完成吸收合并前发函要求与某空调公司解除劳动合同的理由依法不能成立，某空调公司安排待岗不属于未提供劳动保护及劳动条件，某配件公司亦不存在未及时足额支付其劳动报酬的情形。综上，孟某要求某配件公司支付解除劳动合同经济补偿金于法无据。

江苏省扬州市江都区人民法院依照《中华人民共和国劳动合同法》第四十六条，《中华人民共和国民事诉讼法》第六十七条之规定，判决如下：

一、确认孟某与某配件公司于 2022 年 9 月 26 日解除劳动关系；

二、驳回孟某的其他诉讼请求。

孟某不服一审判决，提出上诉。江苏省扬州市中级人民法院经审理认为：某配件公司吸收合并某销售公司期间要求孟某待岗不属于劳动者可以与用人单位解除劳动合同的法定情形，某配件公司依法不应向孟某支付经济补偿金。理由如下：在实际用工中，在维护劳动者合法权益的同时，也应平等尊重用人单位的自主管理权，如果完全否定用人单位自主管理权利，不利于用人单位及时调整经营策略以及应对市场变化、化解经营风险。本案中，首先，某销售公司经营困难，经股东会研究决定由某配件公司吸收合并某销售公司，在合并期间安排员工待岗，系企业生产经营之必要，具有客观上的必要性与合理性。其次，某空调公司于合并期间采用竞聘上岗的形式进行内部招聘，并公布了拟招聘的岗位及人数，供劳动者进行选择，也是用人单位在尊重劳动者就业选择权的基础上自主管理行为的体现。此外，某空调公司分别在《内部招聘通知》和《待岗公示》中载明“待岗期间可参与集团其他公司或部门的岗位竞聘”“待岗人员的生活费第一个月按照正常工资标准发放”，结合上述内容，可以认定某空调公司不存在主观上恶意降低劳动者工资标准、不安排劳动者上岗的情形。最后，某空调公司在 2022 年 9 月 23 日发布《待岗公示》，待岗人员共计 12 人，该待岗决定并非仅针对孟某等个别员工，而本案孟某在 9 月 26 日即向某空调公司邮寄《解除劳动合同通知书》，应视为劳动者主动离职，亦不符合用人单位依法应支付经济补偿金的情形。

江苏省扬州市中级人民法院判决如下：

驳回上诉，维持原判。

【法官后语】

待岗是一个特定概念，其施行有着严格的条件，并非用人单位可以随意决定的经营措施，需要个案去具体判断。用人单位负有举证责任，需要证明生产经营困难的客观情况，且员工无岗位安排的可能性。

首先，企业在生产经营过程中，由于生产经营困难的客观情况，或自身发展和管理的需要，在不解除劳动关系的前提下，对内部人事安排等进行重整、调整、变动，让劳动者暂时离岗休整，在稳定工作岗位的同时平衡劳动者生存保障与企业纾困减负之需求，以期渡过困难时期再考虑安排职工重新上岗，是企业正常生产经营所必需。本案中，某销售公司因受不可抗力影响经营困难，经股东会研究决定由某配件公司吸收合并某销售公司，并对岗位进行调整，暂时无法安排劳动者工作。待岗作为构建和谐劳动关系的稳定器，安排员工待岗系企业生产经营之必要，具有客观上的必要性与合理性。

其次，企业确因合并期间对组织架构及岗位调整的客观原因，暂时无法安排劳动者工作，必然牵扯到劳动合同的变更。虽然有用人单位与劳动者协商一致方能变更劳动合同的约定，但不能因此否定企业的用工自主权，劳动者的劳动权与企业的用工自主权均受法律保护，二者不可偏废。某空调公司采用竞聘上岗的形式进行内部招聘，并公布了拟招聘的岗位及人数，供劳动者进行选择，也是用人单位在尊重劳动者就业选择权的基础上自主管理行为的体现，应认定企业系合理合法地行使用工自主权。某空调公司分别在《内部招聘通知》和《待岗公示》中载明“待岗期间可参与集团其他公司或部门的岗位竞聘”“待岗人员的生活费第一个月按照正常工资标准发放”，结合上述内容，可以认定某空调公司不存在主观上恶意降低劳动者工资标准、不安排劳动者上岗的情形。

最后，目前法律上对于待岗没有明确的规定，而且行业众多，法律确实也无法作出统一规定，实践中应根据企业自身生产经营困难及其严重程度等情况作出综合判断，进行充分审查。若企业安排待岗具有选择性与针对性，针对某岗位的个别员工而非全体员工实施待岗，则属于公司的工作安排。本案中，某空调公司在2022年9月23日发布《待岗公示》，待岗人员共计12人，该待岗决定并非仅针对孟某等个别员工，而本案上诉人孟某在2022年9月26日即向某空调公司邮寄《解除劳动合同通知书》，应视为劳动者主动离职，亦不符合用人单位依法应向其支付经济补偿金的情形。

编写人：江苏省扬州市江都区人民法院　张夏云　郭德建

35

劳动者重大技术调岗后用人单位应适当履行培训义务

——李某诉某稀有金属公司劳动争议案

【案件基本信息】

1. 裁判书字号

新疆维吾尔自治区乌鲁木齐市中级人民法院（2023）新01民终5755号民事判决书

2. 案由：劳动争议

3. 当事人

原告（被上诉人）：李某

被告（上诉人）：某稀有金属公司

【基本案情】

2014年1月1日，李某与某稀有金属公司签订无固定期限劳动合同，从事相关设备维修。某稀有金属公司《电解车间生产管理考核办法》规定：一年内重复出现违章的人员，加倍处罚，对其所属部门负责人进行连带处罚；累计三次违章的，对违章人员给予开除处理。员工严重违反公司规章制度，由其部门负责人提供违反规章制度证明，由人力资源部作开除处理。

2022年4月1日17点左右，李某对烧碱管路堵塞原因进行排查时未设置气瓶放倾倒措施，被罚款处罚；2022 年 4 月 28 日，李某在设备间内抽烟，电解车间对其作罚款处理。2022 年 6 月 15 日某稀有金属公司由于电解车间工作量增加人员紧缺，临时将包括李某在内的维修工等部分员工增派调整至电解车间净化吸收岗。电解车间副主任仅于当日上午通过电脑操作指导和现场带领实践操作方式对李某进行了一次培训，其中通往室外吨桶的软管阀门开关操作是该车间副主任以远程指点位置向李某讲解，下午配料期间便安排李某单独进入操作间关闭阀门，李某错误操作未关闭阀门，导致了次氯酸钠外溢的安全事故。某稀有金属公司因忙于抢险和事故调查，在未对李某补充培训的情况下，于 2022 年 6 月 17 日再次继续安排李某在该岗位单独值守，李某在氯气吸收循环槽达到终点前再次由于操作不当造成氯气溢散员工急性中毒。

2022 年 6 月 21 日，某稀有金属公司针对两次安全事故作出事故报告，向单位工会发出《关于与李某解除劳动合同通知函》，并向李某出具《解除劳动合同通知书》，解除理由为："你在工作中责任心不强，怠于学习，操作失误，工作失职，直接导致了'6.15'次氯酸钠溶液溢出事故、'6.17'氯气伤人事故的发生，符合《中华人民共和国劳动合同法》第三十九条以及《中华人民共和国劳动法》第二十五条所规定的情形，故根据国家法律与相关法规及公司制度，现决定于 2022 年 6 月 24 日起解除与你的劳动合同。"李某不服单位解除劳动合同的决定，认为其本人在原电解车间维修岗位工作多年未曾出现过任何工作失误，公司安排其临时到尾气净化岗顶替他人工作，上岗前对其既未作任何岗前操作培训和安全技术交底也未进行任何工作交接情况下要求其违章上岗操作，其本人无任何私自操作行为且未违反任何单位规章制度，主张某稀有金属公司解除劳动合同决定违法。双方为此发生争议，李某申请劳动仲裁。仲裁委员会裁决：驳回申请人李某的全部仲裁申请。李某不服该仲裁裁决，提起诉讼。

【案件焦点】

某稀有金属公司适用《中华人民共和国劳动法》第二十五条和《中华人民共和国劳动合同法》第三十九条行使对李某劳动关系单方解除权的事实根据是否充分。

【法院裁判要旨】

新疆维吾尔自治区乌鲁木齐市米东区人民法院经审理认为：用人单位开除劳动者或单方解除劳动合同是指用人单位对具有严重违反劳动纪律和企业规章制度造成重大经济损失和其他违法乱纪行为而又屡教不改的职工依法强制解除劳动关系的一种严厉处分。用人单位有权行使企业自主管理权，要求劳动者遵守本单位合法的安全生产管理制度。2022年6月的两次安全事故也确系后果严重，李某本人也确系净化车间设备错误操作行为的直接实施者，但作为劳动者，李某系被动接受用人单位的调岗，被安排至之前从未接触过的岗位临时顶岗，所从事均系与自己熟知业务技术差异较大的化工设备操作业务，此情况下用人单位在对其培训不到位的情况下即直接安排李某独立进行危险操作，发生第一次事故后仍未强化吸取教训，继续安排李某在该岗位值班进而导致再次发生化工安全事故。违章应为明知或应知而主观上仍违反的情形，从导致上述两次事故的原因看，显然某稀有金属公司单纯为追求生产效益而未履行对新上岗李某提前进行充分的技术补充培训的义务，此连续两次化工事故系属多因一果导致，李某在该因果关系中处于主观上服从用人单位命令的被动地位，某稀有金属公司将此两次事故的严重后果完全归责于李某并以此由李某承担被单方解除劳动关系的不利后果，明显有失公允。

新疆维吾尔自治区乌鲁木齐市米东区人民法院依照《中华人民共和国劳动法》第二十五条第二项、第三项，《中华人民共和国劳动合同法》第三十九条第二项、第三项和《最高人民法院关于审理劳动争议案件适用法律问题的解释（一）》第四十四条之规定，判决如下：

一、撤销某稀有金属公司于2022年6月24日对李某作出的《解除劳动合同通知书》；

二、某稀有金属公司继续与李某履行无固定期限劳动合同；

三、某稀有金属公司向李某补发2022年6月工资1474.08元（982.72元+491.36元），于本判决生效后十日内付清；

四、某稀有金属公司向李某补发2022年7月至2023年1月30日工资8330

元（1700 元×70%×7 个月），于本判决生效后十日内付清。

某稀有金属公司不服一审判决，提起上诉。新疆维吾尔自治区乌鲁木齐市中级人民法院经审理认为：原审认定事实清楚，适用法律正确，依照《中华人民共和国民事诉讼法》第一百七十七条第一款第一项规定，判决如下：

驳回上诉，维持原判。

【法官后语】

《中华人民共和国劳动法》第三条规定，劳动者享有接受职业技能培训的权利；第二十五条规定，劳动者严重违反劳动纪律或者用人单位规章制度的，用人单位可以解除劳动合同。化工行业作为生产流程复杂的高危行业，不同工种之间的具体操作规范及技术含量不同，必须制定和遵守严格的生产安全管理制度。违章行为系明知规章制度要求却基于故意或者重大过失的心理实施了违反规章制度的行为。本案中，尽管劳动者李某具备胜任原岗位工作的能力，但不能直接推定其能够充分了解和单独操作与其原有岗位技术要求差异较大的流程，用人单位对劳动者调换岗位工种即"老员工上新岗"前未根据劳动者的工作能力对劳动者进行充分的新工种业务岗前培训即安排其独立操作新工种的流程，为盲目追求生产进度连续两次忽视劳动者相应技术能力欠缺可能导致的次生风险，在追求企业效益与安全生产培训的时间优先性二者发生冲突情况下作出错误安排，未再次进行充分培训并确认李某已熟练掌握具备新岗位独立操作技术能力的情况下，再次草率安排李某继续上岗独立操作，作为具有风险防控能力的一方，用人单位对于由此发生安全事故主观上存在重大过失，应负决定性过错责任，相反劳动者作为弱势一方主观上系遵守和执行用人单位的工作安排，此情况下本案所涉事故后果不宜归责为劳动者违反劳动纪律和企业规章制度，用人单位对劳动者行使劳动关系单方解除权有违权利义务的实质公平原则，某稀有金属公司系违法解除劳动合同，李某要求撤销，依法应予支持。

《中华人民共和国劳动合同法》第二十九条规定："用人单位与劳动者应当按照劳动合同的约定，全面履行各自的义务。"根据本条规定，劳动合同的履行，应当遵守全面履行的原则。所谓全面履行，是指用人单位和劳动者对劳动合同约定由自己承担的义务，都应当按照约定的内容、方式、期限等，全面、正确地予以履行，而不得只履行其承担的部分义务却将其他义务弃置不顾，或者不按照劳动合同约定的内容、方式、期限等履行其承担的义务。实践中，用人单位一般都比较重视劳动者入职时的职业技能培训，对于入职后劳动者的继续再培训尤其是个别重大调岗后专门技能的充分培训重视程度则比较淡化。从目前法律规定看，《中华人民共和国劳动合同法》第二十二条规定的是不同于对劳动者基本技能无偿培训单向义务的专项培训双务合同履行条款，《中华人民共和国劳动法》第六十八条第二款明确规定了用人单位对从事技术工种的劳动者"上岗前"的法定培训义务。用人单位对劳动者进行技术岗位重大调整后完全、适当的必要培训义务之重要性不亚于新入职员工的上岗前培训，现行法律虽未就调岗后的技能补充培训义务所应达到的程度以特别提示性条款作出规定，但从《中华人民共和国劳动法》第六十八条第一款用人单位应当"有计划地对劳动者进行职业培训"看，入职前和调岗后均系"上岗前"的应有之义，用人单位并非形式上实施了培训行为即为履行了用人单位法定义务，不同于《中华人民共和国劳动合同法》第四十条第二项"劳动者不能胜任工作，经过培训或者调整工作岗位，仍不能胜任工作的"之无过失性辞退，非劳动者原因而用人单位予以技术性调岗的，用人单位的调岗前培训义务所需达到能够胜任新岗位的程度不应低于入职前上岗培训的要求。

编写人：新疆维吾尔自治区乌鲁木齐市米东区人民法院　徐雪丽

36

附条件的薪酬条款变更的法律效力认定

——某化妆品公司诉黄某劳动争议案

【案件基本信息】

1. 裁判书字号

广东省广州市中级人民法院（2023）粤01民终10079号民事判决书

2. 案由：劳动争议

3. 当事人

原告（上诉人）：某化妆品公司

被告（被上诉人）：黄某

【基本案情】

黄某于2021年11月15日入职某化妆品公司，工作岗位为电商高级经理。双方签订了书面劳动合同，约定试用期工资标准为35000元/月，工资支付方式为每月15日某化妆品公司以银行转账形式支付上月工资。2021年12月30日，某化妆品公司公告通知黄某等高级经理以上均降薪15%，但又承诺“集团一旦上市成功，双倍返还大家在此期间调减的薪酬！只会多不会少！决不食言！”2022年1月24日至2022年2月7日，某化妆品公司因业务原因放假，2022年1月24日至2022年1月31日放假期间某化妆品公司未支付工资。2022年5月黄某出勤6天，法定节假日未出勤。2022年5月12日，某化妆品公司以黄某工作表现不符合录用条件，未执行考勤要求为由与黄某解除劳动合同。2022年5月17日，黄某向广州市劳动人事争议仲裁委员会提起仲裁申请。仲裁委员会裁决：1. 本裁决生效之日起三日内，某化妆品公司一次性支付黄某2022年1月1

日至 2022 年 4 月 30 日的工资差额 21000 元；2. 本裁决生效之日起三日内，某化妆品公司一次性支付黄某 2022 年 1 月 24 日至 2022 年 1 月 31 日的工资 9655.17 元；3. 本裁决生效之日起三日内，某化妆品公司一次性支付黄某违法解除劳动合同赔偿金 34618.77 元；4. 本裁决生效之日起三日内，某化妆品公司一次性支付黄某 2022 年 5 月 1 日至 2022 年 5 月 12 日的工资差额 1347.73 元。

某化妆品公司不服仲裁委员会的裁决，向法院提出诉讼请求：1. 某化妆品公司无须向黄某支付 2022 年 1 月 1 日至 2022 年 4 月 30 日的工资差额 21000 元；2. 某化妆品公司无须向黄某支付 2022 年 1 月 24 日至 2022 年 1 月 31 日的工资 9655.17 元；3. 某化妆品公司无须向黄某支付违法解除劳动合同赔偿金 34618.77 元；4. 某化妆品公司无须向黄某支付 2022 年 5 月 1 日至 2022 年 5 月 12 日的工资差额 1347.73 元。

【案件焦点】

某化妆品公司是否应支付降薪期间的工资差额。

【法院裁判要旨】

广东省广州市荔湾区人民法院经审理认为：关于 2022 年 1 月 1 日至 2022 年 4 月 30 日的工资差额问题。劳动合同显示，黄某试用期为 2021 年 11 月 15 日至 2022 年 5 月 14 日，某化妆品公司确认黄某试用期工资标准为 35000 元/月。某化妆品公司在 2021 年 12 月 30 日公告通知黄某降薪 15%的同时郑重承诺“上市后会双倍返还在降薪期间的薪酬”且“只会多不会少，决不食言”，按照该公告通知内容可以认定所谓的“降薪”实际上是附加条件的降薪，并非无条件的直接降薪，而是附加了上市后会“双倍返还”的条件，因此不能认定黄某与某化妆品公司已达成过直接且无条件的降薪 15%。若某化妆品公司有此主张则应予举证，但某化妆品公司并未提交证据证实双方达成过无条件的降薪，仅是以黄某在仲裁庭审时回答“因为降薪方案中有公司上市后双倍返还降薪数额的内容，所以没提过异议，但是没想到公司会跟他解除劳动合同，所以才在解除劳动关系的时候提出异议”为由来主张双方对降薪达成一致，但黄某的回答中同样也提到了附加条件，就是降薪方案中包含有“上市后双倍返还降薪数额”的内容（才未提出异议），并非直接无条件降薪。现某化妆品公司已单方面违法解除与黄某的劳动关系，致使上述降薪方案所附加条款“上市后双倍返还降薪金额，且只多不少”实际已无法实现，则应认定所谓的降薪方案业已被某化妆品公司单方面违法解除终止不再履行，在此情况下，黄某作为守约方主张恢复原状按原工资标准补发工资差额，合法合理。故，某化妆品公司应支付黄某 2022 年 1 月 1 日至 2022 年 4 月 30 日的工资差额 21000 元。

广东省广州市荔湾区人民法院依照《中华人民共和国劳动合同法》第三条、第七条、第四十七条、第四十八条、第八十七条，《中华人民共和国劳动争议调解仲裁法》第六条、第五十条，《广东省工资支付条例》第十条、第三十九条，《中华人民共和国民事诉讼法》第六十七条第一款，《最高人民法院关于适用〈中华人民共和国民事诉讼法〉的解释》第九十条、第九十一条、第九十二条第一款之规定，判决如下：

一、本判决生效之日起三日内，原告某化妆品公司一次性支付被告黄某违法解除劳动合同赔偿金 34618.77 元；

二、本判决生效之日起三日内，原告某化妆品公司一次性支付被告黄某 2022 年 1 月 1 日至 2022 年 4 月 30 日的工资差额 21000 元；

三、本判决生效之日起三日内，原告某化妆品公司一次性支付被告黄某 2022 年 1 月 24 日至 2022 年 1 月 31 日的工资 9655.17 元；

四、本判决生效之日起三日内，原告某化妆品公司一次性支付被告黄某 2022 年 5 月 1 日至 2022 年 5 月 12 日的工资差额 1347.73 元；

五、驳回原告某化妆品公司的诉讼请求。

某化妆品公司不服一审判决，提出上诉。广东省广州市中级人民法院经审理认为：关于 2022 年 1 月 1 日至 2022 年 4 月 30 日的工资差额。某化妆品公司并未提交其与黄某就无条件直接降薪达成书面协议。同时，从黄某在仲裁庭审时回答“因为降薪方案中有公司上市后双倍返还降薪数额的内容，所以没提过异议，但是没想到公司会跟他解除劳动合同，所以才在解除劳动关系的时候提出异议”的表述来看，黄某认可降薪是附加条件的，即“上市后双倍返还降薪数额”，可见黄某并未同意无条件直接降薪。某化妆品公司上诉主张双方以实际行动变更劳动合同，依据不足，故其据此请求无须支付黄某 2022 年 1 月 1 日至 2022 年 4 月 30 日的工资差额，不予支持。

广东省广州市中级人民法院依照《中华人民共和国民事诉讼法》第一百七十七条第一款第一项之规定，判决如下：

驳回上诉，维持原判。

【法官后语】

用人单位与劳动者的附条件的薪酬条款变更属于劳动合同协商变更，该变更形式应当符合要式性的要求，同时应根据所附条件的实现可能性、用人单位是否作出减少该条件成就可能性行为、是否符合劳动者真实意思等因素进行综合审查。特别是在用人单位存在违法解除劳动合同的情况下，应对违背诚实信用原则破坏了所附条件的效力基础的行为作出否定性评价。本案为因劳动合同解除引发的工资及赔偿金支付纠纷。根据案件审理情况，双方争议的焦点除合同的解除是否非法解除外，集中于降薪 4 个月期间的工资差额问题，即降薪是否有效的问题。

一、劳动合同协商变更要式性阐释

《中华人民共和国劳动合同法》第三十五条第一款明确规定变更劳动合同必须采用书面形式，但《最高人民法院关于审理劳动争议案件适用法律问题的解释（一）》（以下简称《劳动争议解释（一）》）第四十三条对口头协商一致且实际履行一个月的变更作了例外规定。因此，对劳动合同协商变更的要式性，不能机械进行理解，简单把要式性等同于书面形式。申言之，应当结合法律、司法解释的规定进行整体解释，探寻法律规定背后的规范目的。现分类探讨如下。

第一，对书面形式的理解：不仅仅为纸质形式。劳动合同的变更对劳动者的权利义务也产生重大影响，因此对劳动合同进行变更，亦应当采用书面形式。由于书面形式的表现形式有差异，而现代信息技术不断拓展书面形式的边界，故对于书面形式理解亦应随现实生活演进作相应解释。《中华人民共和国民法典》第四百六十九条第二款和第三款规定：“书面形式是合同书、信件、电报、电传、传真等可以有形地表现所载内容的形式。以电子数据交换、电子邮件等方式能够有形地表现所载内容，并可以随时调取查用的数据电文，视为书面形式。”据此，对于书面形式的解释可以参照上述规定，尤其不应拘泥于书面合同甚至纸质形式，只要符合“有形地表现所载内容”以及“随时调取查用”两大特征的，均可视为书面形式。

第二，要式性的例外：口头协商一致、实际履行超过一个月且无反面情形。《劳动争议解释（一）》第四十三条规定：“用人单位与劳动者协商一致变更劳动合同，虽未采用书面形式，但已经实际履行了口头变更的劳动合同超过一个月，变更后的劳动合同内容不违反法律、行政法规且不违背公序良俗，当事人以未采用书面形式为由主张劳动合同变更无效的，人民法院不予支持。”该条对书面形式的例外作了严格限定，主要包括三点：一是双方就变更合同协商一致。如果双方没有协商一致，则不存在口头协商变更的基础。不能仅仅依据存在实际履行变更的劳动合同超过一个月的外观，即推定变更有效。二是已经实际履行了口头变更的劳动合同超过一个月。仅仅停留在口头上的变更并不能引起劳动合同实际变更的法律效果，双方的合意必须以当事人的实际履行表现出来，且这种实际履行的表现应当具有连续性而不是临时的变更。三是变更后的劳动合同内容不违反法律、行政法规且不违背公共秩序和善良风俗，如劳动合同中不得约定“工伤概不负责”“单身条款”“男女同工不同酬”等违反公序良俗的内容。

第三，要式性的底线：单纯的沉默不能视为同意变更。沉默，即既不表示同意也不表示反对，但其并不同于默示。默示的意思表示，是由行为推断的意思表示，如对于用人单位调岗位的要求，劳动者没有提出异议并到新的岗位报到工作。《中华人民共和国民法典》第一百四十条规定：“行为人可以明示或者默示作出意思表示，沉默只有在有法律规定、当事人约定或者符合当事人之间的交易习惯时，才可以视为意思表示。”因此，用人单位在未与当事人达成一致的情况下，不能仅仅因为劳动者的沉默而认为变更劳动合同有效。

综上，《中华人民共和国劳动合同法》之所以规定变更劳动合同应当采用书面形式：一是因为《中华人民共和国劳动合同法》规定建立劳动关系应当订立书面劳动合同；二是采用书面形式有利于明确双方的权利义务关系，遇有纠纷时方便举证；三是书面形式的劳动合同有利于控制合同内容，方便劳动行政部门对劳动合同进行审查和监督。总之，法律之所以规定书面形式，实际是为了规范用人单位的管理，避免用人单位利用优势地位侵害劳动者的权益。但现实生活中，特别是在中小企业的治理机制不健全的情况下，如果一味机械恪守书面形式的规定，一些有利于劳动者的变更被判定为无效，对劳动者往往不利，这与将劳动合同的变更规定为要式的目的背道而驰。

二、附条件的薪酬条款变更的法律效力认定

附条件的薪酬条款变更与前述劳动合同协商变更既相互关联又侧重不同。

首先，上述条款的变更应当按照劳动合同变更的规范进行审查，如果双方不具备书面形式的变更，则应当按照《劳动争议解释（一）》第四十三条规定审查是否符合《劳动争议解释（一）》第四十三条规定的三个条件，如果欠缺口头协商一致的依据，即使劳动者沉默超过一个月，也不能认定其默示同意薪酬条款的变更，特别是上述薪酬条款变更对劳动者不利的情况，需要作出更为审慎的判断。

其次，如果上述变更符合劳动合同协商变更的要式性后，应对附加条件本身的性质进行审查。劳动者和用人单位一旦建立劳动关系，则有了实际上的管理与被管理的关系，故而在司法实践中应当对当事人合意予以尊重，另外，也应当对用人单位行为的合法性、合理性进行审查，以保护劳动者的合法权益。具体可从以下两个方面进行分析：一是附条件应该限定在法律规定的范围以内，不能逾越法律关于工资分配规则和工资水平限制等，如不得通过附加条件将劳动者的劳动报酬实际调整到最低工资标准以下；二是该自主权的行使不能由用人单位依单方意愿决定，必须与劳动者形成合意，才具有法律效力。

最后，附条件变更的效力具有相对性。附条件民事法律行为，是指当事人以未来客观上不确定发生的事实作为民事法律行为效力的附款。同样，所谓附条件变更也是以未来客观上不确定发生的事实作为变更的条件，因此该变更具有相对性。换言之，即使用人单位与劳动者就该变更达成一致，且相关变更已经实际履行超过一个月，同时也不存在违反法律、行政法规和违背公序良俗，其效力也取决于所附条件实际是否能够达成。如果用人单位一方面设定了所附条件，另一方面又积极促成双方关系脱离所附条件约束，实际上是破坏了该所附条件的效力基础，依法可认定无效，从而使双方权利义务关系恢复到合同未变更的情形和状态。

编写人：广东省广州市荔湾区人民法院　巫仕平　张建锋　何涵晗

37

"长期两不找"状态下劳动关系的认定

——喻某诉某机械公司劳动争议案

【案件基本信息】

1. 裁判书字号

四川省内江市中级人民法院（2023）川10民终1102号民事判决书

2. 案由：劳动争议

3. 当事人

原告（上诉人）：喻某

被告（被上诉人）：某机械公司

【基本案情】

某机械公司原名为某精密焊管公司。

1995年8月，喻某由技校毕业分配至某机械厂模具分厂工作。2005年，某机械厂政策性破产重组为某精密焊管公司。2016年年底，某机械公司进行内部体制改革，将喻某工作的模锻工厂租赁给某模具制造公司生产经营。2017年1月起，某机械公司安排喻某到某模具制造公司工作，并与喻某保留劳动关系，且喻某的社会保险依然由某机械公司负责缴纳。2017年1月至2019年4月，喻某在某模具制造公司工作，由某模具制造公司代某机械公司管理并代为支付劳动报酬。自2019年5月起喻某未向某模具制造公司提供劳动，也未回到某机械公司处继续工作向其提供劳动，某机械公司也未向喻某支付劳动报酬。某机械公司为喻某缴纳社会保险至2019年9月。

2019年9月18日，喻某向某模具制造公司提交了《解除劳动关系通知书》。2022年12月20日，喻某向某机械公司邮寄了《被迫解除劳动合同通知书》，向某机械公司提出解除劳动合同。

喻某认为，喻某在某机械公司改制后的工作年限为16年，即2006年至2022年。自2020年起喻某曾多次要求回到某机械公司处上班，要求某机械公司继续履行劳动合同，但某机械公司既未安排喻某工作、未支付喻某的生活费，也未与喻某解除劳动合同和办理相关手续。最后喻某被迫向某机械公司发出了《被迫解除劳动合同通知书》，双方的劳动关系现已解除。为此，喻某申请劳动仲裁，隆昌市劳动人事争议仲裁委员会于2023年3月24日作出仲裁裁定，裁决如下：对喻某的所有仲裁请求不予支持。喻某对该裁定不服，提起诉讼，要求某机械公司依法支付喻某解除劳动合同的经济补偿金、赔偿金等。

【案件焦点】

长期“两不找”状态下的劳动关系如何认定。

【法院裁判要旨】

四川省隆昌市人民法院经审理认为：喻某自2019年5月起未向某机械公司提供劳动，某机械公司也未向喻某支付劳动报酬，双方未再履行劳动关系的权利和义务，可以认定劳动关系处于事实解除状态。喻某诉称自2020年至2022年通过邮寄的方式向某机械公司邮寄了书面申请书，要求某机械公司继续履行劳动合同，但其提供的证据不足以证明其主张。喻某以某机械公司未为本人安排工作，提供劳动条件，依法缴纳社会保险为由的解除劳动合同的理由不能成立，双方解除劳动关系不符合用人单位应当支付经济补偿金和赔偿金的情形，故对喻某的诉讼请求，依法不予支持。

四川省隆昌市人民法院判决如下：

驳回喻某的诉讼请求。

喻某不服一审判决，提出上诉。四川省内江市中级人民法院经审理认为：关于某机械公司与喻某之间的劳动合同何时解除及解除的原因的问题。喻某自2019年5月起未再向某机械公司提供劳动，某机械公司也未再向喻某支付劳动报酬，双方劳动关系仍然存续，但在此期间双方不享有和承担劳动法上的权利义务，直至出现法律规定的事由双方劳动关系才解除或终止。本案中，喻某于2022年12月20日向某机械公司邮寄《被迫解除劳动合同通知书》，某机械公司的工作人员于2022年12月22日收到该通知书。综上，某机械公司与喻某之间的劳动合同于2022年12月22日解除，解除的原因系喻某依据《中华人民共和国劳动合同法》第三十八条规定向某机械公司提出解除。

关于喻某申请仲裁是否已超过一年仲裁时效的问题。根据《中华人民共和国劳动争议调解仲裁法》第二十七条的规定，喻某与某机械公司之间的劳动合同于2022年12月22日解除，喻某向隆昌市劳动人事争议仲裁委员会申请劳动仲裁，隆昌市劳动人事争议仲裁委员会于2023年2月13日受理，未超过一年仲裁时效，某机械公司关于喻某申请仲裁已经超过一年仲裁时效的辩称理由不能成立，法院不予采信。

关于某机械公司是否应当支付喻某解除劳动合同的经济补偿金及赔偿金。本案系喻某依据《中华人民共和国劳动合同法》第三十八条规定向某机械公司提出解除劳动合同的情形，而不是用人单位违法解除或终止劳动合同的情形，故某机械公司无须依照《中华人民共和国劳动合同法》第八十七条规定支付喻某赔偿金。经查明，某机械公司不存在拒不提供劳动条件、未及时足额支付劳动报酬以及未依法缴纳社会保险费等情形，喻某要求某机械公司支付解除劳动合同经济补偿金及赔偿金的理由不能成立。

四川省内江市中级人民法院依照《中华人民共和国民事诉讼法》第一百七十七条第一款第一项之规定，判决如下：

驳回上诉，维持原判。

【法官后语】

本案主要涉及“长期两不找”状态下劳动关系的认定问题。

一、“长期两不找”的概念及主要情形

“长期两不找”并非法律概念，而是在司法实践中出现的一种不规范的劳动关系状态，即用人单位与劳动者建立劳动关系后，劳动者长期未向用人单位提供劳动，用人单位也长期未向劳动者发放工资、提供福利待遇等，但用人单位与劳动者也未有效地解除或者终止劳动关系，双方处于互不履行劳动权利义务的状态。

“长期两不找”的出现，主要源自用人单位劳动管理不规范。一般有两种情形：一是“停薪留职”协议期满后，劳动者未回到原单位工作也没有办理辞职手续，单位也未按照“自动离职”作出处理；二是劳动者“不告而别”自行离职，用人单位未及时办理解除劳动关系的手续，或者未将解除劳动关系的通知送达给劳动者。

“长期两不找”中由于用人单位没有与劳动者办理解除（终止）劳动关系手续，存在潜在的问题。劳动者或者找到原单位主张确认劳动关系，要求用人单位补发工资福利待遇补贴、补缴社会保险费、办理退休手续等，或者以用人单位未及时缴纳社会保险费、违法解除劳动合同为由要求其支付经济补偿金、违法解除劳动合同赔偿金等。“长期两不找”在法律上到底属于何种劳动关系，在司法实践中也存在一定争议。

二、“长期两不找”的劳动关系认定问题

如何认定“长期两不找”的劳动关系并界定双方权利义务的范围，司法实践中主要存在三种观点：第一种观点认为，劳动关系自劳动者离开用人单位之日解除，劳动者无权向用人单位主张相关权利。理由是劳动者离开用人单位后，双方之间实际上已经长期没有互相履行劳动权利义务，从公平的角度应承认双方的劳动关系为事实解除。第二种观点认为，劳动关系一直持续，劳动者有权主张福利待遇、补缴社会保险等。理由是，劳动关系依法建立，也应当依法解除，我国劳动法律并无劳动关系自行消灭的规定，而双方未正式履行解除劳动关系的程序，用人单位对此应当负有管理不规范的责任。第三种观点认为，双方的劳动关系从劳动者离开用人单位之日起，至任何一方提出解除劳动关系的意思表示到达对方之日止，此期间双方的劳动关系处于中止状态，双方互不履行劳动权利义务，劳动者不得向用人单位主张工资报酬、福利待遇、社会保险等，中止期间不计入本单位工作年限。

笔者同意第三种观点，理由如下：

1. 认定劳动关系中止符合双方真实意思表示。《中华人民共和国劳动合同法》第七条规定，用人单位自用工之日起即与劳动者建立劳动关系。支持劳动关系自离岗之日解除的观点认为，既然法律认可事实劳动关系，自然也应当允许事实解除劳动关系，这种观点显然失之偏颇。事实上，我国承认事实劳动关系的合法地位旨在通过确认劳动关系不依赖书面合同而存在，进而扩大劳动保护范围，其根本立足点在于双方本身具有建立劳动关系的明确合意。而“长期两不找”中，劳动关系没有经过法定程序予以解除或终止，劳动者与用人单位对于是否解除劳动合同并无明确、有效的意思表示，实际处在一种不确定的状态。人民法院应当尊重劳动者的自主择业权与用人单位的用工自主权，以双方明确的意思表示为前提，在双方意思表示不明确的情况下，不宜径直以默认或推定的方式认定双方劳动关系已经解除。

2. 认定劳动关系中止符合“按劳分配”“权利义务相统一”原则。《中华人民共和国劳动法》第四十六条第一款明确规定：“工资分配应当遵循按劳分配原则，实行同工同酬。”按劳分配，就要充分体现多劳多得、少劳少得、不劳不得。“长期两不找”中，双方之间实际上已经长期没有互相履行劳动权利义务，劳动者不受用人单位规章制度约束，不受用人单位管理，不参加用人单位劳动，用人单位也不向劳动者支付工资、福利待遇等。此种劳动关系本质上已经失去“劳动”要素，因此，用人单位与劳动者不存在劳动法上的权利和义务。同时，劳动关系主体权利义务统一，即双方在实现劳动过程中，各自既行使权利，又履行义务。用人单位未向劳动者支付劳动报酬，当然也无权要求劳动者提供劳动，反之，劳动者无正当理由不为用人单位提供劳动，自然无权主张相应权利。

3. 认定劳动关系中止符合公平原则。如前所述，“长期两不找”的产生一方面源自用人单位的用工管理不规范，对劳动者自行离职的行为长期未作处理，程序上存在过错，这种过错主观上更体现为疏忽大意的过失。而劳动者“不告而别”自行离职，且此后未再向用人单位提供劳动，显然也具有“过错”。若在双方均有“过错”的情况下，一味苛求用人单位承担责任，难免有失公允。这种不公平，不仅体现在对企业的不公平，也体现在对正常提供劳动的劳动者的不公平，既不利于调动各方积极性，也不利于企业的持续、稳定发展。《中华人民共和国劳动合同法》第四章专章规定了劳动合同的解除和终止情形，要求解除劳动合同应当以明示的方式履行相应的解除手续本身是出于保护劳动者合法权益的考虑，是对相对弱势方的劳动者的一种特殊保护。既然是特殊保护，就不宜无限扩张，避免另一种层面的利益失衡，这也是坚持保护劳动者合法权益与保障企业生存发展并重的应然之义。因此从公平原则分析，认定劳动关系中止，可以避免进一步加重用工单位的负担，更体现利益均衡。

4. 认定劳动关系中止有利于当事人及时主张合法权益。保护劳动者的合法权益，确保劳动者的合法劳动权益得到及时、有效的救济，是建立和谐稳定用工关系、维持正常生产秩序的有力保障。同时，当事人及时主张权利，可以促进双方有效举证，便于法院查明案件事实。因此，从便于举证以及保障权益有效实现的角度，应当认定劳动关系中止，鼓励劳动者及时主张自身合法权益。

三、“长期两不找”的相关裁判问题

1. 仲裁时效的适用。“长期两不找”纠纷中属于劳动争议受理范围的诉讼请求，属于劳动争议，适用《中华人民共和国劳动争议调解仲裁法》第二十七条关于仲裁时效的规定。如本案中，喻某与某机械公司之间的劳动合同于2022年12月22日解除，喻某向隆昌市劳动人事争议仲裁委员会申请劳动仲裁，隆昌市劳动人事争议仲裁委员会于2023年2月13日受理，未超过一年仲裁时效。

2. 解除劳动关系的时间认定。如前所述，劳动关系既然是依法建立，也应当依法解除。我国现行法律、法规对于劳动关系的解除有着严格的适用条件并且应当遵循一定的解除程序，双方的劳动关系应当从用人单位或者劳动者任意一方向对方明确提出解除劳动合同的意思表示时方可解除。因此，双方的劳动关系应当从任意一方提出解除劳动合同的意思表示到达对方之日依法解除。此外，司法实践中还存在一方多次通知对方单方解除劳动的情形，此时，建议以解除劳动合同的意思表示首次到达对方之日认定为劳动关系解除时间。

编写人：四川省内江市中级人民法院　雷琳　娄伟光

38

劳动者在休息时间未能及时回复公司微信不能按照规章制度处罚

——王某诉某技术公司劳动争议案

【案件基本信息】

1. 裁判书字号

广东省深圳市中级人民法院（2022）粤03民终1389号民事判决书

2. 案由：劳动争议

3. 当事人

原告（上诉人）：王某

被告（上诉人）：某技术公司

【基本案情】

王某系某技术公司人力资源专员兼运营管理部专员，2020 年 10 月 24 日周六 20 点 56 分该司在微信上通知王某第二天到广州出差，10 月 25 日 9 点 56 分王某回复称“昨天身体不舒服，很早就睡了，没接到电话”，10 点 07 分王某称“我刚看到信息，我过不去”，12 点 12 分回复另一名同事时称“不好意思，今早才知道，家里有事安排不了”。某技术公司以王某违反公司《奖惩与处罚管理规定》第十八条第二项中的规定“对来自公司同事的协作要求不理不睬或敷衍、推诿”为由，给予严重警告处分，并扣 4 分。后，某技术公司以王某多次违反规章制度为由，与其解除劳动关系。

王某仲裁请求：（1）某技术公司支付 2020 年 9 月 1 日至 2020 年 11 月 30 日被恶意扣减的工资合计 1200 元；（2）某技术公司支付 2020 年 12 月 1 日至 2020 年 12 月 30 日的工资 8731.05 元；（3）某技术公司支付违法解除劳动合同的赔偿金 213570 元；（4）某技术公司支付 2020 年度年底双薪 10170 元；（5）某技术公司支付 2019 年 7 月 13 日至 2019 年 7 月 14 日休息日加班工资 1870.34 元；（6）某技术公司支付 2020 年 3 天未休年休假工资差额 4202.28 元。

【案件焦点】

某技术公司认为王某违反规章制度是否成立。

【法院裁判要旨】

广东省深圳市福田区人民法院经审理认为：某技术公司安排王某前往广州支援系应客户要求，属正常工作安排，但当时属于休息日，且王某处于特殊生理期，前往异地工作存在一定障碍，用人单位对此理应给予更多的包容理解和人文关怀，以保障劳动者的基本休息权，加强对特殊职工的劳动保护，故王某因身体不适拒绝该工作安排确有正当理由，某技术公司主张王某对工作敷衍、推诿并于 2020 年 12 月 8 日对王某作出严重警告、扣 4 分的处理，过于严苛，故一审法院认定某技术公司此次对王某的通报批评不成立。

广东省深圳市福田区人民法院判决如下：

一、某技术公司支付王某违法解除劳动合同赔偿金 211470 元；

二、某技术公司支付王某未休年休假工资差额及休息日加班工资差额合计 1255.9 元；

三、某技术公司支付王某律师费 5000 元；

四、驳回王某的其他诉讼请求；

五、驳回某技术公司的其他诉讼请求。

王某及某技术公司均不服一审判决，提起上诉。广东省深圳市中级人民法院经审理认为：某技术公司通知王某到广州出差系在周六 20 点 56 分，王某没有回复微信但在第二天及时告知了未回复的原因，并告知无法前往。劳动者享有休息的权利，休息时间不可能随时电话、微信接收并回复来自公司的指令，用人单位不能要求劳动者在休息时间随时待命，否则是延长了劳动者的工作时间，影响了劳动者享有的休息的权利。公司的规章制度一般规范的系工作时间工作场所内的行为，某技术公司的规章制度中“对来自公司同事的协作要求不理不睬”亦应限定指工作时间内，而不应扩大到工作时间之外的休息时间。王某在周末因合理理由没有接到公司关于休息日加班及出差的指令，该情形与工作时间内对公司实时指令、同事协作要求不予理睬不能等同，某技术公司对王某未能接到公司指令的行为不应进行处罚。王某在 10 月 25 日 10 点前知晓出差安排后，告知公司无法前往，系拒绝了某技术公司加班的要求，根据《中华人民共和国劳动法》第四十一条的规定，用人单位由于生产经营需要，经与工会和劳动者协商后可以延长工作时间，因此，在没有《中华人民共和国劳动法》第四十二条规定的情形下，劳动者可以拒绝用人单位关于加班的要求。王某拒绝某技术公司关于加班出差的要求并不违反法律规定。而且某技术公司也没有坚持王某一定要前往，也没有告知王某不去的后果。某技术公司却事后以王某未能前往出差为由，认为王某推诿同事协作要求，并对王某拒绝加班做出惩罚，法院认为，该次惩罚不当，不应进行扣分处罚。

广东省深圳市中级人民法院依照《中华人民共和国民事诉讼法》第一百七

十七条第一款第一项之规定，判决如下：

驳回上诉，维持原判。

【法官后语】

这个案件主要涉及三个方面的问题：一是王某未能及时回复某技术公司的微信是否不当；二是王某未能按照要求加班是否不当；三是某技术公司按照公司的规章制度对王某进行处罚是否合法。

首先，互联网时代，智能手机的普及、各种即时通信软件的广泛应用使得在线加班、在线待岗可能成为常态，部分用人单位通过工作微信群、QQ群、钉钉等在休息时间向劳动者发出工作指令，即使可能该工作指令仅需回复或者线上简单操作，也毫无疑问地影响了劳动者休息的权利。我国劳动法律规定劳动者享有休息的权利，劳动者的休息权同样应当受到保护。用人单位不能要求劳动者在休息时间如同工作时间一般，对用人单位的线上指令实时响应、回复。本案劳动者未能及时回复用人单位的信息，第二天在合理的时间内对用人单位的指令作出了回应，并对未能及时回复作出了合理解释，劳动者的行为没有过错。实践中，若劳动者在休息时间线上付出了实质性的劳动，用人单位还应当按照加班工资的支付标准支付加班工资。

其次，《中华人民共和国劳动法》第四十一条规定："用人单位由于生产经营需要，经与工会和劳动者协商后可以延长工作时间，一般每日不得超过一小时；因特殊原因需要延长工作时间的，在保障劳动者身体健康的条件下延长工作时间每日不得超过三小时，但是每月不得超过三十六小时。"第四十二条规定："有下列情形之一的，延长工作时间不受本法第四十一条规定的限制：（一）发生自然灾害、事故或者因其他原因，威胁劳动者生命健康和财产安全，需要紧急处理的；（二）生产设备、交通运输线路、公共设施发生故障，影响生产和公众利益，必须及时抢修的；（三）法律、行政法规规定的其他情形。"用人单位由于生产经营需要，经与工会和劳动者协商后可以延长工作时间。因此，在没有《中华人民共和国劳动法》第四十二条规定的情形下，劳动者可以拒绝用人单位关于加班的要求。有的企业完全无视《中华人民共和国劳动法》的上述规定，强制要求加班，并对拒绝加班的行为进行处罚，本案也是属于这种情形。王某拒绝某技术公司关于加班出差的要求其实并不违反法律规定。

最后，劳动关系是劳动者和用人单位在履行劳动合同的过程中建立的法律关系。劳动者在劳动关系中的义务是向用人单位提供劳动，用人单位的义务则是根据劳动者提供的劳动，向其支付劳动报酬。为确保劳动者能够按照用人单位的要求，按时完成工作任务，用人单位需要将劳动报酬、工作时间、休息休假、劳动安全卫生、保险福利、职工培训、劳动纪律等具体要求告知劳动者，上述具体要求就是用人单位的规章制度。《中华人民共和国劳动合同法》第四条对此作出明确规定，即用人单位应当依法建立和完善劳动规章制度，保障劳动者享有劳动权利和履行劳动义务。该法条还对规章制度的制定程序作出了规定，即用人单位在制定、修改或者决定直接涉及劳动者切身利益的规章制度或者重大事项时，应当经职工代表大会或者全体职工讨论，提出方案和意见，与工会或者职工代表平等协商确定。用人单位应当将直接涉及劳动者切身利益的规章制度和重大事项决定公示，或者告知劳动者。因用人单位制定规章制度的目的是确保劳动者能够按照用人单位的要求，按时完成工作任务，因此，其适用的时间、地点应限于用人单位和劳动者履行劳动合同的过程中，也即应当限于工作场所和工作时间之内。劳动者在工作场所和工作时间之外的行为不是履行劳动义务的行为，对双方劳动合同的履行没有影响，不应属于用人单位规章制度约束的范围。本案中，某技术公司对王某在休息时间内的行为用规章制度进行规制，并进行惩罚，明显超出了规章制度应有的范围。

编写人：广东省深圳市中级人民法院　罗巧

39

下属无理举报上司是否属于严重违反公司规章制度

——曾某诉某器材公司劳动争议案

【案件基本信息】

1. 裁判书字号

广东省佛山市中级人民法院（2023）粤 06 民终 4370 号民事判决书

2. 案由：劳动争议

3. 当事人

原告（上诉人）：曾某

被告（被上诉人）：某器材公司

【基本案情】

曾某系某器材公司员工，因对上司韦某的工作方式持有异议，遂向公司总经理举报韦某存在将灭火器拉出去换充气体但实际并未进行换充等不当行为。为了查明事实真相，某器材公司管理层对曾某的举报内容进行了深入调查，并多次询问曾某是否有相关证据能够证明其举报内容的真实性。然而，曾某在多次询问下均表示没有确凿的证据支持其举报内容。

鉴于曾某的举报行为已经对公司的管理秩序和韦某的声誉造成了不良影响，且其无法提供任何证据支持其举报内容的真实性，某器材公司根据内部管理制度的相关规定，认为曾某的行为构成了故意诬告、恶意中伤、诽谤主管等严重违反公司规章制度行为，遂决定与其解除劳动合同。

曾某对某器材公司的处理决定不服，认为其仅是向上级反映情况，并非举报，且某器材公司解除其劳动合同的行为亦违反了相关法律规定，遂向法院提起诉讼，要求公司支付赔偿金。

【案件焦点】

某器材公司解除与曾某的劳动关系是否合法。

【法院裁判要旨】

广东省佛山市禅城区人民法院经审理认为：曾某的诉讼请求不应得到支持，理由如下：首先，某器材公司的总经理接到曾某的电话举报后，于次日与曾某到现场指认举报时所称的问题灭火器，随后又立即安排相关管理人员对曾某举报的关于灭火器的问题开展调查，在调查结果作出前公司一直对下属是谁进行保密，公司已经履行了调查核实的义务。虽然曾某陈述仅是向某器材公司反映韦某的工作情况并不属于举报，但从录音中曾某有让总经理对其陈述的问题进行调查的意思表示，故应认定曾某的行为属于举报而非反映情况。

其次，在某器材公司经过调查后，未发现灭火器存在其举报时所述的问题，某器材公司亦将结果告知曾某，但曾某未明确作出异议表示。且曾某的举报电话录音中均以陈述性语言论述韦某存在不当行为，在公司多次询问曾某是否有证据证明其举报的内容属实后，曾某仍然未能提交任何证据，无法证明其举报内容属实。

综上所述，曾某的行为达到了某器材公司制定的《员工手册》规定的可以解除劳动合同的条件。某器材公司向曾某提出解除劳动合同，是用人单位依法行使劳动用工自主权的体现。劳动法律法规虽保障劳动者的基本劳动权利，但也保障企业正当的用人自主权和经营管理权，故某器材公司的解除行为不构成违法解除劳动合同，对曾某要求公司支付其赔偿金的请求，不予支持。

广东省佛山市禅城区人民法院依照《中华人民共和国劳动合同法》第三十九条，《中华人民共和国民事诉讼法》第六十七条第一款的规定，判决如下：

驳回原告曾某的诉讼请求。

曾某不服一审判决，提出上诉。广东省佛山市中级人民法院经审理认为：某器材公司以曾某严重违反公司规章制度为由解除劳动关系，曾某上诉主张公司的《员工手册》不合法以及其行为并未构成严重违反公司规章制度。首先，关于某器材公司的《员工手册》是否合法有效的问题。综合全案证据可以认定案涉《员工手册》已经经过职工代表大会讨论，且公司据以解除劳动关系的条款为“故意诬告、恶意中伤、诽谤主管制造事端，与公司价值观严重不符”，该条款并未违反法律规定，也并非不合理，且公司已经将《员工手册》告知员工，故法院确认该条款合法有效。其次，综合全案证据可以认定，曾某向某器材公司总经理举报其直属上司保安组组长存在利用职务办理与灭火器公司串通将已到使用期限的灭火器拉出去换充气体，但实际没有换充等行为，损害公司利益。公司总经理随即与曾某现场指认举报所称的问题灭火器，并安排经理、课长及资产管理专员等三人对曾某举报的灭火器问题开展调查，经过称重后发现灭火器重量并未减少。随后公司将称重结果告知曾某，曾某未表示异议，同时公司多次明确如曾某未能提交证据证明其举报属实，可能会解除劳动关系，并多次询问曾某就其举报的问题还有无其他证据予以证明，但曾某均未能提出证据予以证实，故难以认定曾某举报属实。最后，某器材公司《员工手册》明确员工存在“故意诬告、恶意中伤、诽谤主管制造事端，与公司价值观严重不符”情形的，公司可以单方解除劳动合同，且不支付经济补偿金。如前所述，曾某举报其主管，经核查并不属实，故公司据此解除与其劳动合同不属于违法解除，曾某要求公司支付违法解除劳动合同赔偿金理据不足，应不予支持。曾某上诉主张其仅是向领导个人反映情况，并没有对外宣扬，属于正当履行自身职务及监督义务的问题。经查，录音资料显示曾某在向领导举报时是肯定其主管存在严重的侵害公司权益的行为，而非怀疑，故一审法院认定其行为为举报并无不当，况且，在其没有证据证明的情况下作出的肯定性陈述构成故意诬告，所使用语言构成恶意中伤，故曾某的该项上诉主张理据不足，法院不予支持。

广东省佛山市中级人民法院依照《中华人民共和国民事诉讼法》第一百七十七条第一款第一项之规定，判决如下：

驳回上诉，维持原判。

【法官后语】

在现代企业管理中，员工之间的信任与尊重是构建和谐工作环境的基石。

然而，当员工基于不实信息对上司进行举报时，不仅可能破坏这种信任，还可能引发一系列法律纠纷。因此，下属无理举报上司是否属于严重违反公司规章制度在审判实践进行认定时应注意以下几点：

1. 无理举报的定义。无理举报通常是指下属在没有充分证据或合理理由的情况下，对上司进行不实或恶意的举报行为。这种行为可能基于个人恩怨、嫉妒或其他不正当动机。而无理举报对上司的声誉和公司的正常运营秩序都将可能造成以下不良影响：首先，无理举报可能损害上司的声誉，影响其在团队中的权威和领导力。其次，无理举报可能导致公司内部出现信任危机，影响团队的凝聚力和协作效率。最后，无理举报还可能导致公司需调派人员进行调查，浪费公司资源，增加经营管理成本。

2. 无理举报的认定标准。第一，要考量举报的内容是否基于事实依据。无理举报通常指没有充分证据或事实依据的举报，因此，对举报内容的真实性、可靠性进行评估是首要步骤。如果举报内容明显与事实不符或缺乏必要的证据支持，则可能被视为无理举报。第二，要评估举报的动机和目的。无理举报往往出于不正当的动机，如报复、诽谤等。如果下属出于恶意或不良动机进行举报，那么其举报行为可能被视为无理举报。第三，举报方式是否合法。如果下属在举报过程中采取了非法手段或侵犯了他人权益，那么其行为也应当被视为无理举报。第四，举报行为是否给公司或上司造成损害。如果举报行为给公司或上司造成了声誉损害、经济损失或其他不良影响，那么下属的行为就应当被视为无理举报。

3. 公司规章制度的法律效力认定。在劳动关系中，企业内部管理制度对于规范员工行为、维护企业秩序、保障员工权益等方面具有重要的作用。对于下属无理举报上司的行为，企业内部管理制度应当明确规定其属于严重违反规章制度的行为，并规定相应的处理措施。若公司已按照相关程序制定规章制度并将之有效送达劳动者，则应认定公司的该条款合法有效。

4. 应综合考虑劳动者的行为是否违背诚实信用原则和职业道德。在劳动关系中，诚实信用原则要求劳动者应当诚实守信、遵守承诺、不欺诈、不隐瞒；

职业道德则要求劳动者在从事职业活动时应当遵守行业规范、恪守职业操守、维护职业声誉。若劳动者在缺乏事实的基础上对上司作出无理举报，显然有违诚实信用原则和职业道德，应当对此作出否定性评价。

具体到本案中，曾某对其举报事宜均无法提供证据予以佐证，显然已构成了无理举报，其应当为自己的不实举报承担法律责任。而某器材公司作为用人单位有权维护其正常的经营秩序和员工的合法权益，当员工的行为损害了公司的声誉或利益时，公司有权采取相应的措施予以纠正。本案判决依据相关法律法规和公司制度的规定判决公司属于合法解除与曾某的劳动关系，有效维护了企业的合法权益和正常的用工秩序，同时也提醒劳动者应在合理、合法范围内行使自己的劳动权利。

编写人：广东省佛山市禅城区人民法院　黎逸菲

40

用人单位与其工会委员会在劳动者违反公司规章制度调查程序中应保持相对独立

——某水泥公司诉傅某经济补偿金案

【案件基本信息】

1. 裁判书字号

重庆市第三中级人民法院（2023）渝03民终901号民事判决书

2. 案由：经济补偿金纠纷

3. 当事人

原告（上诉人）：某水泥公司

被告（被上诉人）：傅某

【基本案情】

2010年5月4日，傅某入职某水泥公司，其工作岗位为石灰石堆场取料巡检工。2022年3月21日，因工资问题，傅某与某水泥公司分厂副厂长易某发生口角，后经民警劝解，双方平息口角。2022年5月13日，在工作时间及场所内傅某与易某再次发生纠纷，并产生肢体冲突。次日，某水泥公司作出《关于解除与傅某劳动合同通知函》，提请工会提出意见。某水泥公司行政部门负责人邱某、总经理助理乐某参与该文件的拟定及审批程序。2022年5月16日，某水泥公司工会委员会函复同意解除某水泥公司与傅某的劳动合同。工会副主席邱某、工会主席乐某批准该答复函。2022年6月13日，某水泥公司作出《某水泥公司解除（终止）劳动合同证明》，以傅某在2022年5月13日殴打易某，严重违反规章制度为由，解除与傅某的劳动合同。2022年6月29日，傅某申请劳动仲裁，请求某水泥公司支付其违法解除劳动合同赔偿金150000元、休息日加班工资33289.56元、带薪年休假工资3310.34元。2022年8月3日，涪陵区劳动仲裁委作出仲裁裁决：一、某水泥公司于裁决书生效十日内一次性支付傅某违法解除劳动关系赔偿金129225元；二、驳回傅某的其他仲裁请求。某水泥公司不服该仲裁裁决，诉至法院。

【案件焦点】

某水泥公司工会委员会审查用人单位某水泥公司对劳动者傅某的违反公司规章制度处罚决定是否合法合理。

【法院裁判要旨】

重庆市涪陵区人民法院经审理认为：用人单位单方解除劳动合同，应当事先将理由通知工会，用人单位违反法律、行政法规规定或者劳动合同约定的，工会有权要求用人单位纠正，用人单位应当研究工会意见，并将处理结果书面通知工会；同时，用人单位对劳动者严重违反用人单位规章制度的事实及解除劳动合同的程序合法应当承担举证责任。本案中，某水泥公司以傅某殴打易某，严重违反规章制度解除与傅某的劳动合同，应当提供证据予以证明，2022年5

月 13 日，傅某与某水泥公司水泥分厂副厂长易某在工作时间、场所，相互发生肢体冲突，事后，双方身体均留有伤痕，无法排除傅某出于防卫与易某发生肢体冲突的可能性。同时，某水泥公司由邱某、乐某以行政部门负责人、总经理助理的身份参与调查并拟定《关于解除与傅某劳动合同通知函》，事后，又分别以工会副主席、工会主席的身份批准该答复函，其单方解除与傅某劳动合同的程序缺乏正当性。因此，某水泥公司应支付傅某经济赔偿金 129225 元。

重庆市涪陵区人民法院依照《中华人民共和国劳动合同法》第三十九条第二项、第四十八条、第八十七条，《中华人民共和国民事诉讼法》第六十七条之规定，判决如下：

某水泥公司于本判决生效后十日内支付傅某解除劳动合同经济赔偿金 129225 元。

某水泥公司不服一审判决，提起上诉。重庆市第三中级人民法院经审理认为：现无充分证据证明傅某的行为严重破坏某水泥公司的正常生产经营秩序和管理秩序，并给某水泥公司造成重大的利益损失，其行为达到了劳动关系难以维持程度。故，傅某的上述行为并未严重违反用人单位某水泥公司的规章制度。邱某、乐某分别系某水泥公司的行政部门负责人、总经理助理，同时又是某水泥公司的工会副主席、工会主席，违反了《企业工会主席产生办法（试行）》第六条的规定。同时，某水泥公司单方解除与傅某的劳动合同由邱某、乐某以行政部门负责人、总经理助理的身份参与调查并拟定《关于解除与傅某劳动合同通知函》，事后，又分别以工会副主席、工会主席的身份批准该答复函，其程序不具有正当性，违反了《中华人民共和国劳动合同法》第四十三条的规定。综上，某水泥公司解除与傅某的劳动合同属违法解除，一审判决某水泥公司向傅某支付解除劳动合同经济赔偿金 129225 元，并无不当。

重庆市第三中级人民法院依照《中华人民共和国民事诉讼法》第一百七十七条第一款第一项之规定，判决如下：

驳回上诉，维持原判。

【法官后语】

工会是职工利益的代表，其代表职工依法参与企业民主管理，对企业劳动保护工作实施民主监督。但实践中，部分基层企业工会委员会的独立性缺损，经济上的依赖致使企业中的工会未能完全发挥桥梁作用，职位上的混同致使企业中的工会对企业作出的劳动处罚决定审查不严，工会职能职责被弱化，劳动者合法权益保护流于形式。此种审查行为的性质应如何界定，用人单位能否借此处罚劳动者，值得探讨。

1. 劳动者严重违反公司规章制度的认定应综合行为缘由、行为后果、用人单位管理过失等因素考量。根据《中华人民共和国劳动合同法》第三十九条的规定，严重违反用人单位的规章制度的劳动者，用人单位有权解除与其之间的劳动合同。即，劳动者的行为违反用人单位依据规章制度必须达到“严重”的程度，尚未达到严重程度的一般或者轻微的过失，用人单位不得随意解除劳动合同。虽然现行法律并未明确劳动者的行为违反用人单位依据规章制度达到“严重”程度的认定标准，如劳动者违反操作规程，损坏生产、经营设备造成经济损失，不服从用人单位正常工作调动，不服从用人单位的劳动人事管理，无理取闹，打架斗殴，散布不实言论损害企业声誉等行为，给用人单位的正常生产经营秩序和管理秩序带来了严重损害，其过失达到了劳动关系难以继续维持的程度应作为“严重”的判断标准。本案中，傅某的日常工作本应由车间主任负责，但某水泥公司明知水泥分厂副厂长易某与傅某存在矛盾，仍让易某越级管理傅某，某水泥公司的管理存在较大过失。傅某提出其腰痛只能打杂，易某未经核实便强令傅某更换袋子，最终导致双方发生口角及肢体冲突，傅某与易某在该纠纷发生过程中均有过错。综合分析，傅某的行为尚未达到严重违反公司规章制度的程度。

2. 用人单位与用人单位工会委员会在参与劳动者严重违反公司规章制度调查程序的人员组成及意思表示上应具有相对独立性。工会是职工利益的代表，维护职工合法权益是工会的基本职责，用人单位单方解除劳动合同必然会给劳动者利益带来不利影响，为了平衡用人单位与劳动者的合法权益，法律赋予了用人单位单方解除劳动合同的工会的知情权和纠错权。为保证工会独立行使前述权利，必然要求工会与用人单位的人员组成、意思表示等具有相对独立性，否则将会导致工会在劳动合同解除中的监督作用及维护劳动者合法权益形同虚设，《工会基层组织选举工作条例》第十一条“单位行政主要负责人、法定代表人、合伙人以及他们的近亲属不得作为本单位工会委员会委员、常务委员会委员和主席、副主席候选人”的规定亦彰显了前述法律理念。本案中，邱某、乐某既以某水泥公司行政管理身份参与调查，又以工会主席、副主席身份批准同意公司处罚决定。该行为完全弱化了工会基本职责，未能有效保障傅某合法权益，遂对该工会委员会的审查程序予以否定性评价，依法判处某水泥公司支付傅某违法解除劳动合同赔偿金。

3. 独立性缺损的工会审查行为有违法治精神。司法裁判具有价值示范引领作用，从反面效果而言，若不将此种审查行为作否定性评价，则将导致用人单位管理者利用独立性缺损的工会审查程序，限制和损害劳动者合法权益，不利于构建和谐稳定的劳动关系。故而，本案在认定用人单位行政管理高管兼任工会领导职务属于违法基础上，依据《中华人民共和国劳动合同法》第四十三条工会审查程序之规定，确认独立性缺损的工会所作出的审查行为不具有法律效力，判决用人单位支付劳动者违法解除赔偿金。

编写人：重庆市第三中级人民法院　周建峰

41

用人单位对劳动者追偿权比例的确定

——某建设工程公司诉卢某劳动争议案

【案件基本信息】

1. 裁判书字号

北京市高级人民法院（2023）京民终 387 号民事判决书

2. 案由：劳动争议

3. 当事人

原告（被上诉人）：某建设工程公司

被告（上诉人）：卢某

【基本案情】

2020 年 5 月，卢某入职某建设工程公司，双方订立了书面劳动合同，约定卢某担任驾驶员，月工资 7500 元。某建设工程公司未为卢某缴纳社会保险。

2020 年 11 月 12 日 9 时许，在某国道，卢某驾驶某建设工程公司所有的小型普通客车由东向西行驶时，适有孙某驾驶小型轿车（内有乘车人张某）由西向东行驶，两辆车相撞，造成卢某、孙某、张某受伤，两车损坏的交通事故。该事故经认定，卢某驾车逆行的违法行为是此次事故发生的全部原因，确定卢某为全部责任，孙某、张某均无责任。卢某驾驶的案涉车辆在保险公司投保了机动车交通事故责任强制保险，未投保机动车第三者责任险。某建设工程公司认可事故发生时其与卢某是劳动关系，卢某系在执行工作任务。

事故发生后，孙某、张某被送往医院救治，某建设工程公司支付张某现金 5 万元。事后张某、孙某分别以卢某、保险公司、某建设工程公司为共同被告诉至法院，要求三被告赔偿其医疗费、残疾赔偿金、财产损失等。某建设工程公司因承担案涉事故侵权责任所产生的经济损失包括其已支付张某的 5 万元、因履行生效判决向张某支付的 447647.90 元及向孙某支付的 139532.10 元、向孙某支付的车辆报废款 4 万元，以上经济损失共计 677180 元；某建设工程公司另有自有车辆损失 1 万元。

【案件焦点】

1. 卢某对于造成孙某、张某人身及财产损害，其主观上是否具有故意或者重大过失；2. 如果认定卢某主观上确有故意或重大过失，某建设工程公司向卢某行使追偿权的比例如何确定。

【法院裁判要旨】

北京市第一中级人民法院经审理认为：卢某因逆行造成他人损害，其作为一名专职驾驶员，没有尽到审慎注意义务，也没有尽到连一般人都应尽的注意义务，严重违反了法律的强制性规定。卢某主张其因过度劳累，发生交通事故前其已经处于休克昏迷状态，但是其提交的证据不能证明上述主张，故法院认定其对于事故及损害的发生具有重大过失。

关于某建设工程公司就其因侵权责任所产生的经济损失可以向卢某追偿金额的确定。具体到本案中，应当考虑以下因素：（1）用工关系的法律性质。某建设工程公司与卢某建立的是劳动关系，对卢某的劳动力使用上拥有支配性的管理控制力，因此，基于风险与利益对等的原则，某建设工程公司理所当然应当承受较之劳务关系、承揽关系等普通民事用工关系更高的用工风险。（2）工作本身的危险系数。卢某作为专职驾驶员，其工作性质要求在出车时必须注意力高度集中，且在工作时间内需随叫随到，甚至在工作时间外也要随时待命，此种情形下，注意力分散在所难免。可以认为该工作较之一般工作具有更高危险性，因此不能完全由劳动者一方承担，否则有违公平。（3）劳动者的劳动报酬水平。本案中，卢某月工资标准为7500元，远未达到2020年北京市法人单位从业人员平均工资水平，也未达到当年的北京市城镇私营法人单位从业人员平均工资水平。相对于其较低的工资水平，如果令其承担过重的追偿责任，是有违公平原则以及劳动合同权利义务对等原则的。（4）用人单位对损失的发生是否存在过错。对于拥有机动车并频繁使用机动车的用人单位，除了应当依法投保机动车交通事故责任强制保险，其理所当然为机动车投保机动车第三者责任险。因此，应当将未投保机动车第三者责任险认定为用人单位对部分损失的发生存在过错，在确定追偿金额时，将因为未投保机动车第三者责任险而多支出的赔偿金额从其可以追偿的金额中适当扣减，这样才能引导用人单位足额投保，充分保护受害人的合法权益，减轻劳动者的不合理负担。综合考虑以上因素，法院确定某建设工程公司就其承担侵权责任所产生的经济损失可以向卢某追偿的金额为343000元。就某建设工程公司自有车辆损失10000元，鉴于卢某对案涉交通事故及损害的发生具有重大过失，考虑到用工关系的法律性质、工作本身的危险系数、卢某的劳动报酬水平等因素，法院酌定由卢某承担其中的7000元。

北京市第一中级人民法院依照《中华人民共和国民法典》第五百九十二条第二款、第一千一百九十一条第一款，《中华人民共和国劳动合同法》第三条第一款，《中华人民共和国道路交通安全法》第二十二条第二款、第三十五条，《中华人民共和国民事诉讼法》第六十七条规定，判决如下：

一、卢某于本判决生效之日起十日内向某建设工程公司支付350000元；

二、驳回某建设工程公司的其他诉讼请求。

卢某不服一审判决，提起上诉。北京市高级人民法院同意一审法院裁判意见，依照《中华人民共和国民事诉讼法》第一百七十七条第一款第一项规定，判决如下：

驳回上诉，维持原判。

【法官后语】

本案系跨民法与劳动法两大法律部门体系，用人单位依法行使追偿权的新型疑难案例，涉及以下几个方面问题，值得探讨。

一、用人单位如何选择司法救济路径

一方面，《中华人民共和国民法典》（以下简称《民法典》）第一千一百九十一条明确规定用人单位可以向劳动者行使追偿权；另一方面，本案纠纷系用人单位与劳动者因劳动合同履行发生的纠纷，属于劳动争议。因此在司法实践中，对于此类纠纷到底属于侵权责任纠纷中的用人单位责任纠纷，还是属于劳动争议，存在不同的裁判观点。笔者认为，对于用人单位来说，实际上构成请求权竞合，应当允许其结合自身情况在用人单位责任纠纷与劳动争议之间选择更适合自己的救济路径，不应当强迫用人单位必须先行劳动仲裁或者只能走侵权诉讼。

二、劳动者主观过错应当如何认定

故意是指劳动者在执行职务过程中，明知自己的行为会发生危害结果，希望或者放任危害结果的发生。在实务中对于故意的认定具有较高的要求，对于故意的认定并不困难，笔者对此不予赘述。重大过失是指因从事专业工作而具有较高注意义务的劳动者，应当预见自己的行为可能造成损害后果，因疏忽大意或者过于自信，且未尽到一般人的注意义务，导致损害后果的发生。本案系对交通事故领域中驾驶员主观过错程度的认定，对于此类事故领域认定劳动者具有重大过失主要从两个方面考虑：一是劳动者作为专职驾驶人员，其具有较高的审慎注意义务却违反审慎注意义务且未尽到一般人的注意义务；二是交通事故责任的认定，驾驶员违反了法律的强制性规定，对事故的发生负全部责任。

三、确定追偿比例时应当考量的因素

《民法典》第一千一百九十一条第一款规定："……用人单位承担侵权责任后，可以向有故意或者重大过失的工作人员追偿。"但是对于可以追偿的具体比例，没有统一进行规定。实际上，劳动用工具有高度的复杂性，背后的法律关系也不见得相同，现实生活更是纷繁芜杂，因此，在确定可以追偿的原则之下，由裁判者根据个案具体事实，综合衡量用工关系的法律性质、工作本身的危险系数、劳动者的劳动报酬水平、用人单位对损失的发生是否存在过错以及用人单位在劳动者选任、监督、管理上是否存在疏漏等多种因素，对追偿比例作出裁判，可能更符合实际，亦更公平合理。因此，《民法典》没有统一规定用人单位可以追偿的具体比例，彰显了立法智慧。

劳动者在对损害的发生存在故意的情况下，毋庸置疑，其应当承担全责。而在劳动者对损害的发生存在重大过失的情况下，对于劳动者应当承担的赔偿责任比例，则需要结合用工关系的法律性质、工作本身的风险系数、劳动者的劳动报酬水平、用人单位对损失的发生是否具有过错、用人单位在劳动者选任、监督、管理上是否存在疏漏等多种因素之后进行确定。

编写人：北京市第一中级人民法院　吴博文　赵慧茹

四、劳动合同的解除和终止

42

劳动者离职前年终奖发放应当综合离职原因、时间及工作表现认定

——李某诉某电气公司劳动争议案

【案件基本信息】

1. 裁判书字号

北京市高级人民法院（2022）京民再96号民事判决书

2. 案由：劳动争议

3. 当事人

原告（上诉人、申诉人）：李某

被告（被上诉人、被申诉人）：某电气公司

抗诉机关：北京市人民检察院

【基本案情】

李某自2010年7月1日到某电气公司工作。双方订立有无固定期限劳动合同。2018年1月某电气公司以组织职能战略部署变化、变更组织结构为由，撤销李某原工作岗位“工具中心协调主管”。后，双方就李某工作岗位调整事宜进行协商，但未达成一致意见。2018年3月30日，某电气公司通知李某解除

劳动关系并同意支付李某解除劳动合同经济补偿金135624元及额外一个月工资30616.57元作为代通知金等。李某于2019年3月7日向北京市朝阳区劳动人事争议仲裁委员会申请仲裁裁决。2019年9月4日，仲裁委员会作出裁决：某电气公司支付李某2018年1月1日至2018年3月30日未休年休假工资5587.56元并驳回李某的其他申诉请求。李某不服仲裁裁决诉至一审法院，要求某电气公司撤销解除劳动合同通知书，继续履行劳动合同，支付解除劳动关系之日起至恢复劳动关系之日止的工资；支付2017年度年终奖；支付养老储蓄金；支付手机通信费；支付2018年度未休年休假工资。

【案件焦点】

1. 是否应当继续履行李某与某电气公司签订的劳动合同；2. 是否应当给付李某年终奖；3. 李某是否满足给付年终奖的要求。

【法院裁判要旨】

北京市朝阳区人民法院经审理认为：某电气公司经营战略部署变化及组织结构调整等情形，不符合《中华人民共和国劳动合同法》第四十条第三项所指情形。现某电气公司已取消李某原工作岗位，双方对于某电气公司为李某重新调整工作岗位并未达成一致意见，故原劳动合同不具备继续履行的可能。李某要求继续履行劳动合同的诉讼请求，一审法院不予支持。李某据此主张双方解除劳动关系后的工资等诉讼请求，缺乏事实及法律依据，一审法院亦不予支持。

李某提供的现有证据无法证明其应得年终奖及手机通信费等事实，故其相关诉讼请求一审法院不予支持。就李某主张的2018年1月至3月的未休年休假工资，一审法院将根据现有证据依法处理。

北京市朝阳区人民法院依照《中华人民共和国劳动合同法》第二十九条、第四十条之规定，判决如下：

一、某电气公司于判决书生效后七日内支付李某2018年1月1日至2018年3月30日未休年休假工资5587.56元；

二、驳回李某的其他诉讼请求。

李某不服一审判决，提出上诉。北京市第三中级人民法院同意一审法院意见。

北京市第三中级人民法院判决如下：

驳回上诉，维持原判。

李某不服二审判决，申请再审。北京市高级人民法院申诉审查后，裁定驳回李某再审申请。后，李某向北京市人民检察院申请监督，北京市人民检察院审查后，向北京市高级人民法院提出抗诉，北京市高级人民法院经抗诉审查后，遂裁定提审本案。

北京市高级人民法院经审理认为：某电气公司的组织战略部署变化及变更组织结构，并不符合《中华人民共和国劳动合同法》第四十条第三项情形。某电气公司已取消李某原工作岗位，双方对于某电气公司为李某重新调整工作岗位未达成一致意见，某电气公司亦不存在继续履行劳动合同的主观愿望，故原劳动合同不具有履行的主观和客观可能。李某据此主张双方解除劳动关系后的工资、养老储蓄金的诉讼请求，缺乏事实及法律依据。

劳动合同的解除并非李某一方过错导致。双方劳动合同于 2018 年 3 月 30 日解除，李某已完成 2017 年度工作。某电气公司在 2018 年发放过 2017 年度年终奖，在某电气公司未举证 2017 年度李某的工作业绩、表现等方面不符合约定的情况下，可以认定李某在该年度为某电气公司正常履职且完成工作任务，且李某在再审中提交 2011 年到 2017 年 3 月工资单，证明每年均发放年终奖，故法院认定某电气公司应当支付年终奖。结合本案的情况，酌情确定 2017 年度年终奖 40000 元。

关于李某主张的手机费用 325 元，因某电气公司已当庭认可此项诉讼请求，法院予以确认。关于一、二审核算的未休年休假工资金额并无不当，法院予以确认。

北京市高级人民法院依照《中华人民共和国民事诉讼法》第一百七十七条第一款第二项之规定，判决如下：

一、撤销北京市第三中级人民法院（2020）京 03 民终 12166 号民事判决及北京市朝阳区人民法院（2020）京 0105 民初 28642 号民事判决第二项；

二、维持北京市朝阳区人民法院（2020）京0105民初28642号民事判决第一项；

三、某电气公司于本判决生效起七日内向李某支付2017年度年终奖40000元；

四、某电气公司于本判决生效起七日内向李某支付2018年1月1日至2018年3月31日手机费325元；

五、驳回李某的其他诉讼请求。

【法官后语】

一、年终奖的性质

国家统计局发布的《关于工资总额组成的规定》第四条、第七条，明确了年终奖的性质，年终奖属于劳动报酬即工资总额的组成部分，属于奖金中的其他奖金。而《中华人民共和国劳动合同法》《中华人民共和国劳动合同法实施条例》等法律法规中，并未规定年终奖是否发放及其发放规则，年终奖的发放及其发放规则系属用人单位经营自主权范畴。但是用人单位经营自主权的行使，年终奖发放规则制定不应限制或剥夺劳动者的合法权益。在二者产生冲突时，司法应当予以介入，以期平衡二者关系并实现分配正义。

二、劳动者离职前年终奖的给付条件

通常意义上，年终奖是用人单位根据全年经济效益和对员工全年工作业绩的综合考核后发放的一次性奖金，属于合法劳动报酬的范畴，而不只是用人单位激励员工、留住人才的手段，对于年终奖，用人单位不得无故拖欠或克扣。若劳动者在发放年终奖之前离职，向用人单位主张其支付其完成工作年度年终奖的，用人单位无正当理由不得拒绝。劳动者提前离职向用人单位主张离职前年终奖的，应同时符合下述条件，人民法院才能支持其给付年终奖主张：（1）从离职原因上，员工是否为非主动辞职或因自身过失而离职；（2）从离职时间上，员工离职时是否已完成一年工作；（3）从工作表现上，公司是否没有证据证明员工业绩表现不佳。上述三个条件是在平衡用人单位经营自主权与保护劳动者合法权益的基础上建立的审查认定标准，即在满足上述条件下要求用人单位给付年终奖尚属公平合理，若存在因工作失职等重大过错、工作表现不符合年终奖发放条件等情形，劳动者主张离职前年终奖的便不易得到法院支持。

三、本案适用分析

劳动者主张发放离职前年终奖的，需要从离职原因、离职时间、离职前工作表现及对用人单位的贡献度等方面综合判断是否给付年终奖。年终奖本身是劳动报酬的一部分，在劳动者非因自身原因离职，离职前已经完成上一年度工作的基础上，且无证据证明其工作表现不佳，不符合年终奖发放条件的，依照用人单位文件“员工在奖金发放之前离职则无权享受奖金”的规定拒绝发放年终奖的，显然限制或剥夺了劳动者应当享有的劳动报酬，不应当予以适用。

本案中，系争劳动合同解除因某电气公司战略经营部署变化及组织结构取消李某工作岗位，双方亦未就调整工作岗位达成一致，劳动合同解除并非李某一方过错。且解除劳动合同前，李某已经完成上一年度工作，某电气公司在无证据证明李某工作业绩、表现不符合规定的情况下，可以认定李某正常履职且完成工作任务。且其提交工作等证据已经证明公司具有发放年终奖的惯例。据此，应支持李某主张年终奖的诉求。

编写人：北京市高级人民法院　罗兆英　邹文钢

43

劳动者提供虚假病历“骗取”病假有违诚实信用，用人单位可依法解除劳动合同

——某运输公司诉高某劳动争议案

【案件基本信息】

1. 裁判书字号

北京市第三中级人民法院（2023）京03民终11563号民事判决书

2. 案由：劳动争议

3. 当事人

原告（反诉被告、上诉人）：某运输公司

被告（反诉原告、上诉人）：高某

【基本案情】

某运输公司与高某签订了自2016年6月1日起的无固定期限劳动合同。2019年12月6日，某运输公司向高某发出《告知书》，要求其于2019年12月26日前回某运输公司分公司报到，如按期未报到按照旷工处理。高某向某运输公司提交了某医院等医疗机构诊断意见书，自2019年12月至2021年12月多次以生病为由向某运输公司申请病假。2021年7月6日，某运输公司作出《员工调（借）通知》，将高某调到连云港项目工作，后高某未实际到岗工作。2021年12月16日，某运输公司作出《解除劳动合同通知书》，解除与高某的劳动合同，解除原因为：1. 高某自2019年12月24日起以病假为由未向某运输公司提供劳动，在病假期间为其他公司提供劳动，违反员工基本的忠诚义务和诚实信用原则，存在骗取公司病假工资的违法行为；2. 自2021年7月10日开始，高某未履行任何请假手续，也未正常出勤，已构成严重旷工。高某收到上述《解除劳动合同通知书》后，提出劳动仲裁申请，仲裁裁决某运输公司支付高某违法解除劳动合同赔偿金35902.9元，双方均不服裁决结果，诉至法院。

二审期间，某运输公司申请法院前往某医院核实高某提交的诊断意见书，医院回函载明“印章不属实……高某在我院无挂号信息”，双方对上述回函的真实性均无异议。

【案件焦点】

某运输公司是否构成违法解除劳动合同。

【法院裁判要旨】

北京市通州区人民法院经审理认为：对员工出勤及请休假的管理既是用人单位的权利，也是义务，某运输公司如对高某的请休假申请有异议，或发现其有违反相关考勤制度行为，应及时向其释明，提出要求，并告知后果，在已正常为高某结算请休假期间工资的情况下，事后主张其请休假的行为属于旷工不能成立，某运输公司无权以高某旷工为由与其解除劳动合同。某运输公司单方解除与高某的劳动关系属于违法解除，应当支付违法解除劳动合同赔偿金。

北京市通州区人民法院依照《中华人民共和国劳动合同法》第四十八条、第八十七条，《最高人民法院关于审理劳动争议案件适用法律问题的解释（一）》第四十四条以及《中华人民共和国民事诉讼法》第六十七条第一款之规定，判决如下：

一、某运输公司于本判决生效之日起七日内支付高某违法解除劳动合同赔偿金 28207.56 元；

二、驳回高某的其他诉讼请求；

三、驳回某运输公司的其他诉讼请求。

某运输公司与高某均不服一审判决，提出上诉。北京市第三中级人民法院经审理认为：在劳动合同履行期间，用人单位与劳动者均应恪守诚实信用原则。劳动者的诚信义务在于如实说明与劳动合同直接相关的基本情况，完成劳动任务，遵守劳动纪律和职业道德。本案中，高某自 2019 年 12 月至 2021 年 12 月多次以生病为由向某运输公司申请病假，某运输公司基于对高某的信任，向高某发放了病假工资。但根据查明的事实，高某提交的某医院的诊断意见书并非该医院出具，高某亦未对此作出合理解释，其行为有违劳动者的职业操守和职业道德，亦与社会主义核心价值观不符。在此情况下，某运输公司有权解除与高某的劳动合同。鉴于某运输公司已就解除事宜征求工会意见，并将解除通知书送达至高某，故某运输公司系合法解除劳动合同，无须支付违法解除劳动合同赔偿金。一审法院对此认定有误，二审法院予以纠正。

北京市第三中级人民法院依照《中华人民共和国劳动法》第三条，《中华人民共和国民事诉讼法》第一百七十七条第一款第二项规定，判决如下：

一、撤销北京市通州区人民法院（2022）京0112民初32636号民事判决；

二、某运输公司无须支付高某违法解除劳动合同赔偿金35902.9元；

三、驳回高某的其他诉讼请求。

【法官后语】

本案系劳动者提供虚假病历被用人单位解除劳动合同而引发的纠纷，涉及劳动者存在违反职业道德行为时的劳动合同解除问题。本案通过裁判明确劳动者提供虚假病历“骗取”病假，有违职业道德，亦有悖诚实信用原则，即便用人单位规章制度或劳动合同中未予明确规定，用人单位亦可以依法解除劳动合同。

一、用人单位过错性辞退制度的法律规定

普通民事法律关系中，民事主体双方地位平等。而在劳动关系中，劳动者与用人单位存在人身隶属性，劳动者处于相对弱势地位。正因如此，《中华人民共和国劳动法》（以下简称《劳动法》）第一条①就开宗明义地提出，我国劳动立法的基本宗旨是“保护劳动者的合法权益”。为保证劳动关系的和谐稳定，防止用人单位随意解除劳动合同，侵犯劳动者合法权益，《中华人民共和国劳动合同法》（以下简称《劳动合同法》）及相关法律法规明确了用人单位行使单方解除权的理由及程序，不符合法律的规定，用人单位不能解除双方劳动关系。其中，《劳动合同法》第三十九条②规定了用人单位的过错性解除制度，针对的是在劳动者存在过错的六种情况下，用人单位无须向劳动者预告就

---

① 《劳动法》第一条规定：“为了保护劳动者的合法权益，调整劳动关系，建立和维护适应社会主义市场经济的劳动制度，促进经济发展和社会进步，根据宪法，制定本法。”

② 《劳动合同法》第三十九条规定：“劳动者有下列情形之一的，用人单位可以解除劳动合同：（一）在试用期间被证明不符合录用条件的；（二）严重违反用人单位的规章制度的；（三）严重失职，营私舞弊，给用人单位造成重大损害的；（四）劳动者同时与其他用人单位建立劳动关系，对完成本单位的工作任务造成严重影响，或者经用人单位提出，拒不改正的；（五）因本法第二十六条第一款第一项规定的情形致使劳动合同无效的；（六）被依法追究刑事责任的。”

可以单方解除劳动合同。

根据该条规定，用人单位单方解除劳动合同必须符合法律规定。用人单位主张劳动者严重违反公司规章制度时，应当由用人单位承担举证责任，对劳动者是否存在严重违反公司规章制度的认定，应以劳动合同或规章制度具体规定为基本判断标准。用人单位的举证责任包括三个方面：

第一，规章制度的合法性。用人单位规章制度是用人单位制定的组织劳动过程和进行劳动管理的规则和制度的总和，也称为内部劳动规则，是企业内部的“法律”。《劳动法》规定，用人单位应当依法建立和完善规章制度，劳动者应当遵守劳动纪律。用人单位规章制度的合法性包含程序合法和内容合法。关于程序合法性，根据《最高人民法院关于审理劳动争议案件适用法律问题的解释（一）》第十九条的规定，用人单位规章制度制定程序必须民主协商确定，还应向劳动者公示；未经公示一般不能作为用人单位解除劳动者劳动合同的依据。关于内容合法性，规章制度要对劳动者产生约束力，必须内容合法；违反法律法规、司法解释可能损害劳动者合法权益的条款一律无效，即便劳动者的行为违反了这些条款，用人单位也不得依据这些无效条款解除与劳动者的劳动合同。同时，《劳动合同法》对于用人单位规章制度的内容、制定程序、异议程序、告知程序及法律责任进行了规定。

第二，劳动者存在严重违反公司规章制度行为。对劳动者是否严重违反公司规章制度的认定，应依据劳动合同或规章制度的规定，同时，不同部门、不同行业有不同的要求，需要结合劳动者所在岗位和行业进行判断。

第三，解除程序的合法性。根据《劳动合同法》第四十三条的规定，用人单位行使单方解除权，应履行相应的民主程序，即应当事先将理由通知工会。同时，用人单位应将解除通知送达劳动者。

《最高人民法院关于审理劳动争议案件适用法律问题的解释（一）》第四十四条规定：“因用人单位作出的开除、除名、辞退、解除劳动合同、减少劳动报酬、计算劳动者工作年限等决定而发生的劳动争议，用人单位负举证责任。”若用人单位未能就解除劳动合同的合法性及合理性充分举证的，应当承担举证不力的法律后果，即按照《劳动合同法》规定的经济补偿标准的二倍向劳动者支付赔偿金。

二、诚实信用原则在劳动法领域的适用

《劳动法》第三条第二款规定，劳动者应当完成劳动任务，提高职业技能，执行劳动安全卫生规程，遵守劳动纪律和职业道德。诚实信用是劳动法的重要原则，是用人单位与劳动者依法建立和履行劳动关系的前提条件，亦是社会主义核心价值观的基本内容，在劳动法领域适用诚实信用原则，对用人单位和劳动者具有双向调整作用，有利于更好平衡双方关系。从法律和道德的双重角度来说，在劳动合同履行期间，用人单位与劳动者均应恪守诚实信用原则。用人单位最基本的诚信义务是按时、足额支付劳动报酬并为员工缴纳社会保险。劳动者的诚信义务则在于如实说明与劳动合同直接相关的基本情况、完成劳动任务、遵守劳动纪律和职业道德。基于上述分析，基本职业道德和劳动纪律即便未写入用人单位规章制度，劳动者亦应遵守。

对于用人单位能否以劳动者严重违反基本职业道德和劳动纪律为由，单方解除劳动合同，实践中存在争议。一种观点认为，用人单位解除劳动合同必须以劳动合同约定或经过民主程序制定并向劳动者公示告知的规章制度为依据，否则构成违法解除。另一种观点认为，对于劳动者应当恪守的基本职业准则，无须用人单位专门以规章制度的形式加以规定，用人单位以劳动者严重违反基本职业道德为由解除劳动合同的不具有违法解除的恶意，应当认定用人单位解除的合法性。

笔者认为，劳动合同的履行应当遵循依法、诚实信用的原则。劳动合同的当事人之间除规章制度的约束外，实际上也存在很多约定的义务和依据诚实信用原则而应承担的合同义务。劳动者秉守劳动纪律和职业道德是保证劳动双方长期和谐稳定的前提，如果员工职业道德出现重大缺陷，劳动关系的信赖基础将难以为继。劳动者秉守职业道德是劳动者应当恪守的基本职业准则，无须用人单位专门以规章制度的形式加以规定，若劳动者严重违反基本职业道德和劳动纪律，用人单位可单方解除劳动合同。

三、本案的具体分析

本案中，某运输公司可依法单方解除劳动合同，具体分析如下。

首先，高某存在严重违反劳动纪律和职业道德的行为。劳动者依法享有病假、休息等权利，但劳动者不能滥用该项权利。根据二审调查结果，高某提交的某医院诊断意见书并非该医院出具，高某亦未对此作出合理解释。其行为严重违背了劳动纪律和职业道德，亦与社会主义核心价值观"诚信""敬业"的要求不符，对此应给予否定性评价，即便用人单位规章制度或劳动合同中未予规定，用人单位亦可以依法解除劳动合同。

其次，某运输公司的解除程序符合法律规定。在案证据显示，某运输公司已经就解除事宜征求工会意见，并将解除通知送达高某，其解除程序符合法律规定。综上，法院判决某运输公司系合法解除劳动合同，无须向高某支付违法解除劳动合同赔偿金。

编写人：北京市第三中级人民法院　田璐　夏倩雯

44

经济性裁员单位报告义务瑕疵不影响经济性裁员有效性

——某汽车配件公司诉王某劳动合同案

【案件基本信息】

1. 裁判书字号

江苏省无锡市中级人民法院（2023）苏02民终2620号民事判决书

2. 案由：劳动合同纠纷

3. 当事人

原告（被上诉人）：某汽车配件公司

被告（上诉人）：王某

【基本案情】

王某在某汽车配件公司从事管理部门人事工作。2021年10月13日，某汽车配件公司发布关于召开经济性裁员的说明会，以公司经营发生严重困难为由提出经济性裁员。2021年11月10日，某汽车配件公司召开会议说明经济性裁员方案，王某参会。会上某汽车配件公司宣布公司因连年亏损，计划裁员3人，占在岗员工总数27人的11.1%，3人中包括王某。上述27名员工中的26人在裁员方案说明会征求意见表上签字，王某签署“请根据《劳动合同法》及无锡市地方性针对经济性裁员行政规定合法解除劳动合同，不同意裁员”。2021年11月15日，某汽车配件公司作出经济性裁员通知书，通知王某双方劳动关系于2021年12月10日解除。

2021年11月18日，某汽车配件公司将经济性裁员的书面方案邮寄至无锡市新吴区人力资源和社会保障局，经签收后又被退回但未说明退回原因；后某汽车配件公司再次将上述方案邮寄给人社局，该材料经签收后未退回。

王某认为公司不满足生产经营情况发生严重困难的经济性裁员条件，且报告后无劳动行政部门回执，不符合规定，故公司裁员行为系违法解除，要求支付违法解除赔偿金，遂向仲裁委提出仲裁，经仲裁前置程序后，某汽车配件公司诉至法院，一审判决驳回王某仲裁诉请，王某不服，上诉至二审法院，诉请如前。

2018年至2021年，某汽车配件公司的审计报告显示其主营业务收入连年下降，净利润、未分配利润数额均为负值，且因连年利润为负，在此期间，连续四年未缴纳企业所得税。2022年7月31日，某汽车配件公司召开股东会决议解散公司、并成立清算组启动清算程序。

【案件焦点】

1. 用人单位向劳动行政部门报告裁减人员方案，该报告程序是否为裁员解除劳动合同的生效条件；2. 某汽车配件公司是否符合生产经营发生严重困难这一裁员条件。

【法院裁判要旨】

江苏省无锡市新吴区人民法院经审理认为：某汽车配件公司提供的审计报告、鉴证报告、社会保险费应缴核定单可以证明公司生产经营发生严重困难的事实，且公司的裁员方案在听取职工意见后，将裁减人员方案向劳动行政部门报告，虽劳动行政部门未给予回执，但不能证明公司构成违法解除，某汽车配件公司经济性裁员是否符合法律规定的判断交由法院来判决认定。故，认定某汽车配件公司经济性裁员符合法律规定，某汽车配件公司已按照王某的工作年限及工资标准支付经济补偿。

江苏省无锡市新吴区人民法院依照《中华人民共和国劳动合同法》第四十一条第一款第二项、第四十六条第四项之规定，判决如下：

驳回王某的仲裁请求。

王某不服一审判决，提起上诉。江苏省无锡市中级人民法院经审理认为：用人单位向劳动行政部门报告裁减人员方案，该报告程序并非裁员解除劳动合同的生效条件，未向行政管理机关报送裁员方案的法律后果只产生再次报告的责任，也即法律后果只限于报告行为本身而不能及于报告的内容，不能因此就直接导致报告的内容无效。首先，法律、行政法规中并未明确规定企业向劳动行政部门报告裁员方案是裁员解除劳动合同的生效条件。其次，用人单位向劳动行政部门报告系行政备案而非行政许可的行为，实施裁员系民事主体之间的民事行为，二者的法律效果只能分别根据行政法和劳动法的规定进行判断，不能直接将行政管理行为作为民事行为效力的依据。再次，用人单位是否裁员，应由用人单位根据实际生产经营状况决定，法律仅规定应经过法定的民主程序，不属于劳动行政部门审核同意的范畴。故，报告程序不对经济性裁员所涉劳动关系解除的合法性产生直接影响，解除劳动合同是否合法，应由司法进行审查。最后，即便劳动行政部门事先未接收用人单位的裁减人员方案，也不因此导致程序违法而裁员无效。本案中，某汽车配件公司在诉讼期间再次向劳动行政部门报告了裁员方案，已经完成了报告程序。某汽车配件公司根据生产经营状况裁员，并履行了法定的民主程序，符合实施经济性裁员的实体要件及程序要求。

江苏省无锡市中级人民法院根据《中华人民共和国劳动合同法》第四十一条认定，王某的上诉请求不能成立，应予驳回；一审判决认定事实清楚，适用法律正确，应予维持，但判决主文表述不当，故变更如下：

某汽车配件公司无须向王某支付赔偿金56797元。

【法官后语】

本案中，劳动者提出了两点理由认为公司不符合经济性裁员条件：一是公司的经营状况未恶化到可以进行经济性裁员的程度；二是公司未履行向劳动行政部门报告的程序性义务。对于公司经营状况可以根据财务数据进行事实审查，而行政报告是否会影响到公司经济性裁员的有效性，现有的法律或行政法规并未明确规定，也是本案的审理焦点所在，为此分析如下：

一、法律条文的规范性分析

1. 从文义解释角度看，《中华人民共和国劳动合同法》第四十一条“裁减人员方案经向劳动行政部门报告，可以裁减人员”中的“报告”在行政法中，一般被归类为行政备案行为，该“报告”或者“备案”行为并不会产生、变更或者消灭行政法上的权利或义务关系。且“可以”通常被视为授权性规范，而非义务性规范，故不应产生因为行政报告瑕疵而导致裁员行为无效的后果。

2. 从体系解释的角度看，在《中华人民共和国劳动合同法》第五十四条中亦存在“报送劳动行政部门”的表述，但第五十四条规定的集体劳动合同是“应当报送”而非“可以报送”，同时，此条中明确了劳动行政部门提出异议的审核时效为十五日，符合权责与时效一致的行政法规则。对比之下，第四十一条的报告表述并不能体现需要劳动行政机关审核或者许可的意思，也即本案中即使行政机关未收到报告，未给予回执也并不影响企业裁减人员的法律效果。

二、企业履行报告义务功能性及可行性分析

1. 企业将经济性裁员的方案和相关信息通报、同步给劳动行政部门的行为，其主要的功能是实现信息的共享和公示，以及便于行政部门及时掌握信息并开展后续监督和管理，因此该报告行为具有可补正性。申言之，如果公司未履行该报告行为或存在履行瑕疵，再次提交裁员方案，向行政部门报告，则可弥补因未报告而产生的不利后果，达到与劳动行政部门同步、报告裁员信息的目的。

2. 从行政机关的职能边界的角度看，企业是否进行经济性裁员，本质上属于由企业自主经营权决定的内部事项。在向行政机关报告前，企业通常还要履行与职工或者工会组织协商，并听取意见的义务。即在报告行政机关前，企业已经就裁减人员的方案形成了内部的信息通报，并尽可能促成了劳动双方的裁员合意，不应再附加额外的行政审查。

3. 劳动行政部门对经济性裁员的申请进行实质性审核及批准，不具备现实可行性。从专业能力上来看，劳动行政部门往往缺乏财会、法律等方面的专业能力支撑，客观上难以对关于企业真实经营状况及实施经济性裁员的申请及方案进行实质性审查。行政部门仅能对企业报告的经济性裁员事项需要备案的事由、材料的完备性、有效性、真实性与合法性等进行审查，对符合要求的，予以存档备查，不符合要求的，要求申请人及时予以纠正。

三、法院应重点审查经济性裁员的实质要件

1. 经济型裁员是法律赋予企业的解除劳动合同的法定权利。在企业经营发生严重困难，转产、技术革新、经营方式调整等实体条件具备后，企业已经不具备劳动合同订立时的条件，亦难以达到劳动合同订立的目的，自然拥有解除权。实体条件和程序条件是针对解除权获得以及行权限制的两个方面所作出的规定，实体条件满足，企业即可获得解除权，而解除权属于形成权，其行使并不需要劳动行政部门事前审核和批准。

2. 经济性裁员作为企业复杂的经营管理决策，如果政府提前介入并强制干预可能会起到相反的作用，影响企业自救或者转型的机会。与之相对的，在本案一、二审过程中，法院对企业经济性裁员是否符合实体和程序条件进行了全面审查，这与司法所具有的终局性救济原则与行政所需的监管、检查需要，对潜在风险进行事先防范原则以及行政执法“法无授权不可为”原则具有根本性的区别有关。

编写人：江苏省无锡市中级人民法院　姜丽丽　苏佳伟

45

以员工拒绝企业外调岗致旷工为由解除劳动关系行为认定

——蒲某诉甲百货公司劳动争议案

【案件基本信息】

1. 裁判书字号

北京市第二中级人民法院（2023）京02民终1075号民事判决书

2. 案由：劳动争议

3. 当事人

原告（上诉人）：蒲某

被告（被上诉人）：甲百货公司

【基本案情】

2018年7月5日，蒲某入职乙百货公司（乙门店经营主体）从事销售工作，双方签订期限为2018年7月5日至2020年7月4日的劳动合同。2019年5月1日，蒲某被调整至甲百货公司（甲门店经营主体），双方签订期限为2019年5月1日至2020年7月4日的劳动合同，后续签至2023年7月4日。前述劳动合同均约定蒲某同意公司可按业务需要或其表现作出合理职位及工作地点调动，蒲某愿意服从公司变更后的管理和安排，按照公司确定的经营及工作地点、岗位职责，按时、按质、按量完成工作。

2021年9月，甲百货公司通知蒲某，根据业务发展需要，将其调整至乙门店工作，请其于2021年10月1日至乙门店报到。蒲某不同意调岗，未按时到乙门店报到。关于调岗原因，甲百货公司称因乙门店经营火爆，缺少员工，故从其他门店调整店员至乙门店。2021年10月2日，双方谈话沟通。录音显示，蒲某因交通及业绩原因不愿调岗，认为调岗会导致其奖金减少；甲百货公司表示调岗不会影响其业绩，销售主要依靠其自身能力；蒲某最终表示不同意门店调整；甲百货公司遂向蒲某当面宣读《调职通知》，告知其根据业务发展需要及劳动合同约定，将其正式调整至乙门店，合同主体变更为乙百货公司，工作岗位、工资标准、奖金核算方式不变，工作年限累计计算，请其于2021年10月8日至乙门店报到，无须再到甲门店出勤；如未按期报到，则将按《员工手册》规定处理。蒲某于当日签收《调职通知》。后，蒲某未至乙门店报到出勤。甲百货公司《员工手册》规定，如员工未获批准连续旷工超过三日或一个月内累计旷工超过三日者，属于严重过错，公司有权解除劳动合同。2021年10月12日，甲百货公司以蒲某自2021年10月8日起未至乙门店报到上班构成旷工为由，依据《员工手册》规定，与蒲某解除劳动合同，向其发送《解聘通知》并履行工会审批手续。后蒲某申请劳动争议仲裁，要求甲百货公司支付违法解除劳动合同赔偿金41318.28元。仲裁委作出裁决：驳回蒲某的全部申请请求。蒲某不服该仲裁裁决，持前述理由诉至法院。

法院审理中，蒲某提交打卡记录，证明其在原岗位正常上班，无任何旷工情况。甲百货公司认可打卡记录的真实性，不认可其证明目的。经询，甲百货公司表示，对蒲某调岗需先与其公司签劳动合同解除协议，再与乙百货公司签订劳动合同，工作年限连续计算，其公司不支付解除劳动合同经济补偿。另查，甲百货公司与乙百货公司为同属于一家上市公司的关联公司。

【案件焦点】

1. 甲百货公司调岗行为是否合法、合理；2. 甲百货公司以蒲某自2021年10月8日起未至乙门店工作构成旷工为由，解除劳动合同是否属合法解除。

【法院裁判要旨】

北京市东城区人民法院经审理认为：用人单位有经营自主权和用工自主权。本案中，甲百货公司根据业务需要将蒲某调至乙门店，工作岗位、工资待遇未作调整，通勤亦未给蒲某带来明显不便，该调岗行为明显未超出用人单位依法行使自主用工权的合理范畴，蒲某有义务予以配合、服从。在甲百货公司作出明确的调岗通知并告知后果后，蒲某未前往指定地点报到上岗，且未举证证明有正当理由阻却其正常到岗，甲百货公司依据《员工手册》规定按旷工予以解除劳动合同，不违反法律规定。蒲某要求支付违法解除劳动合同赔偿金，缺乏依据，法院不予支持。

北京市东城区人民法院依据《中华人民共和国劳动合同法》第三条、第二十九条、第三十九条之规定，判决如下：

驳回蒲某的全部诉讼请求。

蒲某不服一审判决，提起上诉。北京市第二中级人民法院经审理认为：因用人单位作出的解除劳动合同、计算劳动者工作年限等决定而发生的劳动争议，用人单位负举证责任。本案中，甲百货公司主张其公司以蒲某自 2021 年 10 月 8 日起未到乙门店报到上班构成旷工为由解除劳动合同属合法解除，应先举证证明其公司将蒲某自 2021 年 10 月 8 日起调整至乙门店工作属合法行为。

根据查明的事实，甲百货公司自 2021 年 9 月通知将蒲某调整至乙门店工作，蒲某不同意。根据《调职通知》内容和甲百货公司的陈述，上述调整过程中，甲百货公司与蒲某的劳动合同将解除，蒲某应与乙百货公司签订新的劳动合同。虽双方签订的劳动合同约定蒲某同意甲百货公司可按业务需要或其表现作出合理职位及工作地点调动，蒲某愿意服从公司变更后的管理和安排，按照公司确定的经营及工作地点、岗位职责，按时、按质、按量完成工作，但甲百货公司对蒲某所作调整不仅变更蒲某的工作地点，还涉及变更劳动合同主体，已超出上述劳动合同约定的情形，应与蒲某协商一致。故，在蒲某不同意的情形下，甲百货公司对蒲某所作调整缺乏法律依据。综上，甲百货公司的解除理由事实及法律依据不足，属于违法解除劳动合同。

用人单位违反《中华人民共和国劳动合同法》规定解除或者终止劳动合同的，应当依照本法第四十七条规定的经济补偿标准的二倍向劳动者支付赔偿金。本案中，甲百货公司属违法解除劳动合同，蒲某要求其公司支付赔偿金，符合法律规定；根据查明的事实及司法解释规定，违法解除劳动合同赔偿金的计算年限应自2018年7月5日起算。经核实，蒲某请求的数额，符合法律规定，法院予以支持，并对一审判决予以更正。

北京市第二中级人民法院依照《中华人民共和国民事诉讼法》第一百七十七条第一款第二项之规定，作出如下判决：

一、撤销北京市东城区人民法院（2022）京0101民初3668号民事判决；

二、甲百货公司于本判决生效后七日内支付蒲某违法解除劳动合同赔偿金41318.28元。

【法官后语】

本案是法院依法维护企业用工自主权与劳动者工作权之间法益平衡的典型案例。

一、人民法院通过审查用人单位调岗行为的合法性、合理性，实现用人单位用工自主权与劳动者工作权之间的法益平衡

随着社会经济的发展以及市场环境的变化，用人单位在生产经营中行使用工自主权，通过调岗优化人力资源配置是企业谋求生存和发展的重要内容。但调岗也直接影响劳动者的自由择业、劳动报酬、工作地点、工作内容等切身利益。《中华人民共和国劳动合同法》规定的用人单位解雇成本相对较高，用人单位为了规避解雇保护制度，恶意调岗、变相辞退的现象在实践中也时有发生。因此，法院通过司法程序对调岗行为的合法性、合理性进行认定，使违法调岗的用人单位承担相应法律责任，从而弥补劳动者的弱势地位，既维护劳动者的合法权益，亦不抛弃企业经营发展的利益，成为有效协调劳动双方之间的权利冲突的重要方式。

二、用人单位进行企业外调岗，涉及劳动合同主体变更，须经劳动者明确同意

广义的调岗既包括企业内的调岗，也包括企业外的调岗。实践中，以集团公司或关联公司模式进行经营的企业，往往在劳动合同中与劳动者约定"可调岗条款"。该经营模式中的调岗实践中常体现为企业外调岗，即劳动者被用人单位安排至集团公司中的其他成员公司或关联公司的其他或同类岗位中，调岗

的同时亦涉及用人单位的变更，导致劳动者与原用人单位的劳动关系发生了根本变化，同时还涉及新旧用人单位之间法律责任的划分，对劳动者的工作权益产生重大影响。故，在进行企业外调岗的情形下，应严格限制用人单位的单方调岗权，必须经过劳动者的明确同意，如果不能协商一致，应继续履行原合同。本案中，双方在劳动合同中约定“可调岗条款”，明确蒲某同意甲百货公司可按业务需要或其表现作出合理职位及工作地点调动，愿意服从公司变更后的管理和安排，按照公司确定的经营及工作地点、岗位职责，按时、按质、按量完成工作。但该条款并未明确约定可以调岗的方式变更用人主体。根据查明的事实，蒲某对将其调整至乙门店工作明确表示拒绝。在案证据亦显示，上述调岗需将甲百货公司与蒲某的劳动合同解除，蒲某另与乙百货公司签订新的劳动合同。合同具有相对性，合同主体的变更是根本性变更，直接导致合同双方权利义务的终止。上述情形的调岗已超出双方劳动合同“可调岗条款”约定的范围，系形式为调岗，实质为双方劳动合同的解除。故，在蒲某不同意调岗的情形下，甲百货公司对蒲某所作单方工作调整侵害其合法权益，且违反协商一致原则，不具有合法性。

三、用人单位以劳动者拒绝企业外调岗构成旷工为由解除劳动关系，应属违法解除

用人单位单方进行企业外调岗直接限制了劳动者工作权中的自由择业权。实践中，劳动者明确拒绝变更用人单位且未按调岗通知到岗，用人单位通常会根据单位规章制度中关于旷工行为的管理规定或依据《中华人民共和国劳动合同法》第三十九条，认定劳动者严重违反劳动纪律，进而向劳动者送达解除劳动关系通知。审理中，如果法院查明用人单位调岗行为不具有合法性，或超越管理权限缺乏合理性，劳动者仍在原岗位正常考勤，则不应以此认定劳动者的行为构成旷工，用人单位的解除行为应被认定为违法。本案中，蒲某未按甲百货公司通知要求到乙门店报到上班，公司以其构成旷工为由，依据《员工手册》规定向其发送《解聘通知》并履行工会审批手续。如上所述，甲百货公司的单方企业外调岗行为不具有合法性，在此情形下，蒲某仍在原岗位正常上班

打卡，不应被认定为旷工，甲百货公司的解除行为缺乏事实及法律依据，属于违法解除劳动合同。

编写人：北京市第二中级人民法院　张春燕

46

用人单位在法律规定以外创设劳动合同解除条件效力的认定

——某房地产公司诉康某劳动争议案

【案件基本信息】

1. 裁判书字号

北京市第三中级人民法院（2023）京03民终6983号民事判决书

2. 案由：劳动争议

3. 当事人

原告（被上诉人）：某房地产公司

被告（上诉人）：康某

【基本案情】

康某于2020年4月10日入职某房地产公司，担任事业部经理，签订期限自2020年4月10日至2023年4月9日的劳动合同，月工资标准为税后40000元，自2020年8月1日起调整为税后20000元，工资支付至2020年12月31日。

康某主张正常出勤至2021年2月15日，2021年1月1日至2021年2月15日的工资未支付。某房地产公司不认可康某主张，主张2020年12月22日双方协商一致根据2021年1月项目落地情况，确认工资及劳动关系情况，因2021年1月项目未落地，依据双方约定，双方劳动关系自2020年12月31日终止，工资支付至当日，2021 年 1 月 1 日双方转为合作关系，2021 年 2 月 5 日某房地产公司向康某发送了解除通知。某房地产公司提交了微信聊天记录、通知书以证明其主张，其中微信聊天记录显示“康总，您好……最后确定的工资结算情况是这样的：2021 年 1 月如果您跟进的项目能落地，就支付您 1 月工资，如果项目没落地，工资支付至 2020 年 12 月底。离职手续在确定工资结算日期后我们联系您办理，到时候可以转为集团外部合伙人……”康某回复“好的”；通知书载有“康某先生……现根据公司与您 2020 年 12 月 22 日协商一致达成的相关约定，您在 2021 年 1 月仍无项目落地，故双方之间的《劳动合同》已于 2020 年 12 月 31 日解除，您的工资结算至 2020 年 12 月底……”微信聊天记录显示该通知的发送日期为 2021 年 2 月 8 日，康某认可微信聊天记录的真实性，不认可通知书的真实性，不认可证明目的，认可 2021 年 1 月其跟进的项目未落地。康某提起仲裁要求某房地产公司支付其 2021 年 1 月 1 日至 2021 年 2 月 5 日的工资 24597.7 元并为其出具解除劳动关系证明，仲裁委对康某的该项请求予以支持，某房地产公司不服仲裁结果，向法院提起诉讼。

【案件焦点】

某房地产公司可否和康某约定工作没有成果就提前解除劳动关系且无须支付康某已付出劳动期间的工资。

【法院裁判要旨】

北京市朝阳区人民法院经审理认为：根据双方微信聊天记录的内容，某房地产公司、康某就 2021 年 1 月项目不落地则工资支付至 2020 年 12 月 31 日已达成了一致意见。现双方均认可项目 1 月未落地，康某虽主张其正常工作至 2021 年 2 月 15 日，但其提交的证据不足以证明其主张，故一审法院对康某要求某房地产公司支付 2021 年 1 月 1 日至 2021 年 2 月 5 日工资的请求不予支持。

北京市朝阳区人民法院依据《中华人民共和国劳动争议调解仲裁法》第六条之规定，判决如下：

一、某房地产公司无须向康某支付2021年1月1日至2021年2月5日工资24597.7元；

二、某房地产公司于本判决生效之日起七日内向康某出具解除劳动关系证明；

三、驳回某房地产公司的其他诉讼请求。

康某不服一审判决，提出上诉。北京市第三中级人民法院经审理认为：《中华人民共和国劳动法》第五十条规定："工资应当以货币形式按月支付给劳动者本人。不得克扣或者无故拖欠劳动者的工资。"《中华人民共和国劳动合同法》第二十六条第一款规定："下列劳动合同无效或者部分无效：（一）以欺诈、胁迫的手段或者乘人之危，使对方在违背真实意思的情况下订立或者变更劳动合同的；（二）用人单位免除自己的法定责任、排除劳动者权利的；（三）违反法律、行政法规强制性规定的。"《中华人民共和国劳动合同法实施条例》第十三条规定："用人单位与劳动者不得在劳动合同法第四十四条规定的劳动合同终止情形之外约定其他的劳动合同终止条件。"法院对此认为：综合上述规定可知，《中华人民共和国劳动合同法》规定的解除劳动合同情形属于封闭体系，排除了用人单位和劳动者在法定情形之外另行约定终止或者解除劳动合同条件的权利。对于约定解除劳动合同而言，用人单位和劳动者有权依据《中华人民共和国劳动合同法》第三十七条规定协商一致解除劳动合同，即在合同成立并生效后，在未履行或者未完全履行之前，合同当事人通过协商解除合同，使合同效力归于消灭。但法院需要明确的是，法律并未规定用人单位和劳动者有权约定劳动合同解除权，即用人单位无权通过提前和劳动者以条件约定的方式，赋予满足条件时用人单位对劳动者的劳动合同解除权。劳动法律制度上的这一安排旨在确定劳动基准、落实解雇保护、维护作为弱势一方的劳动者的合法权益。故，用人单位和劳动者可以在《中华人民共和国劳动合同法》规定的范围内约定解除劳动合同条件，对于约定的解除劳动合同条件超出法律规定的情形范围且加重劳动者负担的，应当认定为违反法律强制性规定而归于无效。本案中，某房地产公司主张2020年12月22日和劳动者约定了如果2021年1

月康某跟进的项目仍无法落地，双方合同于 2020 年 12 月 31 日解除，某房地产公司亦无须支付 2020 年 12 月底以后康某的工资。法院对此认为，该约定并未协商一致解除合同，约定的实质系通过设定工作目标条件的方式变相约定了用人单位单方解除劳动者劳动合同的条件，并以结果为导向无视劳动者劳动付出免除用人单位支付劳动报酬的义务。法院认为该约定系在法律规定以外创设了用人单位解除或者终止劳动合同的条件，同时剥夺了劳动者提供劳动后取得劳动报酬的合法权利，系用人单位利用强势地位、免除自身支付工资的法定责任，排除劳动者合法权利的情形，应属无效。故，某房地产公司无权以此抗辩劳动者的工资支付请求权。康某的该项上诉理由成立，法院予以支持。

二审中康某提交了微信聊天记录证明其在 2021 年 1 月 1 日至 2021 年 2 月 5 日正常履职工作，某房地产公司虽主张康某未在该期间正常提供劳动，但其并未提交证据加以证明，应当承担举证不能的不利后果。双方对于康某在职期间的工资标准未存异议，结合仲裁裁决作出后康某亦未就仲裁结果提起诉讼，故法院认定某房地产公司应当支付康某 2021 年 1 月 1 日至 2021 年 2 月 5 日工资 24597.7 元。

北京市第三中级人民法院依照《中华人民共和国劳动法》第五十条，《中华人民共和国劳动合同法》第二十六条，《中华人民共和国劳动合同法实施条例》第十三条，《中华人民共和国民事诉讼法》第一百七十七条第一款第二项之规定，判决如下：

一、维持北京市朝阳区人民法院（2022）京 0105 民初 32496 号民事判决第二项；

二、撤销北京市朝阳区人民法院（2022）京 0105 民初 32496 号民事判决第一项、第三项；

三、某房地产公司于判决生效之日起七日内支付康某 2021 年 1 月 1 日至 2021 年 2 月 5 日的工资 24597.7 元（税后）；

四、驳回康某的其他上诉请求；

五、驳回某房地产公司的诉讼请求。

【法官后语】

《中华人民共和国劳动合同法》明确规定了劳动合同解除和终止的条件，但实践中，部分用人单位为了满足自身的经营管理需求，往往会与劳动者达成法定事由之外的解除条件，就该类解除事由的约定是否有效并无明确的法律规定。

从《中华人民共和国劳动法》《中华人民共和国劳动合同法》立法变迁以及体系解释上看，我国对劳动关系解除事由实行的是法定化的立法模式，即解除劳动合同“事由法定，程序严格”。《中华人民共和国劳动合同法实施条例》第十三条规定：“用人单位与劳动者不得在劳动合同法第四十四条规定的劳动合同终止情形之外约定其他的劳动合同终止条件。”该条虽然仅对于劳动合同的终止进行了限制性规定，但劳动合同作为一种继续性合同，“解除”和“终止”两者均是面对将来而言，都是劳动关系结束的一种方式，合同解除系属于合同终止的特殊情形，解除就是提前终止，其后果都是消灭了双方劳动合同的权利义务，如果严格进行文义上的区分，允许用人单位在法定条件以外约定劳动合同解除的条件，那么用人单位完全可以将约定终止条件转变为约定解除条件，从而导致《中华人民共和国劳动合同法实施条例》第十三条的立法目的落空。实行法定化立法模式的意义在于平衡用人单位和劳动者之间的利益，维护作为弱势一方的劳动者的合法权益，保持劳动关系的稳定性，若是允许用人单位与劳动者约定法定情形之外的劳动合同解除条件，则很容易产生用人单位利用优势地位免除自身法定责任，侵害劳动者合法权利的情形，也会导致《中华人民共和国劳动合同法》第四条关于制定规章制度的民主程序、第三十九条关于用人单位依据劳动者严重违反规章制度的行为解除劳动合同的规定难以落实。

对于实践中用人单位为了满足自身的经营管理需求，与劳动者达成法定事由之外的解除条件效力的判断，司法实践中存在不同的裁判观点。有观点认为，法律并未禁止约定劳动合同的解除条款，劳动合同作为双方约定权利义务的体现，也是契约自由原则的体现，只要约定内容不违反法律、行政法规的强制性规定，依法可以认定为有效。虽然劳动法具有社会法的属性，《中华人民共和国劳动法》和《中华人民共和国劳动合同法》均未规定用人单位可以在劳动合同中与劳动者约定解除条件，但劳动合同也是一种合同。根据《中华人民共和国民法典》的规定，当事人可以约定一方解除合同的事由。解除合同的事由发生时，解除权人可以解除合同。对于作为特殊法的劳动合同法没有规定的，可以适用《中华人民共和国民法典》的一般规定，只要该约定的解除条件不违反法律、行政法规、国家政策以及公序良俗。也有观点认为，用人单位与劳动者达成法定事由之外的解除条件效力属于绝对无效，即从劳动法的社会属性，以及维护劳动力市场整体用工秩序和广大劳动者合法权益的角度考虑，应加强对劳动关系解除事由的管制，用人单位不能在法定解除事由之外自行约定解除条件，即使该约定有利于员工也应当认定为无效。还有相对无效的观点认为，一般情况下，用人单位与劳动者在劳动合同法规定的劳动合同解除情形之外约定劳动合同解除条件无效，但双方约定的解除条件未限制劳动者权益，免除用人单位责任的除外。《中华人民共和国劳动合同法实施条例》第十三条规定的目的在于避免公司利用强势地位排除员工合法权益、免除自身法定责任，如果双方约定的解除劳动合同条件在客观上并没有违背该条法律规定的立法目的，反而赋予员工更大的自主选择权，考虑保护员工合法权益与促进用工市场灵活性之间的平衡，应认定该约定有效。

本案二审的裁判结论主要基于相对无效的观点，认为双方约定的解除情形可以是对法定情形的合理延伸，但不能超出该范围，更不能约定排除劳动者合法权益、免除用人单位自身法定责任的条款。在进一步判断用人单位单方行为解除的合法性时，需将其约定条款置于法定解除规定的框架中，以此认定其解除行为是否合法。

编写人：北京市第三中级人民法院　郑吉喆　刘嘉玮

47

用人单位截取劳动者在特定时间节点的脱岗状态以证明劳动者存在旷工行为的不予采纳

——曹某诉某生活服务公司劳动争议案

【案件基本信息】

1. 裁判书字号

福建省南平市中级人民法院（2023）闽07民终494号民事判决书

2. 案由：劳动争议

3. 当事人

原告（被上诉人）：曹某

被告（上诉人）：某生活服务公司

【基本案情】

曹某于2019年4月1日进入某生活服务公司从事三级物业管理员工作。双方签订有《劳动合同》及《补充协议》。2022年6月10日，因2022年6月4日曹某上班期间对同事恐吓、侮辱、谩骂，被某生活服务公司作出《考核通知书》处以扣除当月绩效300元，并记大过处分。考察期3个月，若再违反公司规章制度，公司将以辞退处理。2022年7月4日，某生活服务公司向曹某作出《解除劳动合同通知书》，载明：因曹某在2022年6月4日起至7月4日止，先后2次违反公司规定，第一次为严重违反公司规章制度，违反员工手册第九章第四节第四小节：对同事或客户恐吓、暴力威胁、侮辱谩骂或勒索财物，影响公司秩序。已达到开除条件，鉴于认错态度，公司给予考察期留岗观察，其间签订考核单，考察期三个月，其间若再违反公司制度，将被辞退。但曹某签订考核确认书后多次在工作期间中擅自离岗旷工，鉴于其工作表现，公司决定与其自2022年7月5日起正式解除劳动合同。2022年7月15日，曹某向建瓯市劳动人事争议仲裁委员会申请仲裁。建瓯市劳动人事争议仲裁委员会作出裁决，驳回了曹某的仲裁请求。另查明，《员工手册》中关于辞退的规定：员工对同事或客户恐吓、暴力威胁、侮辱谩骂或勒索财物，影响公司秩序；不诚实或有欺骗性的言行（如涂改、伪造单据等）；屡次违反公司规章制度，经教育后仍一再违反的予以辞退，并不予任何补偿。曹某提供的银行个人账户明细载明2021年6月至2022年5月的月平均工资为4655.65元。某生活服务公司提供的日期为2022年6月22日的《夜间管理人员报岗登记本》所载：时间为凌晨02：05、报岗视频地点为别墅区，曹某在报岗人处签名。根据某生活服务公司提供的微信聊天记录截图显示，2022年6月22日凌晨02：10，曹某在微信群中发图报岗。

【案件焦点】

1. 曹某是否存在严重违反某生活服务公司规章制度的行为；2. 某生活服务公司是否应向曹某支付经济补偿金。

【法院裁判要旨】

福建省建瓯市人民法院经审理认为：某生活服务公司提交的证据无法达到主张的曹某在考察期内存在多次脱岗旷工行为的证明目的，故其单方解除与曹某之间劳动合同的理由不能成立。现，曹某表示自愿与某生活服务公司解除劳动合同且曹某自2022年7月5日起也未在岗，视为双方协商解除。某生活服务公司应向曹某支付经济补偿金16294.78（4655.65×3.5）元。

福建省建瓯市人民法院按照《中华人民共和国劳动合同法》第四十七条之规定，判决如下：

一、某生活服务公司应于判决生效之日起十日内向曹某支付经济补偿金人民币16294.78元；

二、驳回曹某的其他诉讼请求。

某生活服务公司不服一审判决，提起上诉。福建省南平市中级人民法院经审理认为：关于争议焦点一，用人单位对于劳动者在工作时的活动范围应把握适度、合理的原则，只要劳动者在用人单位从事其职责范围内的工作，在正常工作之余，为工作进行相应的事前、事后准备或短时间的休憩，用人单位都应予以适当容忍。对于劳动者是否在岗工作，应审查劳动者在岗期间的连贯性行为，不可仅以某一时间节点的视频监控来推断劳动者存在脱岗、旷工的行为。本案中，某生活服务公司提供某时间节点的监控视频、视频截图等证据以证明曹某存在旷工行为。但曹某从事的岗位存在一人站岗一人巡逻的任务，其未出现在监控视频是因正在巡逻。因此，某生活服务公司所提供的证据不足以证明曹某有存在旷工、脱岗的行为。另，某生活服务公司上诉主张曹某此前存在威胁、恐吓同事的行为，构成严重违反用人单位规章制度，可据此解除劳动合同。但某生活服务公司已对曹某前述行为做出了相应的处罚。若用人单位随意将劳动者此前已接受相应处罚的行为再次用以作为解除劳动合同的理由，将导致劳动者在今后的工作中无所适从，也过分苛责于劳动者。因此，某生活服务公司再次将曹某此前违反规章制度的行为作为解除劳动关系的理由，不具有合理性。

关于争议焦点二，现某生活服务公司与曹某解除劳动关系，曹某亦予以接受，视为双方协商一致解除劳动关系，则依据《中华人民共和国劳动合同法》第三十六条及第四十六条的规定，某生活服务公司应当向曹某支付解除劳动合同的经济补偿金。

福建省南平市中级人民法院依照《中华人民共和国民事诉讼法》第一百七十七条第一款第一项的规定，判决如下：

驳回上诉，维持原判。

【法官后语】

《中华人民共和国劳动合同法》第三十九条规定：“劳动者有下列情形之一的，用人单位可以解除劳动合同……（二）严重违反用人单位的规章制度的……”该法条规定了劳动者的过失性行为而赋予用人单位享有法定解除劳动合同的权利。在审判实践中，当劳动者存在旷工行为并达到一定天数，用人单位往往以劳动者严重违反用人单位规章制度为由主张与劳动者解除劳动关系。而对于劳动者出现旷工行为是否必然视为严重违反用人单位的规章制度，还应当结合以下几个方面予以审查：

一、应对劳动者工作状态进行连续性审查

用人单位主张劳动者存在旷工行为的应由用人单位承担举证责任。审判实践中，用人单位往往提供上下班考勤记录、工作记录、视频资料等证据来予以证明劳动者存在旷工的行为，以证明劳动者的在岗状态。对于劳动者是否在岗工作，不可仅以某一时间节点的视频监控或特定时间节点的状态来推断劳动者是否存在脱岗、旷工的行为，而应注重审查劳动者在工作期间内的工作连贯性行为。同时，用人单位对于劳动者在工作时的活动区域也应把握适度、合理的原则，劳动者在工作期间内的正常工作之余，为工作进行相应的事前、事后准备或适当短时间的休憩，用人单位应当予以适当容忍，以劳动者短暂时间内休憩来证明劳动者存在旷工行为将不被采信。本案中，曹某从事的是小区内的安保工作，工作内容既有坚守岗亭又有安全巡逻，工作地点和范围都不具有固定性，某生活服务公司以某一时间节点的某一监控内容来予以证明曹某不在岗，显然较为机械，基于曹某工作地点的不确定性，应综合工作时间段内所有工作地点的连贯性视频才方可证明曹某工作时间内的在岗状态。

二、劳动者主观上应对旷工行为具有过错

“旷工”应定义为劳动者“无正当理由未到岗提供劳动”的行为，其中包含了对劳动者旷工原因的审查，是客观因素与主观状态的叠加审查。若非因劳动者过错行为导致，而是因客观上发生的符合日常生活经验或符合公序良俗所认知的原因导致，此时，劳动者再去单位上班已处于事实上不可能完成的状态，在此情形下仍要求劳动者出勤显然不公平，那么此时不可将劳动者旷工的行为当然视为严重违反用人单位的规章制度。若对于旷工事实的发生劳动者主观上负有故意或放任状态，经用人单位教育后仍不悔改，此时可认定劳动者对其旷工行为应具有主观过错。

三、用人单位对劳动者“旷工”行为不可一事再罚

若用人单位对劳动者此前的旷工行为已作出了相应处罚，可视为用人单位已对劳动者旷工行为作出了处理。按照“一事不可再罚”原理，他日用人单位若再以此前旷工行为为由而主张无过失解除劳动合同则不能成立。若用人单位随意将劳动者此前已接受相应处罚的行为再次用以作为解除劳动合同的理由，将导致劳动者在今后的工作中无所适从，也过分苛责于劳动者，让劳动者在工作中处于一种权利不确定的状态，对劳动者而言显然不公平，也让劳动关系处于一种紧张状态。本案中，某生活服务公司以曹某此前实施的违反公司规章制度的行为作为本次解除劳动关系的理由，属于对劳动者此前的违规行为作出相应处罚后，再次以此为由主张解除劳动合同。基于某生活服务公司此前处罚曹某的行为应视为某生活服务公司在今后不再就该行为向曹某追责的考量，而认定某生活服务公司再次将曹某此前违反规章制度的行为作为解除劳动关系的理由显然不具有合理性。

编写人：福建省南平市中级人民法院　李清萍

五、竞业限制

48

劳动者违反竞业限制期间报告义务的违约责任的认定

——某软件公司诉黄某劳动争议案

【案件基本信息】

1. 裁判书字号

北京市第一中级人民法院（2023）京01民终2854号民事判决书

2. 案由：劳动争议

3. 当事人

原告（上诉人）：某软件公司

被告（被上诉人）：黄某

【基本案情】

黄某于2017年2月27日入职某科技公司，双方签订有《竞业限制协议》，协议第三条违约责任第一项约定："乙方被新单位录用后或者经营（包括与他人合作经营）企业的，应在一周内将新单位的名称及乙方的职位通知甲方。乙方未告知或作虚假告知的，视为违约。同时乙方应将自己负有竞业限制义务的情况告知其工作单位。"第二项约定："乙方违反本协议规定的，应立即与甲方竞争单位脱离关系，继续履行本协议，并按照本合同约定的竞业限制补偿金总额的三倍一次性支付违约金。甲方因此而受到的损失大于该违约金的，应赔偿甲方因此受到的全部损失。此外，乙方须返还甲方曾经支付之所有与竞业限制有关的经济补偿金。同时，本条约定并不妨碍甲方依据中国法律寻求其他救济。”

后，黄某劳动关系转移至某软件公司，双方签订有《劳动关系转移协议书》及《劳动合同书》。2021 年 1 月 15 日，黄某从某软件公司离职，并于同日与某软件公司签订了《竞业限制启动协议》。在竞业限制期限内，某软件公司共计向黄某支付竞业限制补偿金（税后）253618.18 元。

某软件公司主张黄某存在违反竞业限制义务的情形，应承担违约责任，并提起仲裁和诉讼。某软件公司主张黄某违反竞业限制义务的情形主要表现在：其一，在竞业限制期限内从事与某软件公司具有竞争关系的某科技公司名下的“××”业务；其二，未履行被新单位录用后及时将新单位名称及其职位通知某软件公司的义务。以上行为均属于违反《竞业限制协议》《竞业限制启动协议》的行为。即便认定黄某不存在上述第一项违约情形，黄某存在上述第二项违约情形也是事实确凿的。

法院经审查认为，该公司提交的证据不足以证明上述第一项事实的存在，法院对此未予以认定。黄某主张其自某软件公司离职后入职了某链公司，亦认可未将入职新单位的名称及职位通知某软件公司。

【案件焦点】

黄某是否存在违反竞业限制义务的行为，是否应向某软件公司承担违约责任。

【法院裁判要旨】

北京市海淀区人民法院经审理认为：是否违反竞业限制义务的判断标准是劳动者在竞业限制期限内是否入职竞争企业或从事相关竞争性业务，竞业限制协议约定的报告义务应作为违反竞业限制义务严重程度的加权因素或考量因素，而不是判定劳动者是否违反竞业限制义务的因素。现有证据不足以证明黄某违反《竞业限制协议》和《竞业限制启动协议》，以及存在于竞业限制期限内入职约定的竞争企业或从事相关竞争性业务的事实。

北京市海淀区人民法院依据《中华人民共和国劳动法》第七十九条之规定，判决如下：

驳回某软件公司的全部诉讼请求。

某软件公司不服一审判决，提出上诉。北京市第一中级人民法院经审理认为：某软件公司提交的证据不足以证明黄某存在于竞业限制期限内入职约定的竞争企业或从事相关竞争性业务。但黄某入职新单位后未告知某软件公司，存在违约事实。就黄某是否应承担违约责任，法院认为，其一，《中华人民共和国劳动合同法》第二十五条规定："除本法第二十二条和第二十三条规定的情形外，用人单位不得与劳动者约定由劳动者承担违约金。"根据法条条文可知，可以根据该法第二十三条约定违约金的适用情形，系针对负有竞业限制义务的劳动者在竞业限制期限内到与本单位生产或者经营同类产品、从事同类业务的有竞争关系的其他用人单位，或者自己开业生产或者经营同类产品、从事同类业务的行为约定违约金。据此，当事人针对此情形约定的违约金，均属于扩大违约金的适用范围，违反了《中华人民共和国劳动合同法》第二十五条的规定，属于无效。故，用人单位和劳动合同可以在竞业限制协议中约定劳动者对重新就业情况负有报告义务，但该义务仅属于从合同义务，对相应义务的违反不发生支付违约金的法律后果。其二，用人单位向负有竞业限制义务的劳动者支付竞业限制补偿金，系因劳动者让渡了一定范围的自主择业权而支付的对价，故竞业限制补偿金的对待给付范围不包括附从性的报告义务。现，仅根据违反报告义务要求黄某返还竞业限制补偿金，法院不予支持。

北京市第一中级人民法院依照《中华人民共和国民事诉讼法》第一百七十七条第一款第一项规定，判决如下：

驳回上诉，维持原判。

【法官后语】

一般来说，"报告义务"是指用人单位和劳动者在竞业限制协议中约定劳动者在竞业限制期限内向用人单位报告自己就业状况的义务。用人单位和劳动者约定劳动者违反竞业限制的报告义务应当支付违约金的，对其效力分析如下：

一、适当性——从从给付义务法律属性的角度分析

合同之债是债的一种，合同缔约方依约负担给付义务。给付义务分为主给付义务和从给付义务。主给付义务，是指债的关系所固有、必备，并用以决定债的类型的基本义务。从给付义务，是不具有独立的意义，仅具有补助主给付义务功能的义务。

在竞业限制中，劳动者负有《中华人民共和国劳动合同法》第二十四条规定的不能“到与本单位生产或者经营同类产品、从事同类业务的有竞争关系的其他用人单位，或者自己开业生产或者经营同类产品、从事同类业务”的义务。这属于竞业限制协议中的主合同义务。而劳动者的报告义务，本身不具有独立的价值，获知劳动者的就业现状并非用人单位的最终目的，确保报告义务的履行完全是为了辅助以上第二十四条规定的竞业限制义务的实现。故，报告义务具有明显的附从性，属于从合同义务。

就双务合同而言，主给付义务构成对待给付义务，在发生不能履行、逾期履行、不完全履行时，如不具有免责事由，债务人应承担违约责任；而从给付义务因其属性与主给付义务的根本性区别，应当适用不同的违约规则，违约责任应当与从给付义务的价值相适当。竞业限制中，违反报告义务的损害后果仅仅是加重用人单位对劳动者是否违反竞业限制义务的注意程度、加重用人单位证明劳动者违反竞业限制义务的举证难度，但这一损害后果与违反主给付义务的损害后果大不相同。故，竞业限制协议中对报告义务约定违约金，违背适当性原则。从给付义务的违约责任，可以被主给付义务的违约责任吸收，并最终通过主给付义务的履行是否合格进行最终的责任评价。

二、合法性——从违约金条款的法定限制角度分析

《中华人民共和国劳动合同法》第二十五条规定：“除本法第二十二条和第二十三条规定的情形外，用人单位不得与劳动者约定由劳动者承担违约金。”该法第二十二条系关于服务期的规定，第二十五条系关于竞业限制的规定。劳动关系中不得约定由劳动者承担其他违约金，否则将会因违反法律强制性规定

而归于无效。

《中华人民共和国劳动合同法》第二十三条、第二十四条明确规定的禁止行为属于狭义的竞业限制义务，本质上是一种消极义务、不作为义务。而报告义务是一种积极义务、作为义务，虽然属于双方竞业限制约定的义务内容，但与上述条款规定的竞业限制义务有明显的区别，属于为了保障法定竞业限制义务的履行而自主约定、创设的其他合同义务，系对法定竞业限制义务的扩展。故，劳动者违反报告义务，并不等同于违反《中华人民共和国劳动合同法》第二十三条规定的竞业限制义务，当事人针对此情形约定的违约金，属于扩大违约金的适用范围，违反《中华人民共和国劳动合同法》第二十五条的规定，属于无效。

综上，竞业限制协议中约定劳动者违反竞业限制期间的报告义务应当向用人单位支付违约金的，该约定无效。用人单位不得过度地将注意义务和证明责任转移给劳动者，而应当在法定范围内寻求保护自身权益的最有效途径。

编写人：北京市第一中级人民法院　王丽蕊　佘志燕

49

违反竞业限制义务的认定标准

——某供应链公司诉邱某劳动争议案

【案件基本信息】

1. 裁判书字号

福建省泉州市中级人民法院（2023）闽05民终3473号民事判决书

2. 案由：劳动争议

3. 当事人

原告（上诉人、再审申请人）：某供应链公司

被告（被上诉人、再审被申请人）：邱某

【基本案情】

2020年9月1日，某供应链公司与邱某签订《高管聘用合同》，约定某供应链公司聘用邱某担任公司副总经理，劳动期限自2020年9月起至2025年9月止，合同还约定了岗位职责等其他权利义务事项等。同日，某供应链公司与邱某签订《保密与竞业限制协议》，并约定相关保密与竞业限制事宜，邱某如有竞业行为或违反保密义务的行为，某供应链公司有权解除劳动合同并要求邱某返还自竞业行为或违反保密义务的行为开始之日起某供应链公司根据“员工激励计划”发放的所有“激励金”分红并按邱某违约时12个月内月均工资的二十倍支付违约金，协议还约定了其他权利义务事项。2022年7月15日，某供应链公司与邱某签订《补充合同》，补充约定主合同业绩考核事项。邱某在某供应链公司工作期间还入股某科技公司。某供应链公司认为，某科技公司与其主营范围一致，邱某作为其高级管理人员，未尽到忠实勤勉义务，且违反竞业限制条款，已构成违约。某供应链公司于2021年8月至2022年7月向邱某发放工资119333元，月均工资39389.5元，请求判令邱某返还“激励金”分红183320元、支付违约金787790元和律师代理费24000元。邱某认为某供应链公司的主张均不能成立。

【案件焦点】

邱某是否存在违反竞业限制的行为。

【法院裁判要旨】

福建省晋江市人民法院经审理认为：邱某入职时与某供应链公司签订了《保密与竞业限制协议》，约定邱某任职期间不得从事竞业限制行为。某供应链公司以邱某任职期间入股某科技公司，某科技公司与某供应链公司主营范围一致为由，主张邱某违反竞业限制条款，故本案审查的重点为某供应链公司与某科技公司之间是否存在竞业关系。某供应链公司营业执照与某科技公司在国家企业信用信息公示系统上登记的经营范围在普通货物仓储服务、道路货物运输、供应链管理服务、货物进出口业务上存在重合，但实践中企业登记经营范围与实际经营范围并不存在必然对应关系，竞争关系的审查还应结合公司的实际经营内容、服务对象、所对应的市场等因素进行综合判断。经现场勘验，某供应链公司的主营业务为鞋服类的代发、仓储及供应链，具体的操作流程为客户产品到仓接收、在仓存储、产品拣选、产品包装、快递配发，某供应链公司仅是将客户下单的货物转运至物流公司。而某科技公司的主营业务则为塑料托盘的销售和租赁，具体的操作流程为在接到销售或者租赁指令后执行托盘的配发、出库。两者在经营模式、对应市场及受众上都存在显著差别，因此两家企业并未构成竞争关系，某供应链公司仅以两家企业的经营范围存在重合主张邱某违反竞业限制条款，依据不足。某供应链公司以邱某未尽到忠实勤勉义务、违反竞业限制条款为由据此请求邱某返还“激励金”分红、支付违约金及律师费，缺乏事实依据，不予支持。

福建省晋江市人民法院依照《中华人民共和国民事诉讼法》第六十七条第一款及《最高人民法院关于适用〈中华人民共和国民事诉讼法〉的解释》第九十条之规定，判决如下：

驳回某供应链公司的诉讼请求。

某供应链公司不服一审判决，提出上诉。福建省泉州市中级人民法院经审理认为：某供应链公司以邱某在某供应链公司任职期间入股的某科技公司与某供应链公司的主营范围一致为由主张邱某违反竞业限制条款，经现场勘验，两家企业实际经营的范围存在显著差别，且两家企业并未构成竞争关系，原审法院认定事实清楚、适用法律正确。

福建省泉州市中级人民法院依照《中华人民共和国民事诉讼法》第一百七十七条第一款第一项规定，判决如下：

驳回上诉，维持原判。

某供应链公司不服二审判决，提出上诉。福建省高级人民法院经审理认为：竞业限制制度是由法律予以规范并由当事人协商适用的一种利益协调机制，其侧重点在于保护用人单位相关商业秘密所蕴含的竞争利益，通过有限地限制劳动者择业自由以降低利用用人单位商业秘密进行不正当竞争的可能性，并对劳动者因此所遭受的损失提供经济补偿，从而实现劳动者与用人单位之间的利益平衡。对竞业限制范围的合理性审查具有衡平企业商业秘密保护和劳动者价值创造的现实意义。本案中，某供应链公司营业执照与某科技公司在国家企业信用信息公示系统上登记的经营范围在普通货物仓储服务、道路货物运输、供应链管理服务、货物进出口业务上存在重合，但实践中企业登记经营范围与实际经营范围并不存在必然的对应关系。企业概括性地以大类或中类宽泛界定自身经营范围是常态，且为了减少此后再行变更登记的成本，企业往往将未来可能开展的经营业务或与自身经营业务相关联的业务一并予以登记。故，营业执照所登记的经营范围难以客观反映企业真实的经营状态。竞争关系的审查还应结合公司的实际经营内容、服务对象、所对应的市场等因素进行综合判断。经一审法院现场勘验，某供应链公司的主营业务为鞋服类的代发、仓储及供应链，具体的操作流程为客户产品到仓接收、在仓存储、产品拣选、产品包装、快递配发，某供应链公司仅是将客户下单的货物转运至物流公司。而某科技公司的主营业务则为塑料托盘的销售和租赁，具体的操作流程为在接到销售或者租赁指令后执行托盘的配发、出库。两者在经营模式、对应市场及受众上都存在显著差别。故，原审法院认定两家企业并未构成竞争关系，具有事实基础。某供应链公司仅以两家企业经营范围存在重合主张邱某违反竞业限制条款，依据不足。一审中，法院组织双方到某供应链公司及某科技公司经营场地进行现场勘验，某供应链公司并未就勘验地点提出异议。且法人的住所地是指法人的主要办事机构所在地，并非必然是其经营场地。某供应链公司以勘验场地系某科技公司租赁的，与注册登记的地址不一致为由主张一审勘验结论错误，理由不能成立。综上，某供应链公司的再审申请不符合《中华人民共和国民事诉讼法》第二百一十一条规定的情形。

福建省高级人民法院依照《中华人民共和国民事诉讼法》第二百一十五条第一款，《最高人民法院关于适用〈中华人民共和国民事诉讼法〉的解释》第三百九十三条第二款规定，裁定如下：

驳回某供应链公司的再审申请。

【法官后语】

随着经济发展和科技进步，部分用人单位为了保持自身的竞争优势，越来越倾向于通过签订竞业限制协议来约束、控制劳动者的自由择业权。如何在用人单位与劳动者利益保护之间找寻平衡点，是司法实践中值得探讨的问题。本案的核心在于，如何认定劳动者是否存在违反竞业限制义务的行为。《中华人民共和国劳动合同法》第二十三条、第二十四条明确规定了竞业限制的范围、人员类型、地域、期限、责任承担等，但并未就如何判断劳动者是否存在违反竞业限制义务的行为作出细化。《中华人民共和国民法典》施行后，最高人民法院于 2020 年 12 月 29 日重新修订《最高人民法院关于审理劳动争议案件适用法律问题的解释（一）》，其中第三十六条至第四十条又新增规定了仅约定竞业限制义务未约定补偿的竞业限制协议的效力认定、补偿金的计算标准、因用人单位原因导致竞业限制协议解除的条件等问题，但未针对如何判断劳动者是否违反竞业限制义务出台细化标准。

司法实务中，在认定劳动者是否存在违反竞业限制义务不能仅围绕劳动者是否入职了竞争企业进行判断，而要从剖析用工关系实质和论证两家用人单位的竞争关系两个方面切入，最终得出劳动者是否违反竞业限制义务的结论。

首先，在认定劳动者是否违反竞业义务时，应对劳动者的主体身份（包括劳动者的岗位责任、工作内容）进行审查，如果劳动者与用人单位不具有实质劳动关系，或者不具有竞业约束必要性，又或者签署的竞业协议存在法定无效情形，则可以从根本上得出劳动者无须承担竞业限制义务。本案中，邱某与某供应链公司、某科技公司确有存在实质劳动关系。

其次，应对劳动者涉及的新用人单位竞争性进行审查，这也是认定劳动者是否违反竞业限制义务的核心关键，具体可从经营内容、经营地域和经营环节三个方面综合判断两家用人单位是否存在竞争关系。第一，关于经营内容的审查。审查两家用人单位营业执照上载明的经营范围是否存在重合或相似，与此同时，因企业在实际运营过程中可能会根据市场需求和自身发展战略适时调整经营方向，针对该种情况，竞争关系的审查还应结合企业的实际经营业务和与劳动者相关联的竞业领域内容进行实质判断，即使工商注册中经营范围不重合，但实际经营内容与竞业限制约束的内容相联系，而且劳动者确实接触了相关竞业内容，仍应认定竞争关系成立；相反，若两家企业在经营模式、对应市场及受众上都存在显著差别，则两家企业并未构成竞争关系。第二，关于经营地域竞争性的审查。一般而言，通过审查工商注册信息中涉及的用人单位地理位置从而判断两家用人单位之间是否具有地域上的竞争关系，但当用人单位属于新经济型企业，如互联网企业、全球跨国性质的大型企业，或者某些产品、服务受地域因素影响较小时，若单纯通过地域范围进行判断，则存在明显的缺陷，因此虽然新用人单位在经营地域上未与原单位存在重合，但由于所经营的项目内容或产品服务存在同质性或竞争性，此时仍应认定两家单位属于竞争企业。

本案中，邱某在某供应链公司担任副总经理期间，任职某科技公司，虽然某供应链公司营业执照与某科技公司在国家企业信用信息公示系统上登记的经营范围在普通货物仓储服务、道路货物运输等业务上存在重合，但经现场勘验，发现两家用人单位的实际经营模式差别较为显著，故原审法院认定两家企业实际并未构成竞争关系，符合客观实际。

审理类似案件时应注意以下问题：第一，竞业限制案件中，在判断劳动者是否违反竞业限制时，应首先审查劳动者与用人单位是否具备实质劳动关系，只有存在劳动关系，才有必要对劳动者是否违反竞业限制进行审查；第二，对于原用人单位与新用人单位是否存在竞争性的判定，除认定竞业主体身份和企业间的竞争性外，还要认定劳动者与竞争企业的关联，如劳动者是否通过隐名持股的方式间接持有竞争企业的股权等。

编写人：福建省晋江市人民法院　苏清丽

50

用人单位以停付竞业补偿金的方式豁免竞业禁止义务的效力认定

——某科技公司诉盛某劳动争议案

【案件基本信息】

1. 裁判书字号

北京市第一中级人民法院（2023）京01民终7004号民事判决书

2. 案由：劳动争议

3. 当事人

原告（上诉人）：某科技公司

被告（被上诉人）：盛某

【基本案情】

盛某于2019年11月18日入职某科技公司，任财务总监。双方签订自当日至2022年11月18日的劳动合同，并约定月工资标准23500元。2019年11月18日，双方签订《保密、知识产权及竞业禁止协议》，约定竞业限制期限为离职后两年，其中："8.5 乙方同意因乙方在终止劳动关系后履行本协议第8条的约定，乙方将从甲方获得补偿［（竞业禁止补偿金）］，竞业禁止补偿金按月发放（双方提交的协议显示金额不一）……8.6 在竞业禁止期内，甲方可自主选择以向乙方发送书面通知或直接停止支付补偿金的方式豁免或缩短乙方在第8.1款项下的竞业禁止义务。一旦甲方未按本协议……约定向乙方支付补偿金，即表明甲方豁免了乙方相应的竞业禁止义务，此种情形下甲方无须再另行以任何方式通知乙方该等豁免，乙方不得以任何方式（包括但不限于仲裁或诉讼）

要求甲方支付未支付的竞业禁止补偿金。”2021 年 8 月 5 日双方劳动关系解除。

某科技公司主张，双方约定的竞业限制补偿金标准为离职前月工资的 30%。因盛某不具备接触其公司商业机密的能力和时间，不属于保守秘密的主体，故不符合竞业限制主体，无须履行竞业限制。且双方签订的协议明确约定，可以直接停止支付竞业限制补偿金的方式豁免竞业限制义务，其公司在盛某离职后从未支付过竞业限制补偿金，故视为豁免竞业限制义务。盛某因违反其公司规定被解除劳动关系后，一直未就竞业限制补偿金提出主张，可见双方对豁免竞业限制义务是认可的，系盛某自身原因消极就业，违反诚信原则。盛某亦未提交证据证明离职后履行竞业限制的相关证据，存在推脱行为。综上，其公司无须支付竞业限制补偿金。

盛某则主张，其竞业限制补偿金标准为离职前月工资的 60%。某科技公司提交的《保密、知识产权及竞业禁止协议》为最初签字版本，因协议存在错位其最后签订的版本竞业限制标准为月工资的 60%，但协议被公司收走其手中仅持有照片。其自离职后已按协议约定履行了竞业限制义务，因此某科技公司应支付其竞业限制补偿金。

【案件焦点】

1. 用人单位能否与劳动者约定以直接停止支付补偿金的方式豁免竞业禁止义务；2. 用人单位不支付竞业限制经济补偿的，劳动者能否履行竞业限制义务，进而要求用人单位支付经济补偿。

【法院裁判要旨】

北京市海淀区人民法院经审理认为：盛某作为财务总监，确属关键岗位上负有保密义务的劳动者，故对公司所持盛某不属于竞业限制义务主体的主张不予采纳。用人单位解除竞业限制义务，应当以明示方式通知，而不能以消极不支付竞业限制补偿金的行为视为豁免竞业限制义务。某科技公司未就明确告知盛某无须履行竞业限制义务或盛某要求确认不再履行竞业限制义务举证，亦未举证证明盛某未履行竞业限制义务，应当承担不利的法律后果，应遵守协议约定支付竞业限制补偿金。因盛某提交的协议为打印件未有公司公章等信息，法院对该证据的真实性无法采纳，进而无法采信盛某主张。现，某科技公司提交的竞业禁止协议有盛某签字，盛某未提交反证证明其上所载竞业限制补偿金标准与实际不符的情况下，法院对公司所持竞业限制补偿金的标准予以采信。

北京市海淀区人民法院依照《中华人民共和国劳动合同法》第二十三条、第二十四条之规定，判决如下：

一、某科技公司于判决生效后十日内支付盛某2021年8月6日至2022年6月30日竞业限制补偿金76334.48元；

二、某科技公司于判决生效后十日内支付盛某2020年1月1日至2021年8月5日未休年假工资32413.79元。

某科技公司不服一审判决，提出上诉。北京市第一中级人民法院经审理认为：《保密、知识产权及竞业禁止协议》第8.6条约定某科技公司可自主选择以发送书面通知或直接停止支付补偿金的方式豁免或缩短竞业禁止义务，一旦公司未按约定向盛某支付补偿金，即表明公司豁免了盛某相应的竞业禁止义务，此种情形下公司无须再另行以任何方式通知盛某该等豁免；但第8.1条同时约定在未取得公司事先书面同意的情况下，盛某在终止劳动关系后的两年内不得从事竞业限制行为。上述两条规定内容存在矛盾之处，在此情况下应当作出对劳动者有利的解释，本案中公司并未就解除竞业限制义务向盛某送达书面同意，亦未举证证明盛某违反了竞业限制义务，因此应当按照协议约定支付竞业限制补偿金。综上所述，某科技公司的上诉请求不能成立。

北京市第一中级人民法院依照《中华人民共和国民事诉讼法》第一百七十七条第一款第一项规定，判决如下：

驳回上诉，维持原判。

【法官后语】

为了保护用人单位的商业秘密，同时防止不当扩大竞业限制范围妨碍劳动者的择业自由。《中华人民共和国劳动合同法》第二十三条、第二十四条明确规定了竞业限制制度，该制度是法律对于劳动者择业自由限制而科以用人单位给予劳动者的补偿义务。根据竞业限制的权利性质，用人单位作为权利的享有者，有权行使该权利，也可以放弃该权利。

通常情况下，商业秘密权与自由择业权分属于用人单位和劳动者，但在劳动生产中因商业秘密往往由劳动者创造、应用和更新，便导致了人才流动和商业秘密保护的矛盾凸显，竞业限制制度便应运而生，但究其本质系对劳动者劳动权利的限制，为了减少权利悬停的震荡效应，用人单位单方面解除或者放弃竞业限制条款，应在合理期限内以合理方式通知劳动者，给予劳动者自由择业的准备期。

本案用人单位在竞业限制协议中，约定非经用人单位书面通知终止，则劳动者需履行竞业限制义务，但同时又约定用人单位有权以直接停止支付补偿金的方式豁免或缩短劳动者的竞业禁止义务，由此引发该条款效力的相关争议。通过检索可知，该类案件的争议焦点可分为以下两个方面：一方面，用人单位在约定时间内未支付或者停止支付补偿金，是否视为劳动者无须履行竞业限制义务，即附解除条件的竞业限制条款的效力问题；另一方面，在协议明确约定“未经用人单位同意，劳动者在竞业限制期限内不得从事竞业限制行为”的情况下，用人单位的该等不支付行为，是否免除用人单位的明示通知义务，即消极不履行行为本身是否构成违约的问题。

首先，从体系解释角度。根据竞业限制协议中“在未取得公司事先书面同意的情况下，劳动者在终止劳动关系后的两年内不得从事竞业限制行为”条款，劳动者可推导出“用人单位书面同意—解除”的豁免路径；但依据“自主选择以发送书面通知或直接停止支付补偿金的方式豁免或缩短竞业禁止义务，一旦公司未按约定支付补偿金，即表明公司豁免了劳动者相应竞业禁止义务，此种情形下公司无须再另行以任何方式通知该等豁免”条款，劳动者却可推导出“未书面通知—停止支付—解除”的豁免路径。上述两条规定内容存在矛盾之处，在此情况下由于用人单位所处优势地位，应当作出对劳动者有利的解释。

其次，从行权效果角度。“不支付补偿金即豁免竞业限制义务”条款模糊了解除权的行权时间，劳动者无法预知用人单位因何停止支付、后续是否继续按月支付经济补偿，此时就导致劳动者是否需遵守竞业限制的不可预期性显著增高，“用人单位止付行为—劳动者守约成本及违约风险权衡—竞业限制条款解除”，该过程的传导具有极大的不稳定性和迟延性。因此审理中，需综合考量所附解除条件对劳动者权益的侵占、劳动者注意义务的加重、用人单位行权的成本，明确用人单位单方解除竞业限制协议的，应根据竞业限制协议约定的条件或方式向劳动者明示解除的意思表示。

最后，从权利平衡角度。竞业限制具有一定的人身属性，与劳动者择业自由权乃至生存权保护密切相关，其本质上是对于自由的限制。由于竞业限制协议签订时往往在劳动关系存续之时，故劳动者在签订竞业限制协议时的议价能力也是有限的，用人单位虽然可依法行使单方解除权，但对行使单方解除权的时间和方式应有一定限制，以平衡劳动者因用人单位解除竞业限制后再就业选择所需的时间和条件。以不作为方式解除竞业限制协议，实质加重劳动者对竞业限制协议解除的注意义务，间接地排除了劳动者在一定期间内的自由择业权，故用人单位解除竞业限制义务，应当以明示的方式通知劳动者。

综上所述，司法裁判在审理涉附解除条件竞业限制条款时，应审慎查明“行权行为”，并充分保障劳动者择业自由的权利，防止用人单位以附解除条件的竞业协议规避用人单位义务。

编写人：北京市海淀区人民法院　耿余　吴晓晗

51

用人单位约定劳动者工资中包含竞业限制经济补偿认定规则

——王某诉某科技公司劳动争议案

【案件基本信息】

1. 裁判书字号

北京市第二中级人民法院（2023）京02民终6446号民事判决书

2. 案由：劳动争议

3. 当事人

原告（上诉人）：王某

被告（上诉人）：某科技公司

【基本案情】

2016年7月1日，甲方某科技公司与乙方王某签订期限为2016年7月1日至2018年11月1日的劳动合同，后王某与某科技公司续签两次劳动合同，期限至2024年1月1日。2018年1月2日，双方签订的《保守商业秘密与竞业禁止协议》约定：竞业禁止期限为乙方供职于甲方工作期限内及自乙方离职（无论任何原因离职）之日起2年内不得在中国国内外从事与甲方相同的行业；乙方负有保守商业秘密及竞业禁止的义务，甲方所支付给乙方的薪酬中（10%）即已包含了乙方在职时遵守保密条款及竞业禁止条款而应得的补偿；乙方则不享有以遵守保守商业秘密、履行竞业禁止为理由向甲方要求额外补偿的权利。

2022年3月10日，某科技公司以劳动合同订立时所依据的客观情况发生重大变化，致使劳动合同无法履行为由向王某送达《解除劳动合同通知书》。王某提交《委托代理协议书》及转账记录证明自2022年3月起，其委托北京某科技公司代为缴纳社会保险，已履行竞业限制义务。某科技公司主张已按照《保守商业秘密与竞业禁止协议》约定预付竞业限制补偿金，另提交2022年8月20日通知及2022年8月25日《无需履行竞业限制的通知》的电子邮件证明已告知王某无须履行竞业限制义务。王某确认已收到《无需履行竞业限制的通知》的电子邮件。

【案件焦点】

1. 某科技公司与王某约定工资中包含竞业限制经济补偿是否有效；2. 某科技公司是否应支付王某竞业限制补偿。

【法院裁判要旨】

北京市丰台区人民法院经审理认为：竞业限制补偿是对劳动者在劳动合同终止或解除以后禁止或限制从业期间的补偿，属于离职后方可产生的补偿费用，具有补偿金的性质。竞业限制补偿与劳动报酬两者的性质不同，支付依据也不同，故竞业限制补偿不能包含在工资中，只能在劳动关系结束后，在竞业限制期限内按月给予劳动者。因此，某科技公司关于已付薪酬中包含竞业限制补偿的主张，法院不予采纳。当事人在劳动合同或者保密协议中约定了竞业限制，但未约定解除或者终止劳动合同后给予劳动者经济补偿，如劳动者履行了竞业限制义务，要求用人单位按照劳动者在劳动合同解除或者终止前十二个月平均工资的 30%按月支付经济补偿的，人民法院应予支持。本案中，某科技公司与王某签订的《保守商业秘密与竞业禁止协议》明确约定自离职之日起 2 年内不得在中国国内外从事与某科技公司相同的行业，王某提交的《委托代理协议书》及转账记录已初步举证证明其履行了竞业限制义务，某科技公司直至 2022 年 8 月明确告知王某无须履行竞业限制义务，现王某要求某科技公司支付竞业限制补偿 69000 元，有据可依，法院予以支持。关于竞业限制经济补偿，法院结合案件查明事实予以处理。

北京市丰台区人民法院依照《中华人民共和国劳动合同法》第三十条、第四十七条、第四十八条、第五十条、第八十七条，《最高人民法院关于审理劳动争议案件适用法律问题的解释（一）》第三十六条、第四十二条、第四十六条，《中华人民共和国民事诉讼法》第六十七条之规定，判决如下：

一、王某与某科技公司于 2016 年 7 月 1 日至 2022 年 3 月 10 日存在劳动关系；

二、某科技公司于本判决生效之日起十日内支付王某 2022 年 2 月 1 日至 2022 年 3 月 10 日的工资 59166.5 元；

三、某科技公司于本判决生效之日起十日内支付王某违法解除劳动合同赔偿金 915816 元；

四、某科技公司于本判决生效之日起十日内支付王某 2020 年 4 月 11 日至

2022 年 3 月 10 日未休年休假工资 38068. 97 元；

五、某科技公司于本判决生效之日起十日内支付王某竞业限制补偿 69000 元；

六、某科技公司于本判决生效之日起十日内为王某出具离职证明；

七、驳回王某的其他诉讼请求。

某科技公司、王某均不服一审判决，提出上诉。北京市第二中级人民法院经审理认为：首先，《中华人民共和国劳动合同法》第二十三条第二款规定，对负有保密义务的劳动者，用人单位可以在劳动合同或者保密协议中与劳动者约定竞业限制条款，并约定在解除或者终止劳动合同后，在竞业限制期限内按月给予劳动者经济补偿。从文义解释来讲，竞业限制补偿应在劳动关系结束后，并在竞业限制期限内按月给付劳动者。竞业限制补偿是对劳动者离职后择业权及生存权部分受到影响的经济补偿，因此应在解除或终止劳动合同后予以发放。其次，虽然上述条款并未明确禁止用人单位在职期间向劳动者提前支付竞业限制补偿，但竞业限制补偿在性质上明显与劳动者在职期间提供劳动所获得的劳动报酬不同，且正常情况下最终是否支付取决于劳动者离职后是否需履行竞业限制义务，故即使用人单位可以与劳动者约定在职期间支付竞业限制补偿，亦应与劳动者的正常劳动报酬进行明确区分。而某科技公司与王某签订的《保守商业秘密与竞业禁止协议》中约定支付给王某的薪酬中（10%）已包含了王某在职时遵守保密条款而应得的补偿，亦包含了王某遵守竞业禁止条款而应得的补偿，竞业限制补偿的数额并不明确具体。另外，某科技公司提交的王某近一年薪资情况表及 2022 年 2 月、2022 年 3 月的工资表中并没有竞业限制补偿项目。故，法院对某科技公司所称每月工资中已包含竞业限制补偿，不应再行支付的意见不予采纳。最后，某科技公司主张在王某离职时曾口头告知其无须履行竞业限制义务，但王某对此不予认可，法院对此不予采信。某科技公司迟至 2022 年 8 月才向王某发出《无需履行竞业限制的通知》，王某主张在此期间已履行了竞业限制义务并提交了相应佐证，某科技公司未能提交证据予以反驳，故应依法向王某支付相应竞业限制补偿。

北京市第二中级人民法院依照《中华人民共和国民事诉讼法》第一百七十七条第一款第一项之规定，判决如下：

驳回上诉，维持原判。

【法官后语】

司法实践中处理在职期间支付竞业限制经济补偿存在认定为有效和无效两种思路，争议在于用人单位与劳动者约定在劳动关系存续期间提前发放竞业限制补偿是否违反法律、行政法规的强制性规定。

从文义解释的角度看，《中华人民共和国劳动合同法》第二十三条第二款规定劳动关系结束后，用人单位在竞业限制期限内按月给付劳动者经济补偿，但该条款并未明确禁止用人单位在职期间向劳动者提前支付竞业限制补偿，且该条款使用了“可以”的立法表述。故，在职期间提前支付竞业限制经济补偿的效力不宜被直接否定，但应避免用人单位利用优势地位侵害劳动者的合法权益，尤其是对用人单位以劳动关系存续期间向劳动者支付的劳动报酬已包含竞业限制经济补偿进行抗辩的，应加重其举证责任，防止行拆分工资之实损害劳动者利益。

1. 用人单位应证明随劳动报酬发放竞业限制补偿系双方的真实意思表示。用人单位一般通过劳动合同或者保密协议与劳动者约定竞业限制条款，若双方约定劳动报酬中包含竞业限制补偿或随劳动报酬提前发放竞业限制补偿，应当由用人单位就此系双方形成的真实意思表示承担举证责任。一般而言，在劳动合同或保密协议中就该类条款进行提示，在由劳动者签字确认的工资表中明确“竞业限制经济补偿”项目或对竞业限制经济补偿与劳动报酬进行区分发放，可以证明双方就随劳动报酬发放竞业限制补偿达成了合意。用人单位与劳动者仅在劳动合同约定的月工资中包含保密费或保密金等，不应视为双方就随劳动报酬发放竞业限制补偿形成了一致意见。

2. 用人单位应证明竞业限制补偿与正常劳动报酬进行了明确区分。竞业限制经济补偿的支付方式虽不具有强制性，但竞业限制经济补偿的给付具有强制性，即使双方约定了随劳动报酬提前发放竞业限制补偿，用人单位也应证明其已经实际支付了该款项，主要是证明已经将竞业限制补偿与正常工作的劳动报酬进行了明确区分。如用人单位仅与劳动者在劳动合同中约定的月工资包含10%的竞业禁止补偿金，但出现在工资表中并无竞业限制补偿项目，或在劳动者缺勤、旷工需扣发工资时也需扣发竞业禁止补偿金等情况时，则意味着竞业限制补偿和劳动报酬混同，对用人单位以劳动关系存续期间向劳动者支付的劳动报酬已包含竞业限制经济补偿进行的抗辩不予支持。

3. 竞业限制经济补偿不应低于法定标准，不得减损劳动者权益。《中华人民共和国劳动合同法》第二十四条规定，竞业限制期限，不得超过二年。《最高人民法院关于审理劳动争议案件适用法律问题的解释（一）》第三十六条规定，在双方未就竞业限制补偿金额进行约定或约定不明的情况下，用人单位应按照劳动者在劳动合同解除或者终止前十二个月平均工资的30%按月支付经济补偿，且竞业限制补偿不能低于劳动合同履行地最低工资标准。因此，即使满足前述两项要求，提前随劳动报酬发放竞业限制补偿，竞业限制补偿的金额也应当不低于法定标准，不低于劳动合同履行地最低工资标准，若存在差额，应当补齐。

编写人：北京市第二中级人民法院　马卫丰　毛金虎

52

离职竞业限制协议合意的司法认定

——甲服务公司诉耿某竞业限制案

【案件基本信息】

1. 裁判书字号

重庆市第一中级人民法院（2023）渝01民终3689号民事判决书

2. 案由：竞业限制纠纷

3. 当事人

原告（上诉人）：甲服务公司

被告（被上诉人）：耿某

【基本案情】

甲服务公司的经营范围包括代理记账等，耿某系该公司的办税人员。2022年4月29日，耿某与甲服务公司办理工作交接，甲服务公司向耿某出具《员工离职证明》。2022年4月28日，乙服务公司成立，经营范围包括代理记账等。耿某于2022年5月25日成为该公司的办税人员。2022年7月29日，甲服务公司向耿某支付竞业限制补偿费6300元。

庭审中，甲服务公司举示了一份《知识产权保护及竞业禁止协议》，约定竞业期限自离职之日起到离职后两年，甲服务公司每月支付竞业限制补偿费，连续三个月未支付，则视为协议自动终止；如耿某违反协议，应立即停止违约，并继续履行本协议，并向甲服务公司支付惩罚性违约赔偿金300000元。该协议尾部乙方处耿某签字并按指印，落款时间为2022年2月1日，甲方处加盖的公章名称为“甲服务公司”。

另查明，2022年6月6日甲服务公司由曾用名更名为“甲服务公司”，“甲服务公司”的公章系2022年6月6日之后启用。

甲服务公司申请仲裁后诉至法院，诉称耿某离职后即入职新公司，违反了《知识产权保护及竞业禁止协议》，故请求耿某继续履行《知识产权保护及竞业禁止协议》中约定的竞业限制义务，以及支付竞业限制违约金300000元并返还竞业限制补偿6300元。

【案件焦点】

《知识产权保护及竞业禁止协议》是否成立。

【法院裁判要旨】

重庆市渝北区人民法院经审理认为：《知识产权保护及竞业禁止协议》并

未成立。第一，甲服务公司将《知识产权保护及竞业禁止协议》（此时双方均未签字）交与耿某，2022年2月1日耿某签字后将该协议交还公司，公司即应在合理期限内做出承诺，承诺的具体表现为在协议上盖章并返还给耿某或通过其他有效方式（如履行主要义务等）表示公司已接受了该协议的约束。第二，耿某于2022年4月29日办理离职手续，距其向甲服务公司提交《知识产权保护及竞业禁止协议》已有三个月，而劳动者享有自主择业的权利，竞业限制义务势必对劳动者离职后的自主择业产生限制，用人单位拖延承诺的行为将影响劳动者的就业权，故甲服务公司应至迟在劳动者离职时即2022年4月29日将耿某需遵守的竞业限制义务及相应权利进行固定、明确并以特定形式告知耿某。而根据庭审查明事实，耿某离职时，甲服务公司并未在协议上签章，也未通过其他有效方式告知耿某，故甲服务公司与耿某并未就履行《知识产权保护及竞业禁止协议》达成合意。第三，因甲服务公司在《知识产权保护及竞业禁止协议》签章的行为发生于2022年6月6日之后，超出合理承诺期限，其行为应视为新的要约，现无证据证明耿某对该新的要约进行了确认。甲服务公司虽于2022年7月29日向耿某转账支付竞业限制补偿费，但耿某也表示不予接受，故亦无法认定此时双方就履行《知识产权保护及竞业禁止协议》达成合意。第四，甲服务公司与耿某并未就履行竞业限制义务达成合意，对于甲服务公司要求耿某履行《知识产权保护及竞业禁止协议》并按该协议约定支付违约金的诉讼请求不予支持。对于甲服务公司已支付的竞业限制补偿费，因耿某获得无依据，应当返还，对于返还竞业限制补偿的诉讼请求应予以支持。

重庆市渝北区人民法院判决如下：

一、耿某于本判决生效之日立即返还甲服务公司补偿费6300元；

二、驳回甲服务公司的其他诉讼请求。

甲服务公司不服一审判决，提起上诉。重庆市第一中级人民法院同意一审法院裁判意见。

重庆市第一中级人民法院按照《中华人民共和国民事诉讼法》第一百七十

七条第一款第一项规定，判决如下：

驳回上诉，维持原判。

【法官后语】

目前，实践中存在竞业限制对劳动者泛化适用的问题，部分本不必要承担竞业义务的劳动者不得不受到竞业协议的限制。这与竞业限制制度的立法要旨相悖。因此，对竞业限制协议的司法认定具有重要现实意义。

一、离职竞业限制以存在竞业限制协议为前提

我国现行法律仅承认在雇佣双方劳动关系终止后基于约定而形成竞业限制特定权利义务关系，质言之，离职后的竞业限制以用人单位与劳动者存在竞业限制约定为限。

如当事人要求高级管理人员、董事等一般劳动者承担竞业限制义务，则须以双方签订离职竞业限制协议或在劳动合同中约定离职竞业限制条款为前提，否则当事人的主张缺乏依据。本案中，甲服务公司举示了一份《知识产权保护及竞业禁止协议》，故审查的关键是判断该协议是否成立。

二、离职竞业限制协议合意的司法价值判断

我国现行合同成立规则系统形成于《中华人民共和国民法典》合同编通则合同的订立一章，通常认为“承诺生效时合同成立”为一般原则，合同书情形下“双方签字盖章时”或“当事人未采用书面形式但是一方已经履行主要义务，对方接受时”是相对于该原则的例外。

司法实践中，往往需要综合运用前述合同成立的裁判规则对要约和承诺的意思表示进行解释，以探究当事人真意。其中不仅包含大量事实判断，更包含裁判者对事实作出的价值判断。离职竞业限制协议的底层逻辑契约自由原则与劳动关系的鲜明的从属性之间存在冲突，相较于用人单位，劳动者通常处于天然弱势地位，但《中华人民共和国劳动合同法》始终是以保护劳动者的合法权益为其宗旨，这就要求司法者在法律适用层面，正确把握价值秩序以对个案进行判断，通过合目的性解释以弥补立法之不足。

（一）离职竞业限制协议要约的认定

首先，甲服务公司将未盖章的竞业限制协议交给耿某的行为不应认定为要约。虽然甲服务公司提供的竞业限制协议明确、具体，但事后可以证实甲服务公司此时并未在该协议上进行盖章，即便经耿某签字后，该协议仍具有甲服务公司不予盖章的可能性，故甲服务公司提供竞业限制协议的行为并不包含经受要约人承诺即受要约约束的意思，不宜认定为要约。

与此相对应，耿某在竞业限制协议上签字并交还公司的行为应认定为要约。耿某在具体、明确的竞业限制协议上签字并交还协议的行为应认定为认可协议内容、希望与甲服务公司订立协议并愿意受该协议约束的意思表示，故该行为应视为要约。此时，对于耿某的要约，甲服务公司可以通过两种方式予以有效回应并以此促成竞业限制协议的合法成立。一是根据《中华人民共和国民法典》第四百八十一条规定，在合理期限内作出承诺并将该承诺告知耿某；二是根据《中华人民共和国民法典》第四百九十条第二款规定，履行竞业限制协议的主要义务并经耿某接受。

（二）离职竞业限制协议承诺的认定

对于第一种方式，核心在于认定甲服务公司作出竞业限制协议承诺的合理期限。对于耿某的竞业限制协议要约，甲服务公司应至迟于耿某离职之时作出承诺并告知耿某，否则将使耿某离职后的就业陷入不确定之状态，从而限制耿某的择业自由，影响耿某劳动权的行使。

对于第二种方式，核心在于判断甲服务公司是否履行竞业限制协议的主要义务并经耿某接受。本案中，竞业限制协议约定甲服务公司应按月支付竞业限制补偿，然公司却于耿某离职后三个月才向其支付首笔补偿费，故甲服务公司难谓有通过履行主要合同义务对合同成立瑕疵进行补正的主观意图，公司的行为不能视为有效承诺。

综上，法院认定甲服务公司与耿某并未形成离职竞业限制的合意，该认定既符合当前合同成立的判断规则，亦有助于让竞业限制制度回归本位，遏制当前竞业限制协议的滥用趋势。

编写人：重庆市渝北区人民法院　董芝铫

53

应从竞业限制到期日计算经济补偿金的仲裁时效起算点

——吴某诉某科技公司劳动争议案

【案件基本信息】

1. 裁判书字号

北京市第一中级人民法院（2023）京 01 民终 10237 号民事判决书

2. 案由：劳动争议

3. 当事人

原告（反诉被告、上诉人）：吴某

被告（反诉原告、被上诉人）：某科技公司

【基本案情】

吴某原系某科技公司员工。2016 年 9 月 15 日，某科技公司（甲方）与吴某（乙方）签订的《保密协议》第二条第五项约定："乙方离开甲方公司后，应遵守竞业禁止的规则。除非得到甲方的书面认可，否则乙方在二年内不得在同类的产业中任职，更不能向同类产业的其他单位和个人提供甲方的商业秘密与技术，亦不得有任何通过第三人的变相违约行为。"某科技公司通知吴某于 2021 年 4 月 14 日解除劳动合同，未通知吴某不用履行竞业限制的内容，吴某之后申请了劳动仲裁要求某科技公司支付违法解除劳动合同赔偿金。吴某主张 2020 年 4 月至 2021 年 3 月月均工资 7150 元。某科技公司主张吴某月均工资 6500 元。自 2021 年 8 月起，北京市最低工资标准变更为 2320 元。吴某主张 2021 年 4 月 14 日后未从事竞业限制的相关行业。2022 年 9 月 15 日，吴某向某区劳动人事争议仲裁委员会提出仲裁申请，要求某科技公司支付 2021 年 4 月 15

日至2023年4月14日竞业限制补偿金55680元。2023年2月22日仲裁委作出裁决：一、某科技公司自裁决生效之日起十五日内，支付吴某2021年9月15日至2023年2月14日竞业限制经济补偿39440元；二、驳回吴某的其他仲裁请求。吴某与某科技公司均不服该裁决，遂提起本案诉讼。

【案件焦点】

吴某主张离职后竞业限制经济补偿金的劳动仲裁的仲裁时效应从何时起算。

【法院裁判要旨】

北京市石景山法院经审理认为：劳动争议申请仲裁的时效期间为一年，2021年9月15日前吴某要求支付竞业限制补偿的仲裁请求已过时效，该院不予支持。现，双方未约定解除或者终止劳动合同后给予经济补偿，故某科技公司应支付吴某2021年9月15日至2023年4月14日竞业限制经济补偿44080元。

北京市石景山区人民法院依照《中华人民共和国劳动合同法》第二十三条，参照《最高人民法院关于审理劳动争议案件适用法律问题的解释（一）》第三十六条，《中华人民共和国劳动争议调解仲裁法》第二十七条，《中华人民共和国民事诉讼法》第六十七条之规定，判决如下：

一、某科技公司于判决书生效之日起十五日内，支付吴某2021年9月15日至2023年4月14日竞业限制经济补偿44080元；

二、驳回吴某的其他诉讼请求；

三、驳回某科技公司的全部诉讼请求。

吴某不服一审判决，提出上诉。北京市第一中级人民法院经审理认为：本案的二审争议点为，吴某提出的由某科技公司支付2021年4月14日至9月15日的竞业限制经济补偿金的主张是否超过仲裁时效。竞业限制补偿系基于劳动者履行竞业限制义务应获得的报酬性补偿。某科技公司与吴某签订的《保密协议》并未约定劳动关系解除或终止后的竞业限制补偿的支付标准和期限，且某科技公司未履行支付竞业限制补偿金义务处于持续、连续状态。《中华人民共和国民法典》第一百八十九条规定，当事人约定同一债务分期履行的，诉讼时效期间从最后一期履行期限届满之日起计算。参照此规定，考虑到竞业限制补偿金的性质，自竞业限制履行期届满之日起计算仲裁时效，更利于保护劳动者的权利，也更为公平。故，吴某在竞业限制履行期限届满后一年内主张竞业限制补偿，不应认定超过仲裁时效。鉴于吴某在一审中提出诉讼请求，要求某科技公司支付2021年4月15日至2023年4月14日的竞业禁止补偿金，一审判决后，某科技公司未对此提出上诉，故对于吴某主张的竞业禁止补偿金的支付期间予以确认。

北京市第一中级人民法院依照《中华人民共和国民事诉讼法》第一百七十七条第一款第二项之规定，判决如下：

一、维持北京市石景山区人民法院（2023）京0107民初7976号民事判决第三项；

二、撤销北京市石景山区人民法院（2023）京0107民初7976号民事判决第二项；

三、变更北京市石景山区人民法院（2023）京0107民初7976号民事判决第一项为：某科技公司于本判决书生效之日起十五日内，支付吴某2021年4月15日至2023年4月14日的竞业限制经济补偿55680元。

【法官后语】

因用人单位未支付竞业限制补偿金发生的劳动仲裁，可以分为两种情况：第一种是用人单位与劳动者明确约定了一次性支付补偿金的情况下，时效起算点应以约定的支付期限之日计算仲裁时效，对此理论界和司法实践中均无异议。第二种是用人单位与劳动者约定按月支付补偿金的情况下，如何认定仲裁时效起算点法律没有明确规定，司法实践中存在两种不同的观点：第一种观点认为，竞业限制经济补偿金应按月分别计算仲裁时效起算点。第二种观点认为，竞业限制经济补偿金应从竞业限制到期日计算仲裁时效起算点，即从最后一期竞业限制补偿金应支付之日开始计算仲裁时效。本案采纳了第二种观点，理由如下。

1. 从利益平衡原则角度分析，竞业限制制度既要保护用人单位的商业秘密权，也要保护劳动者的劳动权。《中华人民共和国劳动合同法》第二十三条规定，对负有保密义务的劳动者，用人单位可以在劳动合同或者保密协议中与劳动者约定竞业限制条款，并约定在解除或者终止劳动合同后，在竞业限制期限内按月给予劳动者经济补偿。司法实践中，用人单位通过与劳动者签订竞业限制协议的方式，来达到保护商业秘密利益的目的，但不可避免地会损害劳动者的劳动权和自由就业权，而竞业限制经济补偿金的功能之一就在于平衡劳动双方利益，补偿劳动者因遵守竞业限制而牺牲的劳动权和自由就业权。故，由于用人单位一方违约，未及时向劳动者支付经济补偿金的情况下，不应苛责劳动者就此向用人单位履行过高的提示义务，亦不应由劳动者因用人单位的违约而承担不利的法律后果。

2. 从最后一期竞业限制补偿金应支付之日开始计算仲裁时效，更有利于保护劳动者诉权利益和节约司法成本。《中华人民共和国劳动合同法》第二十四条第二款规定，在解除或者终止劳动合同后，竞业限制期限不得超过二年，即竞业限制期限最长为劳动合同解除后二年，而《中华人民共和国劳动争议调解仲裁法》第二十七条第一款规定的劳动者申请仲裁时效为一年。基于此，司法实践中常出现劳动者在解除劳动合同后1~2年申请仲裁的情况，此时，竞业限制期尚未结束，而劳动合同解除已满一年。如果按月分别计算仲裁时效，劳动者需要尽到较高的注意义务，警惕诉权过期，至少应提起二次仲裁申请才能避免超仲裁时效。反之，如果以竞业限制期届满之日计算仲裁时效，则可以有效避免上述情况。

3. 参考《中华人民共和国民法典》第一百八十九条规定，按月支付竞业限制经济补偿金可视为连续的债务履行行为。该条明确规定，当事人约定同一债务分期履行的，诉讼时效期间从最后一期履行期限届满之日起计算。本案涉及的按月支付竞业限制经济补偿金，是用人单位与劳动者约定按月支付经济补偿金，从劳动合同解除或终止后按月定期发放，直至竞业限制期限届满为止，且每一期竞业限制补偿金均是基于同一竞业限制协议而连续产生，故可以视为连续的同一债务分期履行行为。因此，从法律逻辑和技术性判断上而言，支付竞业限制经济补偿金也应参照该条规定，从最后一期竞业限制补偿金应支付之日起开始计算仲裁时效。

编写人：北京市第一中级人民法院　孙沙沙　尹佳雯

六、社会保险

54

工伤认定中“因履行工作职责受到暴力伤害”的认定[①]

——王某某诉某区人民政府改变原行政行为的行政复议案

【案件基本信息】

1. 裁判书字号

江西省高级人民法院（2022）赣行终268号行政判决书

2. 案由：行政复议

3. 当事人

原告（被上诉人）：王某某

被告：某区人民政府

第三人（上诉人）：某科技公司

第三人（被上诉人）：某区人力资源和社会保障局

【基本案情】

廖某原系S乡某村路段的环卫工人。2020年6月廖某在从事环卫工作时未完成任务，被作为S乡片区专管员的王某某发现。王某某将此事上报给公司，并导致廖某工资被扣。廖某遂对王某某心怀不满，于2020年11月2日对正在S

① 入库案例，参见人民法院案例库2024-12-3-016-004。

乡某村巡查环卫工作的王某某实施殴打，导致王某某肋骨骨折。2020年11月3日，某区公安局作出行政处罚决定，廖某因该殴打行为被处以行政拘留五日的处罚。2021年3月15日，王某某以某科技公司为工作单位向某区人力资源和社会保障局（以下简称某区人社局）申请认定工伤。2021年5月25日，某区人社局作出工伤认定决定，认定王某某在本次事故中造成的伤害，符合《工伤保险条例》第十四条第三项的规定，同意认定为工伤。某科技公司不服该工伤认定决定，遂向某区人民政府（以下简称某区政府）申请行政复议。2021年9月22日，某区政府作出行政复议决定，认为王某某肋骨骨折系原环卫工人廖某因私人恩怨对其殴打导致，非因工作原因或履行工作职责导致，不能认定为工伤，决定撤销某区人社局作出的工伤认定决定。王某某不服该行政复议决定，向江西省上饶市中级人民法院提起行政诉讼。

【案件焦点】

王某某被殴打受伤是否属于因履行工作职责受到暴力伤害。

【法院裁判要旨】

江西省上饶市中级人民法院经审理认为：王某某被殴打受伤属于因履行工作职责受到暴力伤害，符合《工伤保险条例》第十四条第三项规定，应当认定为工伤。

江西省上饶市中级人民法院依照《中华人民共和国行政诉讼法》第七十条第二项，《最高人民法院关于适用〈中华人民共和国行政诉讼法〉的解释》第八十九条之规定，判决如下：

一、撤销被告某区政府于2021年9月22日作出的《行政复议决定书》；

二、恢复第三人某区人社局于2021年5月25日作出的法律效力。

某科技公司不服一审判决，提起上诉。江西省高级人民法院经审理认为：综合案涉工伤认定决定、被诉行政复议决定、原审判决认定及各方当事人的诉辩意见，本案争议的主要焦点是王某某被殴打受伤是否属于因履行工作职责受到暴力伤害。《工伤保险条例》第十四条第三项规定："职工有下列情形之一的，应当认定为工伤……（三）在工作时间和工作场所内，因履行工作职责受到暴力等意外伤害的……”按照上述规定，职工受到的暴力伤害与履行工作职责有因果关系的，应当认定职工受到的暴力伤害属于因履行工作职责受到暴力伤害。进言之，因果关系作为一种客观存在，如果已认定职工受到的暴力伤害系因履行工作职责引起，在没有证据证明存在其他引发暴力侵害因素的情况下，不能仅以暴力侵害发生的时间具有滞后性没有当场发生为由否定该因果关系的存在。简言之，不能仅以暴力侵害行为具有滞后性而否定因果关系的客观存在。本案中，根据某区公安局对廖某作出的《行政处罚决定》等证据材料，廖某系因 2020 年 6 月其在从事环卫工作时未完成任务被作为 S 乡片区专管员的王某某发现并上报公司导致其工资被扣一事对王某某怀恨在心，遂于 2020 年 11 月 2 日对正在 S 乡某村巡查环卫工作的王某某实施了殴打。据此，应认定王某某受到的暴力伤害与履行工作职责存在直接因果关系，属于因履行工作职责受到暴力伤害。因此，王某某在其负责的 S 乡某村巡查环卫工作时被廖某殴打受伤，属于在工作时间和工作场所内因履行工作职责受到暴力伤害，符合《工伤保险条例》第十四条第三项规定的情形，应当认定为工伤。某区政府既已认定廖某殴打王某某的原因是，王某某作为专管员在 2020 年 6 月的工作管理行为致廖某工资被扣怀恨在心所致，但在没有证据证明王某某与廖某存在其他私人恩怨的情况下，某区政府仅以廖某的暴力侵害没有于 2020 年 6 月当场发生而是发生在 2020 年 11 月 2 日为由，主张王某某被殴打受伤系因私人恩怨，不属于因履行工作职责受到暴力伤害，进而认为王某某的受伤因不符合《工伤保险条例》第十四条第三项的规定不能认定为工伤，缺乏事实和法律依据。因此，法院以某区政府作出的行政复议决定适用法律错误为由撤销该行政复议决定，符合法律规定。

江西省高级人民法院依照《中华人民共和国行政诉讼法》第八十九条第一款第一项之规定，判决如下：

驳回上诉，维持原判。

【法官后语】

《工伤保险条例》及原劳动和社会保障部就“因履行工作职责受到暴力”

作出了相关规定，但实践中对于是否应当适用《工伤保险条例》第十四条第三项的规定认定工伤仍存在争议。关于暴力伤害与履行工作职责有因果关系的认定，应以原因力大小为判断依据，即应以暴力伤害与履行工作职责之间的关联性是否足以达到认定工伤的程度为标准。具体而言，应从“履行工作职责”要素出发，综合考量是否存在其他因素及其各因素原因力的大小，着重审查以下三个主要方面：

一是暴力伤害的本源性因素。判断暴力伤害与履行工作职责是否具有直接因果关系，核心的本源性因素在于工作原因是否为引发暴力伤害的主要原因。如果工作原因是引发暴力伤害的主要原因甚至为唯一原因，则应认定暴力伤害与履行工作职责之间具有直接因果关系，属于“因履行工作职责受到暴力”的情形。如果能够证明暴力伤害系因职工故意或严重过失造成，或者职工对暴力伤害后果的发生负有主要责任，抑或其他介入因素导致原本属于工作原因的关联性中断，则不宜认定职工所受暴力伤害与履行工作职责具有直接因果关系，不应认定为工伤。

二是暴力伤害的阶段性因素。从行为过程看，工伤认定中职工所受暴力伤害亦具有阶段性，具体可分为受伤起因、受伤过程以及受伤结果三个阶段。一般而言，三个阶段均需与履行工作职责相关。从受伤起因看，引发暴力伤害的原因应为工作原因，如果暴力伤害系因个人恩怨引发，则不能认定为“因履行工作职责”。从受伤过程看，需要判断是否有介入因素中断因果关系，如果即便受伤起因与履行工作职责有关，但过程中存在诸如第三人劝说调停、对方主动停息等中断因果关系的因素介入后，职工自己再次主动挑起纠纷并受到伤害，则不宜认定系因履行工作职责受到暴力伤害。从受伤结果看，需要综合判断各因素的原因力大小，如果工作原因是主要原因，即便职工个人存在一定过错，也不宜否定暴力伤害与履行工作职责之间的直接因果关系。

三是暴力伤害的时空性因素。现实生活中，因履行工作职责引发并遭受的暴力伤害经常会存在时间上的滞后性。关于暴力伤害发生的滞后性是否必然阻却职工受到的暴力伤害与履行工作职责之间的直接因果关系，实践中存在不同观点。第一种观点认为，直接因果关系属于近因，要求暴力伤害须当场发生，方可认定暴力伤害与履行工作职责之间具有直接因果关系。第二种观点认为，直接因果关系虽为近因，但该近因系强调原因力的大小而非强调时间上的远近，只要工作原因是引发职工在工作时间和工作场所内受到暴力伤害的主要原因，即便暴力伤害发生具有一定的滞后性，亦不必然阻却职工受到的暴力伤害与履行工作职责之间的直接因果关系。第三种观点认为，只要职工系因履行工作职责受到他人暴力伤害，即便不是发生在工作时间和工作场所内，也应当认定为工伤。笔者认为，本案判决采取的第二种观点，更加符合立法本意。一般而言，在没有确切证据证明职工存在引发暴力侵害的其他个人因素情况下，不宜仅以暴力侵害没有当场发生即暴力侵害的发生具有滞后性为由，而否定职工受到的暴力伤害与履行工作职责存在直接因果关系。如果职工过错系一般过失，则不应中断工伤因果关系的认定，且不适用过失相抵原则。首先，应审查职工个人行为是否超出了用人单位所能支配与控制的范围。即围绕是否系从事本职工作、超过本职工作范围是否系为了维护用人单位利益等方面进行审查。其次，应审查职工个人行为是否改变履职行为的性质。如果能够证明暴力伤害系因职工故意或严重过失造成，或者职工对暴力伤害的发生负有主要责任，则意味着职工个人过错行为已改变其履职行为的性质，或是已切断暴力伤害与履行工作职责之间的关联性，该情形下即便职工个人行为起因为履职行为，亦不应认定暴力伤害与履行工作职责之间具有直接因果关系。

综上所述，本案中，王某某作为卫生专管员，于 2020 年 11 月 2 日在工作巡查时被廖某殴打受伤。根据《行政处罚决定》等在案证据显示，王某某遭受廖某殴打系因工作原因。法院结合上述暴力伤害的考量因素分析认定，虽然王某某所受暴力侵害，与其检查上报环卫工作之间时隔数月之久，但王某某受到的暴力伤害符合本源性、阶段性、时空性要素特点，与履行工作职责存在直接因果关系，属于“因履行工作职责受到暴力”的情形。

编写人：江西省高级人民法院　万进福

南昌铁路运输法院　熊娇娇

55

第三人侵权的工伤事故中已判赔但未执行到位的重复项目赔偿款不应抵扣

——熊某诉鲜某工伤保险待遇案

【案件基本信息】

1. 裁判书字号

上海市第一中级人民法院（2024）沪 01 民终 2693 号民事判决书

2. 案由：工伤保险待遇纠纷

3. 当事人

原告（被上诉人）：熊某

被告（上诉人）：鲜某

【基本案情】

熊某原在某物流公司工作。2019 年 12 月 1 日，熊某在送货途中发生交通事故，当日至 2020 年 1 月 13 日，熊某在医院住院治疗，住院天数 43 天。2019 年 12 月，某物流公司向医院预交住院费合计 215000 元。2020 年 6 月 23 日，上海市浦东新区人民法院受理了熊某与王某、某家纺公司、某土方公司、甲保险公司、乙保险公司、丙保险公司机动车交通事故责任纠纷一案［案号：（2020）沪 0115 民初 41956 号］。2020 年 8 月 26 日，上海市浦东新区人民法院作出民事判决：……四、王某、某家纺公司对熊某医疗费 298984.20 元、住院伙食补助费 860 元合计 299844.20 元中的 207034.94 元承担连带赔偿责任。2020 年 12 月 25 日，上海市奉贤区人民法院作出民事判决，确认熊某与某物流公司于 2018 年 3 月 17 日至 2019 年 12 月 1 日存在劳动关系。之后，某物流公司提起上诉，上海市第一中级人民法院作出民事判决，驳回上诉，维持原判。2021 年 1 月 11 日，上海市浦东新区人民法院受理了熊某与王某、某家纺公司、某土方公司、甲保险公司、乙保险公司、丙保险公司机动车交通事故责任纠纷一案［案号：(2021) 沪 0115 民初 7592 号］。2021 年 9 月 2 日，上海市浦东新区人民法院作出民事判决：……四、王某、某家纺公司连带赔偿熊某 213813.15 元……2021 年 2 月 25 日，上海市浦东新区人民法院作出（2020）沪 0115 执 26763 号执行裁定，以被执行人王某、某家纺公司现名下无可供本案执行的财产等为由终结 (2020) 沪 0115 民初 41956 号案件的执行。2021 年 7 月 7 日，由鲜某签字的全体投资人承诺书递交给了工商登记部门。2021 年 8 月 16 日，某物流公司被注销。2022 年 8 月 8 日，上海市浦东新区人民法院作出（2022）沪 0115 执 10219 号执行裁定，以穷尽财产调查措施，本案被执行人王某、某家纺公司暂无财产可供执行，故无继续执行的条件，应终结（2021）沪 0115 民初 7592 号案件的执行。2023 年 1 月 31 日，熊某以鲜某、某物流公司作为被申请人向上海市奉贤区劳动人事争议仲裁委员会申请仲裁。2023 年 2 月 2 日，上海市奉贤区劳动人事争议仲裁委员会作出不予受理通知书，对上述请求决定不予受理。熊某不服，遂诉至上海市奉贤区人民法院。

【案件焦点】

熊某在侵权案中已判赔但未执行到位的重复项目赔偿款是否在工伤保险待遇案中予以抵扣。

【法院裁判要旨】

上海市奉贤区人民法院经审理认为：根据法律规定，在第三人侵权引起工伤事故的情形下，会产生工伤保险赔偿与第三人侵权损害赔偿竞合。除兼得项目外，对于重复赔偿项目应采用“就高原则”。本案中，（2021）沪 0115 民初 7592 号民事判决书认定熊某的损失中，除保险公司赔付外，由被执行人王某、某家纺公司赔付的部分，根据（2022）沪 0115 执 10219 号执行裁定书，因暂无财产可供执行，无继续执行的条件，故终结执行程序。因此，熊某所主张的误工费、护理费（除保险公司已赔付外）等重复赔偿项目实际未获赔偿，在此情形下，熊某通过工伤途径寻求救济，并承诺今后在机动车交通事故责任纠纷案件中若获得赔付，愿意将本案中获得的赔付款退还给鲜某，其要求鲜某赔付的请求合理，法院依法予以支持。在法院判决后至鲜某实际赔付之前，熊某若从被执行人王某、某家纺公司处获赔，则获赔的部分可予以抵扣。

上海市奉贤区人民法院依照《中华人民共和国劳动合同法》第三十条第一款、第四十四条第五项、第四十六条第六项、第四十七条第一款及第三款，《工伤保险条例》第三十条第四款、第三十三条、第三十七条，《最高人民法院关于适用〈中华人民共和国公司法〉若干问题的规定（二）》第二十条，《上海市工伤保险实施办法》第三十一条第一款、第四十一条第一款、第五十八条第二款、第六十一条，《中华人民共和国民事诉讼法》第六十七条第一款的规定，判决如下：

一、鲜某于判决生效之日起十日内赔偿熊某第一次住院伙食补助费人民币 430 元；

二、鲜某于判决生效之日起十日内赔偿熊某劳动能力鉴定费人民币 350 元；

三、鲜某于判决生效之日起十日内赔偿熊某停工留薪期护理费人民币 6417 元（若熊某另从被执行人王某、某家纺公司处获赔，则获赔金额予以抵扣）；

四、鲜某于判决生效之日起十日内赔偿熊某停工留薪期工资人民币 60000 元（若熊某另从被执行人王某、某家纺公司处获赔，则获赔金额予以抵扣）；

五、鲜某于判决生效之日起十日内赔偿熊某病假工资人民币 160.92 元；

六、鲜某于判决生效之日起十日内赔偿熊某一次性伤残补助金人民币 63228 元；

七、鲜某于判决生效之日起十日内赔偿熊某一次性工伤医疗补助金人民币 93042 元；

八、鲜某于判决生效之日起十日内赔偿熊某工伤一次性伤残就业补助金人民币 93042 元；

九、鲜某于判决生效之日起十日内赔偿熊某经济补偿人民币 17500 元；

十、驳回熊某的其余诉讼请求。

鲜某不服一审判决，提起上诉。上海市第一中级人民法院经审理认为：本案的争议焦点为，鲜某的上诉请求是否成立。鉴于现有证据表明判决并未得到履行，本案中一审判决鲜某支付护理费及停工留薪期工资，并判决若熊某从另案中获赔则予以抵扣，判决正确。

上海市第一中级人民法院依照《中华人民共和国民事诉讼法》第一百七十七条第一款第一项之规定，判决如下：

驳回上诉，维持原判。

【法官后语】

在工伤保险赔偿和民事侵权损害赔偿竞合的情况下，工伤职工同时享有两种救济方式，从而产生工伤保险赔偿和第三人侵权损害赔偿的交叉。具体赔偿项目是“兼得”还是“就高”，目前法律并没有统一规定。当工伤职工在侵权损害赔偿之诉中已判赔但未实际获赔，转而通过工伤途径寻求救济时，重复项目赔偿款是否予以抵扣，仍存在一定争议，但无论是从损失填平原则还是从保护劳动者合法权益原则，在侵权案中已判赔但未执行到位的重复项目赔偿款应不予抵扣。

一、第三人侵权的工伤事故中的责任竞合

在第三人侵权引起工伤事故的情形下，工伤保险赔偿案件与第三人侵权损害赔偿案件产生竞合，会产生两种赔偿请求权：一是工伤职工的工伤保险赔偿请求权；二是工伤职工向第三人提起的侵权损害赔偿请求权。两种请求权的权利基础和归责原则不同，工伤保险赔偿请求权基础是劳动者因发生工伤事故获得的一种社会保险利益，工伤保险赔偿实行无过错责任原则，有社会保险性质；而第三人侵权损害赔偿请求权基础是劳动者因第三人侵权致害而取得，侵权损害赔偿实行的是民法的填平原则、过错原则和过失相抵原则，侵权损害赔偿的损失包括财产性损失及非财产性损失，其性质属于私法领域的赔偿。

二、工伤损害赔偿责任和民事侵权责任竞合的解决模式

（一）兼得、选择以及补充模式

工伤损害赔偿责任和民事侵权责任竞合的解决模式主要有以下三种：兼得

模式、选择模式以及补充模式。

兼得模式允许工伤职工在请求侵权赔偿的同时享受工伤保险待遇，获得“双方利益”。这种模式下对劳动者十分有利，尤其是在工伤保险待遇和民事赔偿标准偏低的情况下，可使工伤职工获得充分赔偿，但这种模式下违反了填平原则，即受害人不因被侵权而获益，并加重了工伤保险基金和用人单位负担。

选择模式允许工伤职工在侵权损害赔偿和工伤保险赔偿之间自由选择一种，往往能获得较高的赔偿数额，但也往往受制于赔付方的赔偿能力。

补充模式是指民事侵权赔偿和工伤保险待遇互相补充，基于工伤保险赔偿和侵权损害赔偿所得的数额不超过实际损失。这种模式一方面避免了工伤职工获得双份利益，节省了工伤保险基金的和用人单位的支出；另一方面保证受害人获得完全的赔偿。

（二）重复项目就高赔偿原则

第三人侵权引起工伤事故中应将受害劳动者可获得的赔偿项目划分为三类：第一类是定额赔偿项目，如工伤保险赔偿中的一次性伤残补助金及侵权损害赔偿中的残疾赔偿金等赔偿项目，对于这类项目应允许受害劳动者兼得；第二类是专属赔偿项目，包括残疾津贴等专属于工伤保险赔偿的项目及营养费等专属于侵权赔偿的项目，这类项目是工伤保险赔偿和侵权损害赔偿所各自特有的项目，应当允许权益遭受侵害的职工在两种救济途径当中分别主张，使其权益得到更加全面的保护；第三类是其他财产性的重复赔偿项目，如工伤保险赔偿中的原工资福利待遇和侵权损害赔偿中的误工费等费用，这些费用是工伤职工在维护自身合法权益时实际花费的费用，如果允许其同时获得两份赔偿，则有悖于民法中的填平原则，因此对于第三类赔偿项目不允许权益受侵害的职工享有同时获得双份赔偿的权利，对于此类项目应采用“就高”原则，即针对二者间相同并重复的赔偿项目，按照各自的计算标准，最后在二者之间选取数额较高的作为权益受侵害劳动者应当获赔的数额。

（三）工伤保险机构（用人单位）享有追偿权原则

《工伤保险条例》的立法目的是保护工伤劳动者及时得到赔偿，只要工伤一经认定，工伤保险经办机构即给予相应的保险待遇，是一项及时有效的救济。但不排除当事人考量民事侵权赔偿的金额更高，或是侵权人偿付能力等情况而优先选择侵权损害赔偿。

就重复项目获得重复赔偿的，用人单位或工伤保险经办机构可以在扣除按照就高原则确定的劳动者应获得的赔偿数额后的剩余部分对第三人进行追偿，但其追偿的数额不得超过其实际支付的重复赔偿项目的总数，也不得高于第三人的实际赔偿限额。

三、未实际获赔情形下重复项目赔偿款应不予抵扣

（一）损失填平原则

损失填平原则是我国民事赔偿中的基本原则之一，是以弥补权利人的实际损失为目的，也称为补偿性赔偿，其核心理念是侵权人或违约人承担其行为造成的全部损失赔偿责任，以实现公平正义和维护社会经济秩序。损失填平应遵循两个基本原则：一是损失的数额在填补之前是确定的；二是通过填补至填平，使权利人在经济上的损失完全消失。第三人侵权导致的工伤事故中，若重复项目在工伤保险赔偿中未实际获赔，则被侵权人的损失未得到弥补，若再请求侵权损害赔偿，从损失填平原则来说，应予以支持，不予抵扣。反之亦然。

（二）保护劳动者合法权益原则

《中华人民共和国劳动合同法》的立法宗旨是“双保护”前提下的偏向劳动者合法权益。对于劳动者在第三人侵权的工伤事故中已判赔但未执行到位的重复项目赔偿款，从保护其合法权益原则角度考虑，不予抵扣符合立法本意。

另需要说明的是，为了更好地平衡当事人的权益以及避免诉累，若在工伤保险赔偿的判决作出之后至法律文书生效前有部分执行或执行到位的，则在文书中直接明确该部分可予抵扣；若在法律文书生效后，在工伤保险赔偿中获得了重复项目赔偿款，之后再从侵权案中获赔的，则由劳动者在判决前明示同意对重复项目获赔款项予以返还。

编写人：上海市奉贤区人民法院　张晓燕　胡小琴

56

工伤员工仲裁期间死亡，用人单位是否仍须支付“三个一次性”补助金

——某保安公司诉王某乙工伤保险待遇案

【案件基本信息】

1. 裁判书字号

山东省淄博市中级人民法院（2023）鲁03民终2894号民事判决书

2. 案由：工伤保险待遇纠纷

3. 当事人

原告（上诉人）：某保安公司

被告（被上诉人）：王某乙

【基本案情】

王某甲于2019年11月9日入职某保安公司从事保安工作，月工资2300元，未签订劳动合同，未缴纳社会保险。2019年11月19日，王某甲下班途中发生交通事故受伤，后未再到某保安公司工作。2022年1月，桓台县人力资源和社会保障局作出《认定工伤决定书》，认定王某甲构成工伤。某保安公司不服，经过行政复议、行政诉讼一审、二审，最终工伤认定予以维持。2022年9月，淄博市劳动能力鉴定委员会作出《劳动能力鉴定结论书》，认定王某甲劳动功能障碍程度为八级，无生活自理障碍。2023年1月，王某甲作为申请人以某保安公司为被申请人向淄博市劳动人事争议仲裁委员会申请仲裁，请求确认与某保安公司自2019年11月20日至2023年1月17日存在劳动关系、2023年1月18日解除劳动关系，并要求某保安公司支付一次性伤残补助金、一次性工

伤医疗补助金、一次性伤残就业补助金（以下简称“三个一次性”补助金），停工留薪期工资等。但未等到仲裁裁决作出，王某甲于2023年2月因病死亡，继承人王某乙参加仲裁。仲裁委于2023年3月作出仲裁裁决：王某甲与某保安公司自2019年11月20日至2023年1月17日存在劳动关系，于2023年1月18日解除劳动关系，某保安公司支付王某甲继承人王某乙解除劳动关系经济补偿金8050元、停工留薪期工资13800元、一次性伤残补助金38491.20元、一次性工伤医疗补助金58320元、一次性伤残就业补助金93312元。某保安公司辩称，王某甲已因病去世，不存在医疗和就业的可能，且“三个一次性”补助金具有专属性，故无须再向王某甲遗属履行支付义务，因而诉至法院。

【案件焦点】

工伤员工仲裁期间死亡，用人单位是否仍须支付“三个一次性”补助金。

【法院裁判要旨】

山东省淄博市张店区人民法院经审理认为：王某甲于诉讼前死亡，依据《最高人民法院关于适用〈中华人民共和国民事诉讼法〉的解释》第五十五条规定，王某乙作为王某甲继承人参加本案诉讼，主体适格。

关于某保安公司与王某甲之间劳动关系存续期间的确认。案涉仲裁裁决确认王某甲与某保安公司自2019年11月20日至2023年1月17日存在劳动关系，并驳回了王某甲的其他仲裁请求。上述仲裁申请系为认定工伤提出，工伤认定书生效后，王某甲所受伤害为工伤，依法享有停工留薪期等工伤保险待遇，依据《工伤保险条例》第三十七条的规定，劳动合同期满终止或者职工本人提出解除劳动合同的，劳动关系解除。本案中，双方并未签订劳动合同，故不存在劳动合同期满的问题。按照《山东省工伤职工停工留薪期管理办法》《山东省工伤职工停工留薪期分类目录》的规定，王某甲因工作遭受事故伤害后应当享受6个月的停工留薪期。按照《山东省贯彻〈工伤保险条例〉实施办法》第二十一条第二款“工伤职工在停工留薪期内，除法律规定的情形外，用人单位不得与其解除或终止劳动关系”的规定，虽然王某甲自2019年11月19日工伤后未再到某保安公司工作，某保安公司作为用工单位，负有对职工的管理权，故王某甲停工留薪期届满，某保安公司应当行使管理权。但至王某甲2023年1月18日提起仲裁前，某保安公司并未解除与王某甲的劳动关系，双方劳动关系应当延续。王某甲在仲裁申请之日提出解除劳动关系，依据上述法律规定，应认定某保安公司与王某甲自2019年11月20日至2023年1月17日存在劳动关系，于2023年1月18日解除劳动关系。对某保安公司关于王某甲重复仲裁的抗辩，不予认可。

关于解除劳动合同经济补偿及停工留薪期工资。王某甲以某保安公司未依法为其缴纳社会保险费为由解除劳动关系，并要求某保安公司支付解除劳动关系经济补偿的请求，符合法律规定，支持经济补偿8050元（2300元/月×3.5个月）。王某甲要求支付的停工留薪期工资13800元（2300元/月×6个月），符合法律法规规定，予以支持。关于"三个一次性"补助金。王某甲因工作遭受事故伤害后被认定为工伤，劳动功能障碍程度为八级，某保安公司未参加工伤保险，故某保安公司应当按照《工伤保险条例》第六十四条，《山东省贯彻〈工伤保险条例〉实施办法》第二十五条的有关规定支付王某甲一次性伤残补助金38491.20元（5832元/月×60%×11倍）；一次性工伤医疗补助金58320元（5832元/月×10个月）；一次性伤残就业补助金93312元（5832元/月×16个月）。

关于某保安公司主张王某甲去世后不存在继续医疗和就业的可能，其无须支付一次性工伤医疗补助金和一次性伤残就业补助金的问题。首先，从法律性质上看，王某甲亲属主张的一次性工伤医疗补助金和一次性伤残就业补助金赔偿均是基于法律的直接规定，从请求权产生的时间点来看，一次性工伤医疗补助金和一次性伤残就业补助金自王某甲与某保安公司解除劳动关系时产生，即在王某甲死亡前已经产生，之所以没有支付是因为双方发生争议并多次进入仲裁、复议、诉讼等程序。其次，从继承法律规范的角度看，继承是将死者生前的财产和其他合法权益转归有权取得该项财产的人所有的法律制度，《中华人民共和国继承法》第三条规定，遗产是公民死亡时遗留的个人合法财产性权利。本案中，王某甲死亡前已产生的前述待遇属于其合法财产性权利，属于可继承的财产，一次性工伤医疗补助金和一次性伤残就业补助金虽具有人身专属性，但并非绝对不能继承，在它转化为特定的财产权利后可以继承，故前述工伤保险待遇并不会随着王某甲的死亡而消灭。最后，允许工伤职工的继承人继承工伤保险待遇符合公平正义的理念。工伤职工受到事故伤害的同时，其家庭和近亲属实际上同样受到伤害，包括职工受伤导致其家人减少或丧失生活来源以及增加额外支出费用。如果在工伤职工死亡后待遇就随之消灭，那么对于工伤职工和其家庭来讲，显然不符合公平原则。综上，虽然王某甲在诉讼前死亡，但其工伤保险待遇在其死亡前均已产生并确定，故不能免除某保安公司应支付工伤保险待遇的法定义务，且王某乙作为王某甲的继承人，有权向某保安公司主张包括一次性工伤医疗补助金和一次性伤残就业补助金在内的工伤保险待遇。

山东省淄博市张店区人民法院依照《中华人民共和国劳动合同法》第三十八条、第四十六条、第四十七条，《工伤保险条例》第三十三条、第三十七条、第六十四条，《山东省贯彻〈工伤保险条例〉实施办法》第二十一条、第二十五条，《中华人民共和国民事诉讼法》第六十七条和《最高人民法院关于适用〈中华人民共和国民事诉讼法〉的解释》第五十五条的规定，判决如下：

一、确认原告某保安公司与王某甲在2019年11月20日至2023年1月17日存在劳动关系；

二、确认王某甲于2023年1月18日与原告某保安公司解除劳动关系；

三、原告某保安公司于本判决生效之日起十日内支付王某甲继承人被告王某乙解除劳动关系经济补偿金8050.00元；

四、原告某保安公司于本判决生效之日起十日内支付王某甲继承人被告王某乙停工留薪期工资13800.00元；

五、原告某保安公司于本判决生效之日起十日内支付王某甲继承人被告王某乙一次性伤残补助金38491.20元；

六、原告某保安公司于本判决生效之日起十日内支付王某甲继承人被告王某乙一次性工伤医疗补助金58320.00元；

七、原告某保安公司于本判决生效之日起十日内支付王某甲继承人被告王某乙一次性伤残就业补助金93312.00元；

八、驳回原告某保安公司的其他诉讼请求。

某保安公司不服一审判决，提起上诉。山东省淄博市中级人民法院同意一审法院的裁判意见。

山东省淄博市中级人民法院依照《中华人民共和国民事诉讼法》第一百七十七条第一款第一项规定，判决如下：

驳回上诉，维持原判。

【法官后语】

工伤保险待遇中的“三个一次性”补助金请求权的基础均是基于法律的直接规定，虽具有一定的人身专属性，但并非绝对不能继承，在转化为特定的财产性权利后可以继承，并不会随着工伤职工的死亡而消灭。允许工伤职工的继承人继承工伤保险待遇符合公平正义的理念，可有效防止部分用人单位恶意利用仲裁、诉讼程序拖欠工伤保险待遇，且有利于弘扬诚实守信的社会主义核心价值观。

工伤保险待遇中，“三个一次性”补助金是指一次性伤残补助金、一次性工伤医疗补助金、一次性伤残就业补助金，是劳动者遭受工伤或者患职业病后，依据《工伤保险条例》规定的条件依法享有的经济赔偿。工伤职工被依法确定伤残等级后，由工伤保险基金支付一次性伤残补助金。工伤职工被鉴定为五级至十级伤残，在劳动关系解除或者终止时，由工伤保险基金支付一次性工伤医疗补助金，由用人单位支付一次性伤残就业补助金。若用人单位未缴纳工伤保险，则“三个一次性”补助金均由用人单位支付。

工伤职工因其他疾病死亡或者意外死亡，其继承人是否可以继承其生前应当享受的工伤保险待遇？一种观点认为，工伤保险待遇具有人身专属性，该民事权利随着工伤职工的死亡而消亡，不能继承；另一种观点认为，继承人可以继承工伤职工生前应当享受的工伤保险待遇，允许工伤职工的继承人继承工伤保险待遇符合公平正义的理念。笔者同意第二种观点。实际上，工伤职工受到事故伤害的同时，其近亲属乃至整个家庭同样遭受伤害，特别是因伤致残的，主要表现为家庭劳动力的削弱、收入的减少甚至生活来源的丧失、高额费用的额外支出等。如果工伤职工死亡后待遇随之消灭，实践中可能会出现用人单位恶意拖欠工伤保险待遇的情形，不利于督促用人单位及时承担企业责任。若用人单位否认劳动关系、否认工伤、否认各项工伤待遇数额，就每一问题均穷尽了诉讼程序，拖延履行支付工伤保险待遇的法定义务，导致工伤职工直至去世都没有获得待遇支付，用人单位因工伤职工死亡而免除上述义务，对工伤职工及其家属来说是显失公平的。

从法理的角度讲，“三个一次性”补助金请求权的基础均是基于法律的直接规定，在工伤职工死亡前已经产生，之所以没有支付是因为双方发生争议并多次进入仲裁、复议、诉讼等程序。工伤职工的死亡不应影响这三项待遇的支付。从继承的角度讲，继承是将死者生前的财产和其他合法权益转归有权取得该项财产的人所有的法律制度。《中华人民共和国民法典》第一千一百二十二条第一款规定，遗产是自然人死亡时遗留的个人合法财产。本案中，王某甲死亡前已产生的“三个一次性”补助金等工伤保险待遇，虽具有人身专属性，但并非绝对不能继承，在转化为特定的财产性权利后，可以继承，并不会随着王某甲的死亡而消灭。因此，法院判决维护了王某甲及其遗属的合法权益。

实践中，劳动争议案件的诉讼成本较低，部分用人单位会利用一、二审程序甚至执行程序恶意拖延履行单位义务，导致劳动者被动累诉。本案的典型意义在于肯定工伤保险待遇不会因为工伤职工的死亡而消灭，用人单位仍应向其继承人支付工伤保险待遇，弘扬公平正义、诚实守信的社会主义核心价值观。

编写人：山东省淄博市张店区人民法院　胡卿

57

交通事故与工伤竞合时，劳动者能否获得双重赔偿

——某机械公司诉肖某2劳动争议案

【案件基本信息】

1. 裁判书字号

湖南省郴州市中级人民法院（2023）湘10民终2561号民事判决书

2. 案由：劳动争议

3. 当事人

原告（上诉人）：某机械公司

被告（被上诉人）：肖某2

【基本案情】

2021年3月，毛某以食堂厨师身份入职某机械公司，负责员工餐饮等工作，约定月工资2300元。其间，某机械公司未为毛某缴纳工伤保险费。2021年11月28日17时15分许，毛某步行途经一十字路口时发生交通事故，当场被送往医院抢救，后于同年11月29日0时28分因重度颅脑外伤经该院抢救无效死亡。

事故发生后，肇事者李某赔偿肖某250000元，肇事者李某犯交通肇事罪，被判处有期徒刑一年四个月。湖南省嘉禾县人民法院作出（2022）湘1024民初977号民事判决：由李某赔偿肖某2（曾用名肖某1，系死者毛某之子）因交通事故致毛某死亡产生的损失635804元。

2022年1月12日，嘉禾县公安局交通警察大队作出《道路交通事故认定书》，认定毛某在此次交通事故中负次要责任。肖某2向郴州市人力资源和社

会保障局申请对毛某认定工伤，该局作出《认定工伤决定书》，认定毛某受到的事故伤害，符合《工伤保险条例》第十四条第六项之规定，属于工伤认定范围，现予以认定为工伤。某机械公司就该工伤保险资格认定向湖南省桂阳县人民法院提起行政诉讼，要求对毛某不予认定工伤，该院作出（2022）湘1021行初221号行政判决：驳回某机械公司的诉讼请求。某机械公司不服该判决提起上诉，湖南省郴州市中级人民法院作出（2023）湘10行终15号行政判决：驳回上诉，维持原判。

2023年2月26日，肖某2向嘉禾县劳动人事争议仲裁委员会提出仲裁请求：裁定由被申请人对申请人之生母毛某因工亡依法应获得补助金1008240元承担给付申请人肖某2的义务。同年6月19日，嘉禾县劳动人事争议仲裁委员会作出仲裁裁决：一、由被申请人某机械公司支付申请人肖某2丧葬补助金37062元、一次性工亡补助金876680元，共计913742元整。上述款项于本裁决生效之日起十五日内给付。二、驳回申请人的其他仲裁请求。

【案件焦点】

交通事故与工伤竞合时，劳动者能否获得双重赔偿。

【法院裁判要旨】

湖南省嘉禾县人民法院经审理认为：用工单位招用已超过法定退休年龄或者已享受退休待遇的人员而发生的争议不属于劳动争议。本案中，毛某出生于1963年8月16日，2021年3月入职某机械公司时已超过法定退休年龄，因此某机械公司与毛某之间不属于劳动关系。根据《最高人民法院关于超过法定退休年龄的进城务工农民在工作时间内因公伤亡的，能否认定工伤的答复》明确指出："用人单位聘用的超过法定退休年龄的务工农民，在工作时间内、因工作原因伤亡的，应当适用《工伤保险条例》的有关规定进行工伤认定。"本案中，毛某的伤亡已经生效法律文书认定为工伤，依法应享受工伤保险待遇。其近亲属应享受的工伤保险待遇包括丧葬补助金、一次性工亡补助金。《中华人民共和国社会保险法》第四十一条规定："职工所在用人单位未依法缴纳工伤保险费，发生工伤事故的，由用人单位支付工伤保险待遇。用人单位不支付的，从工伤保险基金中先行支付。从工伤保险基金中先行支付的工伤保险待遇应当由用人单位偿还。用人单位不偿还的，社会保险经办机构可以依照本法第六十三条的规定追偿。”《工伤保险条例》第三十九条规定：“职工因工死亡，其近亲属按照下列规定从工伤保险基金领取丧葬补助金、供养亲属抚恤金和一次性工亡补助金……（三）一次性工亡补助金标准为上一年度全国城镇居民人均可支配收入的20倍……”毛某的一次性工亡补助金应为876680元（43834元/年×20倍）。故，肖某2要求某机械公司支付一次性工亡补助金876680元的诉请，于法有据，法院依法予以支持。其要求支付丧葬费的诉请，因法院生效民事判决书已作出判决，故该项诉请，法院不予支持。因用人单位以外的第三人侵权造成劳动者人身损害，构成工伤的，劳动者因工伤事故享有工伤保险赔偿请求权，因第三人侵权享有人身损害赔偿请求权，二者虽然基于同一损害事实，但存在两个不同的法律关系之中，互不排斥。劳动者具有工伤事故中的伤亡职工和人身侵权的受害人的双重主体身份，有权向用人单位主张工伤保险赔偿，同时也有权向侵权人主张人身损害赔偿，不因基于其中一种身份先行获得一方赔偿，实际损失已得到全部或部分补偿而免除或减轻另一方的责任。某机械公司诉称与毛某不存在劳动关系，且已向肇事者主张权利，其请求判令无须向肖某2支付毛某死亡赔偿金的诉讼请求，与法相悖，法院不予支持。

湖南省嘉禾县人民法院依照《中华人民共和国社会保险法》第四十一条，《工伤保险条例》第三十九条及《中华人民共和国民事诉讼法》第六十七条第一款、第一百四十五条之规定，判决如下：

一、某机械公司向肖某2支付毛某因工死亡的一次性工亡补助金876680元，限判决生效之日起十五日内付清；

二、驳回肖某2的其他仲裁请求。

某机械公司不服一审判决，提起上诉。湖南省郴州市中级人民法院经审理认为：本案的争议焦点为，某机械公司应否向肖某2支付毛某的一次性工亡补助金876680元。本案中，毛某已被人力资源社会保障部门认定为工伤，某机械公司不服该行政行为提起行政诉讼后，一、二审法院均维持了人力资源社会保障部门对毛某作出的工伤认定决定，并驳回了某机械公司要求撤销对毛某的工伤认定决定的诉讼请求。工伤认定属于行政决定的一种，行政决定一经作出即发生法律效力，在未经法定机关和法定程序撤销或变更之前，对行政相对人和其他利害关系人均具有法律约束力。毛某已被相关的行政机关认定为工伤，根据工伤认定决定的性质，其应当享受相应的工伤保险待遇。《中华人民共和国社会保险法》第四十一条规定："职工所在用人单位未依法缴纳工伤保险费，发生工伤事故的，由用人单位支付工伤保险待遇。用人单位不支付的，从工伤保险基金中先行支付。从工伤保险基金中先行支付的工伤保险待遇应当由用人单位偿还。用人单位不偿还的，社会保险经办机构可以依照本法第六十三条的规定追偿。"《工伤保险条例》第三十九条规定："职工因工死亡，其近亲属按照下列规定从工伤保险基金领取丧葬补助金、供养亲属抚恤金和一次性工亡补助金……（三）一次性工亡补助金标准为上一年度全国城镇居民人均可支配收入的 20 倍……" 肖某 2 要求某机械公司支付毛某的一次性工亡补助金 876680 元符合法律规定，某机械公司提出其不向肖某 2 支付毛某的一次性工亡补助金的上诉请求无事实和法律依据，法院不予支持。侵权法律关系与工伤保险法律关系属于两种不同的法律关系，被侵权人获得侵权赔偿不影响企业应承担的社会保险责任，某机械公司提出肖某 2 已获得侵权赔偿，不应再获得工伤赔偿的上诉理由不能成立，法院不予支持。综上所述，某机械公司的上诉请求不能成立，应予驳回；一审判决认定事实清楚，适用法律正确，应予维持。

湖南省郴州市中级人民法院依照《中华人民共和国民事诉讼法》第一百七十七条第一款第一项规定，判决如下：

驳回上诉，维持原判。

【法官后语】

《工伤保险条例》第十四条规定："职工有下列情形之一的，应当认定为工伤：……（六）在上下班途中，受到非本人主要责任的交通事故或者城市轨道交通、客运轮渡、火车事故伤害的……”从该条可以看出：一个交通事故的侵权行为同时触发了两个法律关系，一是受害人与肇事人之间的侵权赔偿法律关系；二是劳动者与用人单位之间的工伤赔偿法律关系。此在法律上称为竞合。那么，司法实务中，应如何把握交通事故与工伤竞合的赔偿规则？对直接费用（医疗费、护理费、残疾用具费、住院伙食补助费）能否重复赔偿？误工费与停工留薪期工资是否属于重复赔偿项目？因现行法律法规及政策并无明确规定，实践中存在不同观点。

一、关于交通事故与工伤竞合时，劳动者是否能够获得双重赔偿

交通事故侵权赔偿与工伤保险待遇，两者虽基于同一损害事实，但法律性质不同、法律关系不同、法律规范不同、承担责任主体不同，并行不悖，受害方可以获得“双重赔偿”。这是目前司法实务界的普遍观点。关于双赔依据，劳动者因交通事故导致工伤，工伤的劳动者存在两个请求权，一个是基于工伤保险关系而享有的工伤保险请求权；另一个是基于人身损害而享有的民事侵权损害赔偿请求权。依据为：（1）《最高人民法院关于审理人身损害赔偿案件适用法律若干问题的解释》第三条规定：“依法应当参加工伤保险统筹的用人单位的劳动者，因工伤事故遭受人身损害，劳动者或者其近亲属向人民法院起诉请求用人单位承担民事赔偿责任的，告知其按《工伤保险条例》的规定处理。因用人单位以外的第三人侵权造成劳动者人身损害，赔偿权利人请求第三人承担民事赔偿责任的，人民法院应予支持。”（2）《最高人民法院关于因第三人造成工伤的职工或其亲属在获得民事赔偿后是否还可以获得工伤保险补偿问题的答复》规定：“因第三人造成工伤的职工或其近亲属，从第三人处获得民事赔偿后，可以按照《工伤保险条例》第三十七条的规定，向工伤保险机构申请工伤保险待遇补偿。”（3）《中华人民共和国社会保险法》第四十二条规定：“由于第三人的原因造成工伤，第三人不支付工伤医疗费用或者无法确定第三人的，由工伤保险基金先行支付。工伤保险基金先行支付后，有权向第三人追偿。”（4）《最高人民法院关于审理工伤保险行政案件若干问题的规定》第八条第二款规定：“职工因第三人的原因受到伤害，社会保险行政部门已经作出工伤认

定，职工或者其近亲属未对第三人提起民事诉讼或者尚未获得民事赔偿，起诉要求社会保险经办机构支付工伤保险待遇的，人民法院应予支持。”笔者认为，从上述规定中可以看出，劳动者因第三人原因遭到事故伤害，不因受害方先行获得一方全部或部分赔偿而免除或减轻另一方的责任，且不分先后。

二、第三人赔偿的误工费与工伤保险待遇中的停工留薪期是否属于重复赔偿项目

实务中，在交通事故赔偿中误工费与工伤保险待遇中的停工留薪工资确实存在重合的情况，是否可以双重赔偿存在不同观点。

观点一认为，可以双重赔偿。理由如下：一是《最高人民法院关于审理工伤保险行政案件若干问题的规定》第八条第三款规定：“职工因第三人的原因导致工伤，社会保险经办机构以职工或者其近亲属已经对第三人提起民事诉讼为由，拒绝支付工伤保险待遇的，人民法院不予支持，但第三人已经支付的医疗费用除外。”该条仅规定不支持医疗费的双重赔偿，并不包含误工费。二是误工费与停工留薪期间工资的概念、性质、计算标准均不同，不属于重复请求，亦不属于实际发生费用。比如，河北省高级人民法院（2018）冀民申2867号民事裁定认为：“因第三人侵权导致工伤的，劳动者在向侵权人主张人身损害赔偿后，是否还可以向用人单位主张工伤赔偿问题，现行法律对此没有明确的禁止性规定，故申请人主张本案属于重复赔偿，缺乏法律依据。停工留薪期间工资与误工费不是同一个法律概念，不存在重复赔偿。”

观点二认为，不可双重赔偿。《最高人民法院关于审理人身损害赔偿案件适用法律若干问题的解释》第七条规定：“误工费根据受害人的误工时间和收入状况确定。误工时间根据受害人接受治疗的医疗机构出具的证明确定……受害人有固定收入的，误工费按照实际减少的收入计算……”上述规定表明，第三人赔偿误工费是以受害人“实际减少的收入”的事实为前提，因此受害人不能因为一个损害行为获得重复利益，如果已经从侵权方或者工伤保险中的一方待遇获得误工足额赔偿的，不应支持其他方的赔偿，尚未获得足额赔偿的，可支持其他方补足差额。

三、第三人已经赔偿的医疗费、护理费、残疾用具费、住院伙食补助费，劳动者能否要求双赔

医疗费不可双赔，在司法实务中没有争议。但对于护理费、残疾用具费、住院伙食补助费在实务中依然存在两种不同观点。一是认为可以双重赔偿，理由如上文所述；二是认为不可双重赔偿，认为根据人身损害赔偿“损失填平”以及不能因同一损害而获得法外利益的法律原则，对于直接损失以及重复（竞合）项目，如护理费、交通费、住院伙食补助费、被抚（扶）养人生活费等费用不支持双重赔偿。

工伤保险与民事赔偿的性质不同，适用法律不同，不能相互替代，劳动者的工伤系第三人侵权所致，对于劳动者先获得侵权赔偿的，不影响其享受工伤保险待遇。但对于医疗费不得重复享有。例如，四川省高级人民法院（2018）川民再787号民事判决认为：“工伤保险待遇与侵权赔偿责任竞合时，如劳动者执行任务时因第三人原因受伤，一方面可依据侵权行为法向侵权人请求损害赔偿；另一方面可依据工伤保险条例请求保险给付，两者请求权基础不同，归责原则和权利的保护范围不同，互不排斥；因第三人造成工伤的职工或其近亲属，从第三人处获得民事赔偿后，可以按照《工伤保险条例》第三十七条的规定，向工伤保险机构申请工伤保险待遇补偿，第三人已经支付的医疗费用除外。所以除医疗费等直接费用外，劳动者可以在有限范围获得双重赔偿。”笔者认为，因第三人造成的工伤，可以获得除医疗费外的双重赔偿，即民事赔偿与工伤赔偿可以双赔，不分先后，但医疗费不能双赔。

编写人：湖南省嘉禾县人民法院　李志东

58

用人单位违法解雇孕期女职工应赔偿生育津贴损失

——张某诉某科技公司劳动争议案

【案件基本信息】

1. 裁判书字号

重庆市第一中级人民法院（2023）渝 01 民终 7708 号民事判决书

2. 案由：劳动争议

3. 当事人

原告（上诉人）：张某

被告（被上诉人）：某科技公司

【基本案情】

张某于 2015 年 4 月 1 日在某科技公司会员管理二部工作，2021 年 1 月 6 日，某科技公司成立，张某于同日被调至某科技公司工作，并与该公司签订劳动合同。张某工作期间，单位依法为其办理了社会保险。2021 年 3 月，张某怀孕。2021 年 12 月 16 日，某科技公司作出《解除（终止）劳动关系证明书》称张某于 2021 年 12 月 16 日因违反公司规章制度被公司辞退，张某已按公司规定办理完毕离职手续，双方劳动关系已于 2021 年 12 月 16 日依法解除。张某于 2022 年 1 月 6 日申请劳动仲裁，请求某科技公司支付工资、房屋销售佣金、违法解除劳动关系赔偿金、生育津贴损失等。张某于 2022 年 1 月 28 日分娩顺利生产。诉讼中，张某未举示生育医疗费用的票据原件。劳动争议仲裁委员会超期未作出受理决定证明书。张某遂诉至法院。

【案件焦点】

用人单位违法解雇孕期女职工致其社会保险费停缴，劳动者因此遭受的生育津贴损失应否由用人单位负责赔偿。

【法院裁判要旨】

重庆市渝北区人民法院经审理认为：某科技公司因张某违反公司规章制度而辞退张某，但该公司并未举证证明张某存在违反公司规章制度的行为，故某科技公司构成违法解除，应支付违法解除劳动关系赔偿金。因张某选择要求某科技公司支付违法解除劳动关系赔偿金，不要求继续履行劳动合同，且张某工作期间的社会保险费已依法缴纳，加之张某未出示产生费用的证据原件，故对张某主张的生育津贴损失及生育生产费损失不予支持。

重庆市渝北区人民法院依据《中华人民共和国劳动法》第四十七条，《中华人民共和国劳动合同法》第四十八条，《最高人民法院关于适用〈中华人民共和国民事诉讼法〉的解释》第九十条，《最高人民法院关于民事诉讼证据的若干规定》第十条之规定，判决如下：

一、某科技公司支付张某工资 6766. 5 元；

二、某科技公司支付张某房屋销售佣金 45102 元；

三、某科技公司支付张某违法解除劳动关系赔偿金 146160 元；

四、驳回张某的其他诉讼请求。

张某不服一审判决，提起上诉。重庆市第一中级人民法院经审理认为：张某无法获得生育保险待遇系因某科技公司违法解除劳动合同后停缴生育保险费所致。孕期妇女在劳动合同解除后存在再就业的现实困境，如不能获得生育保险待遇，将丧失收入来源，不符合对女职工特别保护的立法本意。张某主张违法解除劳动合同赔偿金并不表明其放弃了对生育保险待遇损失。解除劳动合同赔偿金是法定的对用人单位违法行为的惩罚性赔偿，而生育保险待遇损失是劳动者非因自身原因在孕产期不能获得生育保险基金支付的各项费用的损失。两者并不竞合，可以一并主张。本案中，对于生育医疗费用，因张某未出示相关费用票据的原件，某科技公司对其真实性不予认可，且生育医疗费需要社保部门进行核算，张某未举示社保部门核算后的具体费用组成，因此，二审对生育医疗费用不予支持。对于生育津贴损失，可根据《重庆市职工生育保险暂行办法》第十四条第三项规定，生育生活津贴＝生育上年本人月平均工资÷30天产假工资×产假天数，该损失可以依法计算得出，故应予支持。

重庆市第一中级人民法院依据《中华人民共和国劳动合同法》第四十二条、第四十八条，《女职工劳动保护特别规定》第七条，《重庆市人口与计划生育条例》第二十三条，《重庆市职工生育保险暂行办法》第十三条、第十四条，《中华人民共和国民事诉讼法》第一百七十七条第一款第二项规定，判决如下：

一、维持重庆市渝北区人民法院（2022）渝0112民初3508号民事判决第一项、第二项、第三项；

二、撤销重庆市渝北区人民法院（2022）渝0112民初3508号民事判决第四项；

三、由某科技公司向张某支付生育生活津贴损失57856元；

四、驳回张某的其他诉讼请求。

【法官后语】

用人单位违法解雇孕期女职工致其社会保险费停缴，劳动者能否同时主张用人单位支付赔偿金及生育保险待遇损失，实践中仍存在争议。《中华人民共和国劳动合同法》第四十八条规定："用人单位违反本法规定解除或者终止劳动合同，劳动者要求继续履行劳动合同的，用人单位应当继续履行；劳动者不要求继续履行劳动合同或者劳动合同已经不能继续履行的，用人单位应当依照本法第八十七条规定支付赔偿金。"据此，在用人单位违法解除劳动合同的情形下，是主张用人单位支付赔偿金还是主张复职，劳动者享有选择权。劳动者选择用人单位支付赔偿金，并不意味着其已放弃获得生育保险待遇的权利。

一、被解雇劳动者主张复职将面临的问题

对被解雇的劳动者而言，要求复职似乎是最全面和最彻底的救济方式。因为劳动者不仅可以继续在原岗位工作，维护职业安定，而且可以要求用人单位为其持续缴纳社会保险费。但劳动关系是一种人与人之间的关系，而不仅是合同的或经济的关系。人与人之间关系的良好有效运作依赖于相互信赖和公平交易。要求复职对劳动者而言虽较为有利，但在劳动双方已经丧失信赖基础的情形下，多数劳动者仍会选择主张赔偿金。不仅如此，即使有部分劳动者主张复职并获得法院支持，复职判决也可能存在执行困难的问题。首先，劳动契约是一种继续性的契约关系，在其存续期间，劳动者的劳务给付义务和用人单位的工资支付、照顾等义务在合同期内非一次履行可以完结，需要反复进行。这样的强制履行，法院的监督成本过高。其次，劳动契约具有身份属性，劳动者身份上从属于用人单位，且履行劳动给付义务必须委身于用人单位的安排、管理、指挥和监督之下，如果用人单位故意将特定劳动者排除在管理体系之外，或者不提供劳动者完成劳动义务需要的客观条件，又或者拒绝受领劳动者提供的劳务，都会导致劳动者无法顺利地履行劳动合同约定的提供劳务的义务。因此，即使法院根据需要监督复职判决的执行，因为信息的不充分，也无法预见雇主对司法监督行为可能作出的反应，更无法阻止拥有充分信息的非善意雇主作出的与复职要求相反的逆向选择，从而达到倒逼劳动者自己离开企业的目的。

对于孕期女职工而言，要求复职相较于普通劳动者而言面临更多阻碍。用人单位违法解雇孕期女职工，多是为了降低用工成本。针对违法解雇行为，若孕期女职工坚持要求复职，非善意雇主为达到“甩包袱”的目的，往往会作出更多与复职要求相反的逆向选择，如撤销劳动者原来的工作岗位、改变劳动者的工作环境及工作强度等，以逼迫劳动者主动离职。因此，选择主张赔偿金是劳动者理性权衡后的结果，法律不能苛求孕期女职工为获取生育保险待遇而选择复职的救济方式。若以劳动者错误选择救济方式为由不支持劳动者主张的失业保险待遇损失，则相当于变相限制了劳动者选择权利救济方式的自由。

二、违法解雇赔偿金不能涵盖生育保险待遇损失

根据《中华人民共和国劳动法》第九十八条规定，用人单位违法解除劳动合同对劳动者造成损害的，应当承担赔偿责任。《中华人民共和国劳动合同法》第八十七条规定，用人单位违反本法规定解除或者终止劳动合同的，应按经济补偿标准的二倍向劳动者支付赔偿金。因此，用人单位违法解雇赔偿责任的支

付标准是法定的。但需注意的是，在我国法定的用人单位解雇责任中，不仅有违法解雇赔偿金，还有额外赔偿金、违法解雇期间的工资支付等多种责任形式。违法解雇赔偿金并非用人单位因违法解雇而唯一需要承担的责任。在用人单位违法解雇孕期女职工致其社会保险费停缴的情形下，用人单位支付的违法解雇赔偿金不能涵盖生育保险待遇损失。

首先，从违法解雇赔偿金的功能定位分析，违法解雇赔偿金是专门针对用人单位违法解雇行为而设立的，必然有意图遏制或约束用人单位违法行为发生之目的。实际上，对用人单位违法解雇行为（或不当解雇行为）进行制裁或惩罚也是世界上许多国家劳动立法的基本态度。若用人单位违法解雇孕期女职工所付出的成本与违法解雇其他员工所付出的成本相同，则会变相鼓励用人单位优先解雇孕期女职工，因为孕期女职工享有较长时间的带薪产假，同等条件下解雇孕期女职工更利于节省用工成本。这不仅与《中华人民共和国劳动合同法》设置违法解雇赔偿金的初衷相悖，也与《中华人民共和国妇女权益保障法》第二十六条规定的孕期女职工应受特殊保护的法律规定相冲突。

其次，从充分弥补劳动者损失的角度分析，劳动者受保护的范围不应低于普通民商事合同中的守约方。根据《中华人民共和国民法典》第五百八十四条规定，当事人一方不履行合同义务或者履行合同义务不符合约定，造成对方损失的，损失赔偿额应当相当于因违约造成的损失，包括合同履行后可以获得的利益；但是，不得超过违约一方订立合同时预见到或者应当预见到的因违约可能造成的损失。在平等民商事主体之间，一方违约给对方造成预期利益损失时尚需赔偿。在强调保护劳动者，尤其是孕期女职工权益的劳动法领域，更应确保用人单位对违法解雇行为给劳动者造成的预期利益损失承担赔偿责任。值得注意的是，有时违法解雇赔偿金甚至不足以弥补劳动者所遭受的生育津贴损失。如孕期女职工入职一年左右即遭用人单位违法解雇，其可获得的赔偿金金额为本人两个月工资。而根据《女职工劳动保护特别规定》第七条规定，女职工生育最低享受的产假天数为98天。地方政府可能会在前述规定的基础上增加产假天数。如《重庆市职工生育保险暂行办法》第十四条第一项规定：“女职工生育产假为90天；晚育增加产假30天；多胞胎生育的，每多生育一个婴儿，增加产假15天；难产增加产假15天。”即重庆地区妇女晚育产假天数可达到128天。即使按最低产假天数计算，劳动者应获得的生育津贴也会超过本人三个月的工资。若再加上生育医疗费用损失，则劳动者所遭受的损失将远超赔偿金金额。因生育保险待遇损失属于用人单位在实施违法解雇行为时应当预见到的损失，故应由用人单位承担相应赔偿责任。

本案中，张某主张的生育保险待遇损失由两部分组成：一是生育医疗费用；二是生育津贴。关于生育医疗费用，劳动者应举证证明其实际产生的金额及正常缴纳社会保险费情形下社会保险基金能够报销的比例。因本案劳动者未能举示充分有效的证据予以证明，故法院未予支持。关于生育津贴，因其计算标准是法定的，故法院予以支持。

编写人：重庆市第一中级人民法院　吴学文

七、劳务派遣

59

劳务派遣单位与劳动者是否应签订无固定期限劳动合同的认定

——某人力资源公司诉彭某劳动合同案

【案件基本信息】

1. 裁判书字号

重庆市第五中级人民法院（2023）渝 05 民终 9773 号民事判决书

2. 案由：劳动合同纠纷

3. 当事人

原告（上诉人）：某人力资源公司

被告（被上诉人）：彭某

【基本案情】

2019 年 9 月 29 日，彭某与某人力资源公司签订一年期劳动合同，合同中约定某人力资源公司将彭某派遣至某电信公司处从事营业代表工作。2020 年 9 月 27 日、2021 年 10 月 20 日，彭某与某人力资源公司先后两次对原劳动合同进行了续签，劳动合同期限分别为一年，彭某的岗位及双方权利义务均保持不变。彭某与某人力资源公司签订的第三份劳动合同到期后，双方因未能达成一致意见，未在第一时间对劳动合同予以续签。2022年11月1日，彭某停止在某电信公司处工作。同日，某人力资源公司向彭某邮寄《上岗报到通知书》，要求彭某于2022年11月2日到公司报到上岗，新岗位薪酬待遇不低于原岗位，若逾期未报到公司有权按有关规定处理。嗣后，彭某签收该通知书。2022年11月9日，某人力资源公司向彭某邮寄解除劳动合同书，该解除劳动合同书载明彭某在原用工单位退回后不愿意从事某人力资源公司推荐的工作岗位，双方协商未能就变更劳动合同内容达成协议，现双方根据《中华人民共和国劳动合同法》第四十条第三项的规定解除劳动合同等内容。此后，该通知书被签收。

2023年5月8日，重庆市巴南区劳动人事争议仲裁委员会作出仲裁裁决：某人力资源公司向彭某支付违法解除劳动合同赔偿金50023元。某人力资源公司不服仲裁裁决，向法院起诉要求不支付彭某违法解除劳动合同赔偿金50023元。

【案件焦点】

某人力资源公司与彭某在连续签订两次劳动合同期满后是否必须签订无固定期限劳动合同。

【法院裁判要旨】

重庆市巴南区人民法院经审理认为：彭某与某人力资源公司已连续签订了两次固定期限劳动合同，故双方在再次续签劳动合同时，只要彭某未主动提出或者同意订立固定期限劳动合同的情况下，某人力资源公司应与彭某订立无固定期限劳动合同，某人力资源公司未经彭某同意，原则上不得变动彭某工作岗位。解除劳动关系不是唯一处罚方式，若只要违反规章制度就解除劳动关系，会造成劳动者行为的违规性与处罚不相当。某人力资源公司未举示证据证明其解除行为与适用法条合法，亦未举示其规章制度等证据，故其单方解除与彭某的劳动合同缺乏足够的事实依据和制度依据。

重庆市巴南区人民法院依照《中华人民共和国劳动合同法》第三十九条、第四十七条、第八十七条，《最高人民法院关于审理劳动争议案件适用法律问题的解释（一）》第三十四条，《中华人民共和国民事诉讼法》第六十七条、第一百四十七条之规定，作出如下判决：

一、某人力资源公司支付彭某赔偿金50023元；

二、驳回某人力资源公司的诉讼请求。

某人力资源公司不服一审判决，提出上诉。重庆市第五中级人民法院经审理认为：某人力资源公司与彭某建立的是劳务派遣合同关系，法律并未强制某人力资源公司须在两次劳动合同期满后与彭某签订无固定期限合同，是否续签为无固定期限劳动合同，应由双方协商一致决定。2022年9月30日双方劳动合同期满后，彭某仍在原用工单位、原岗位工作，视为彭某与某人力资源公司同意以原条件继续履行劳动合同，此时彭某与某人力资源公司之间属于事实劳动关系，双方均有权随时提出终止劳动关系。2022年10月27日，某人力资源公司通知彭某上岗报到且新岗位薪酬待遇不低于原岗位，但彭某收到通知后并未报到。某人力资源公司在劳动合同期满后欲提供不低于原岗位待遇的新岗位以维持劳动合同约定条件与彭某续订劳动合同，彭某收到该意思表示后既未报到亦未作出是否同意的意思表示，因此某人力资源公司解除双方劳动关系，无须向彭某支付经济补偿和经济赔偿金。

重庆市第五中级人民法院依照《中华人民共和国劳动合同法》第四十四条、第四十六条、第五十八条、第六十六条第一款，《最高人民法院关于审理劳动争议案件适用法律问题的解释（一）》第三十四条第一款，《中华人民共和国民事诉讼法》第一百七十七条第一款第二项之规定，判决如下：

一、撤销重庆市巴南区人民法院（2023）渝0113民初14837号民事判决；

二、某人力资源公司无须向彭某支付经济赔偿金。

【法官后语】

劳务派遣用工是一种特殊的用工形式，不同于劳动合同用工。因劳务派遣实施在具有临时性、辅助性、替代性的工作岗位上，劳务派遣单位与劳动者通常不具有建立长期劳动关系的意向。虽然劳务派遣用工是被规制在劳动合同法大结构项下，劳动者与劳务派遣单位建立劳动关系，但该劳动关系是基于劳务派遣而设定，与传统用工应有所区别。

第一，劳务派遣关系不符合签订无固定期限劳动合同的主体要件。劳务派遣是一种涵盖第三方即用工单位的制度设计。此种制度下，劳务派遣单位虽然与劳动者建立劳动关系，但并不管理劳动者，其将劳动者派遣到用工单位，由劳动者向用工单位提供劳务。劳务派遣关系中的劳动者，从事临时性、辅助性、替代性的工作岗位，从名称与实质上看，其劳动者身份具有劳务从业者性质，故不符合签订无固定期限劳动合同的主体要件。

第二，劳务派遣关系不符合签订无固定期限劳动合同的客体要件。法律关系的客体是指法律关系主体的权利和义务指向的对象，而劳务派遣关系中劳动者的客体行为已和传统标准劳动关系有所不同，表现为劳动者、劳务派遣单位及用工单位之间的互动，三者之间的互动外化表现为非长期性、稳定性，而无固定期限劳动合同核心思想是需要行为稳定、长期的劳动协作，以至于产生优质高效的劳动成果，故劳务派遣关系不符合签订无固定期限劳动合同的客观需要，亦不符合签订无固定期限劳动合同的客体要件。

第三，劳务派遣关系不符合签订无固定期限劳动合同的立法本意。《中华人民共和国劳动合同法》第十四条规定连续签订两次固定期限劳动合同，应当订立无固定期限劳动合同，但该法第五十八条第二款中亦规定劳务派遣单位应当与被派遣劳动者订立二年以上的固定期限劳动合同，从特别规定优于普通规定的视角分析，《中华人民共和国劳动合同法》第五十八条对用人单位签订劳动合同的种类和期限已作出特别规定，特别规定具有排除适用一般规定的法律效力，该条的设定已经充分考虑劳务派遣的特殊性，是对劳务派遣工作岗位的不稳定性和增强就业的稳定性权衡考量的法律设定，法律已对该情形作出特别化规定，故劳务派遣关系不符合签订无固定期限劳动合同的立法本意。

第四，劳务派遣关系不符合签订无固定期限劳动合同的现实要件。从无固定期限劳动合同的特质上看，其稳定性特质亦会成为劳动力资源流动的束缚，劳务派遣劳动者长期自觉形成无固定期限劳动合同的意识，抑或会逐渐形成长期停留在临时性、辅助性、替代性岗位上，不利于劳务派遣劳动者自身进步成长。同时，劳务派遣在劳动用工体系中所占比例不高，若劳务派遣制用工适用无固定期限劳动合同，则劳务派遣的临时性、辅助性、替代性便无从体现，这会与现实用工环境相矛盾，亦与法律设置劳务派遣的初衷相悖。

另外需要考量的是，在需签订无固定期限劳动合同的前提下，若劳务派遣单位无相应派遣业务，劳动者会处于待岗状态，劳务派遣单位仍要支付相应保障性工资，将加重劳务派遣单位支付义务。同时，将劳务派遣岗位常规化、合同无固定期限化，亦有违制度设计的本意。

编写人：重庆市巴南区人民法院　霍袁平　向楠

60

违反“三性”要求的劳务派遣法律关系的认定

——郑某诉某人力资源公司等劳动争议案

【案件基本信息】

1. 裁判书字号

福建省厦门市中级人民法院（2023）闽02民终5594号民事判决书

2. 案由：劳动争议

3. 当事人

原告（被上诉人）：郑某

被告（上诉人）：某人力资源公司

被告：某旅行社公司分公司、某旅行社公司

【基本案情】

某旅行社公司分公司与某人力资源公司签订《劳务派遣合同》约定：某人力资源公司向某旅行社公司分公司提供劳务派遣服务，派遣员工人选由某旅行社公司分公司自行招聘确定或委托某人力资源公司推荐人选；某旅行社公司分公司承担派遣员工的劳动报酬、加班费、奖金、差旅费、补贴及相关福利待遇，劳动报酬直接委托某人力资源公司向派遣员工支付；合同订立时所依据的客观情况发生重大变化，致使聘用派遣员工的条件不存在的，某旅行社公司分公司有权将派遣员工退回某人力资源公司，但应提前三十日通知并向某人力资源公司支付经济补偿；在某人力资源公司无违约的前提下，某旅行社公司分公司提出解除或终止本合同，要求退回派遣员工的，某旅行社公司分公司应承担派遣员工的经济责任和赔偿责任。

某人力资源公司作为劳务派遣的用人单位，先后与郑某签订三份劳动合同，派遣郑某到某旅行社公司分公司从事销售部副总监工作，劳动合同期限自2015年1月28日起至2024年1月27日止。另，郑某与某旅行社公司分公司、某人力资源公司三方签订《派遣员工协议书》，并约定某旅行社公司分公司保证郑某的工作岗位符合国家“辅助性、替代性”规定。郑某于2021年1月27日之后月工资数额为34400元，郑某于2022年2月1日以后的工资未领取；某人力资源公司于2015年2月开始为郑某缴纳社会保险至2022年4月。

某旅行社公司分公司于2022年3月15日向员工发送《歇业公告》，并于2022年3月23日通知某人力资源公司，其总公司即某旅行社公司已歇业并申请破产清算，双方建立的劳务派遣关系自2022年3月15日终止，退回派遣员工郑某，对于郑某的经济补偿、欠付工资将依照破产管理人的处置方式处置。此后，某旅行社公司分公司与郑某协商支付经济补偿事宜，因某旅行社公司陷入破产境地缺乏偿付能力，各方就协商解除劳动合同未达成一致意见，郑某诉至法院，要求某人力资源公司作为用人单位，某旅行社公司分公司及某旅行社公司作为用工单位，连带支付其拖欠工资、经济补偿金、未休年休假工资等。

某人力资源公司认为，劳务派遣用工只能在临时性、辅助性或者替代性的工作岗位上实施，郑某虽与某人力资源公司签订劳动合同，但在某旅行社公司分公司工作7年多，且长期担任销售部副总监岗位，其岗位不符合临时性、辅助性或替代性的特点，故不符合劳务派遣的用工形式，案涉劳务派遣非真实的劳务派遣，而是逆向派遣，某旅行社公司是郑某的用人单位，某人力资源公司与郑某不存在劳动关系。

【案件焦点】

1. 劳务派遣在违反“临时性、辅助性或者替代性岗位”要求的情况下，某人力资源公司与郑某是否存在劳动关系；2. 某人力资源公司是否应向郑某支付工资及经济补偿金。

【法院裁判要旨】

福建省厦门市思明区人民法院经审理认为：第一，关于某人力资源公司与郑某是否存在劳动关系。根据《中华人民共和国劳动合同法》第六十六条规定：“劳动合同用工是我国的企业基本用工形式。劳务派遣用工是补充形式，只能在临时性、辅助性或者替代性的工作岗位上实施。临时性工作岗位是指存续时间不超过六个月的岗位；辅助性工作岗位是指为主营业务岗位提供服务的非主营业务岗位；替代性工作岗位是指用工单位的劳动者因脱产学习、休假等原因无法工作的一定期间内，可以由其他劳动者替代工作的岗位……”前述条文中劳务派遣用工只能在“临时性、辅助性或者替代性”岗位工作的规定不属效力性强制性规定，违反该规定并不必然导致劳务派遣协议及劳动合同无效。

郑某于2015年1月开始以劳务派遣用工形式在某旅行社公司分公司工作，连续工作7年多且长期担任销售部副总监，其岗位不符合临时性、辅助性或替代性的特征。但上述期间内，郑某、某人力资源公司、某旅行社公司分公司签订劳务派遣三方协议，郑某与某人力资源公司签订劳动合同，并由某人力资源公司发放工资，缴纳社会保险。某旅行社公司分公司采用与某人力资源公司签订《劳务派遣合同》，由某人力资源公司与郑某签订劳动合同，派遣郑某到某旅行社公司分公司工作的劳动派遣形式对郑某进行用工，同时某人力资源公司具有经营劳务派遣业务资质，各方对此亦有清晰明确的约定，故应认定某人力资源公司与郑某自2015年1月起至双方劳动关系解除之日存在劳动关系。

第二，关于某人力资源公司是否应向郑某支付工资及经济补偿金。首先，关于欠付工资。某旅行社公司分公司于 2022 年 3 月 23 日将郑某退回某人力资源公司后，某人力资源公司未安排郑某工作，根据《劳务派遣暂行规定》第十二条的规定，某人力资源公司应按不低于厦门市最低工资标准支付郑某无工作期间的报酬。再根据郑某与某旅行社公司分公司、某人力资源公司签订的三方《派遣员工协议书》的约定，某旅行社公司分公司作为用工单位对于工资支付负有直接支付义务，故某旅行社公司分公司应对欠付郑某的工资承担共同支付义务。

其次，关于经济补偿金。劳务派遣单位是劳动合同法所称的用人单位，应当履行用人单位对劳动者的义务，包括支付解除劳动合同的经济补偿的法定义务。某旅行社公司分公司于 2022 年 3 月 23 日以客观情况发生重大变化为由要求将郑某退回某人力资源公司，既符合双方所签订的《劳务派遣合同》的约定，也不违反法律规定。某人力资源公司作为郑某的劳务派遣单位，在郑某被退回后未安排其工作，并拖欠其工资，郑某有权要求解除双方的劳动关系并要求某人力资源公司支付解除劳动合同的经济补偿。此外，某旅行社公司分公司通过劳务派遣形式对郑某长期用工，聘用其担任销售部副总监，其劳动不符合临时性、辅助性或替代性的特征，应归责于某人力资源公司与某旅行社公司分公司。根据《中华人民共和国劳动合同法》第九十二条第二款中的规定，用工单位给被派遣劳动者造成损害的，劳务派遣单位与用工单位承担连带赔偿责任。故即便某人力资源公司所称某旅行社公司分公司违反劳动派遣用工需要符合临时性、辅助性或替代性的规定，也不能免除某人力资源公司的连带赔偿责任。

关于旅行社的责任。某人力资源公司未能及时支付郑某工资系某旅行社公司分公司的原因导致，且根据某人力资源公司与某旅行社公司分公司的约定，某旅行社公司分公司负有向某人力资源公司支付经济补偿的义务，该经济补偿也可直接支付给郑某。某旅行社公司分公司在 2022 年 3 月 23 日向某人力资源公司发出通知，退回派遣员工郑某，并表示对于郑某的经济补偿某旅行社公司分公司将依照破产管理人的处置方式处置，同时与郑某协商支付经济补偿事宜，虽最后因某旅行社公司陷入破产境地缺乏偿付能力而未能签署相应的支付经济补偿协议，也应视为其同意将内部约定的承担支付经济补偿的终局责任外化为向郑某支付经济补偿的直接责任。故，某旅行社公司分公司应就某人力资源公司所承担的经济补偿法定支付义务承担共同支付义务。

此外，因某旅行社公司分公司作为某旅行社公司的分支机构，不具有法人资格，其民事责任由总公司承担，故前述某旅行社公司分公司所承担的支付义务可统一由其总公司某旅行社公司承担。

福建省厦门市思明区人民法院依照《中华人民共和国劳动合同法》第三十条第一款、第三十八条、第四十六条、第四十七条、第五十条、第五十八条、第六十二条、第六十五条、第六十六条、第九十二条，《中华人民共和国公司法》第十四条，《最高人民法院关于审理劳动争议案件适用法律问题的解释（一）》第四十六条，《中华人民共和国劳动合同法实施条例》第十条、第二十九条、第三十一条、第三十五条，参照《劳务派遣暂行规定》第十二条、第二十条之规定，判决如下：

一、确认郑某与某人力资源公司于2022年4月22日解除劳动关系；

二、某人力资源公司于判决生效之日起十五日内向郑某出具解除劳动合同书面证明；

三、某人力资源公司、某旅行社公司于判决生效之日起十五日内共同向郑某支付2022年2月1日至4月22日的工资55216.47元；

四、某人力资源公司、某旅行社公司于判决生效之日起十五日内共同向郑某支付解除劳动合同的经济补偿203538.83元；

五、某旅行社公司于判决生效之日起十五日内支付郑某2022年1月1日至4月22日的未休年休假工资3163.22元；

六、驳回郑某的其他诉讼请求。

某人力资源公司不服一审判决，提出上诉。福建省厦门市中级人民法院同意一审法院裁判意见。

福建省厦门市中级人民法院依照《中华人民共和国民事诉讼法》第一百七十七条第一款第一项规定，判决如下：

驳回上诉，维持原判。

【法官后语】

劳务派遣作为一种补充用工形式，广泛存在我国当前的用工实践中。《中华人民共和国劳动合同法》和《劳务派遣暂行规定》明确规定，劳务派遣用工只能在临时性、辅助性或者替代性（以下简称“三性”）的工作岗位上实施。尽管如此，实践中，劳务派遣单位将劳动者派遣至不符合“三性”要求的岗位工作的现象时有发生，并据此引发劳动争议。当劳动者与劳务派遣单位或实际用工单位就劳务派遣合同的履行出现争议时，劳务派遣单位常会依据劳务派遣违反“三性”岗位要求的客观事实，援引《中华人民共和国劳动合同法》第二十六条第一款第三项“违反法律、行政法规强制性规定的”劳动合同无效的规定，主张劳务派遣合同无效或主张与劳动者不存在劳动关系。因此，劳务派遣合同效力的认定直接影响劳务派遣单位、用工单位对于劳动者的责任承担。本案就是一起违反劳务派遣“三性”要求的典型案例。

一、劳务派遣的“三性”岗位要求

《中华人民共和国劳动合同法》第六十六条规定：“劳动合同用工是我国的企业基本用工形式。劳务派遣用工是补充形式，只能在临时性、辅助性或者替代性的工作岗位上实施。临时性工作岗位是指存续时间不超过六个月的岗位；辅助性工作岗位是指为主营业务岗位提供服务的非主营业务岗位；替代性工作岗位是指用工单位的劳动者因脱产学习、休假等原因无法工作的一定期间内，可以由其他劳动者替代工作的岗位……”《劳务派遣暂行规定》第三条及第四条规定：“用工单位只能在临时性、辅助性或者替代性的工作岗位上使用被派遣劳动者……用工单位决定使用被派遣劳动者的辅助性岗位，应当经职工代表大会或者全体职工讨论，提出方案和意见，与工会或者职工代表平等协商确定，并在用工单位内公示。用工单位应当严格控制劳务派遣用工数量，使用的被派遣劳动者数量不得超过其用工总量的10%……”

上述法律规定明确了劳务派遣的“三性”岗位要求、岗位设置流程及聘用数量。

二、劳务派遣“三性”规定性质的理解

对于前述劳务派遣“三性”规定性质的理解，将直接影响违反“三性”岗位要求的劳务派遣合同效力的认定。对于劳务派遣“三性”岗位要求的相关规定，应理解为效力性强制性规定还是管理性强制性规定，司法实务中并无统一标准。只有违反效力性强制性规定才会导致合同无效的法律后果，而违反管理性强制性规定不会必然导致合同无效。关于劳务派遣的“三性”规定，应该属于管理性强制性规定，理由有二：

其一，目前法律法规并未明确违反“三性”规定的劳务派遣合同必然无效。关于违反“三性”规定的劳务派遣单位的责任，《中华人民共和国劳动合同法》第九十二条第二款进行了规定，即劳务派遣单位、用工单位违反本法有关劳务派遣规定的，由劳动行政部门责令限期改正；逾期不改正的，以每人五千元以上一万元以下的标准处以罚款，对劳务派遣单位，吊销其劳务派遣业务经营许可证。用工单位给被派遣劳动者造成损害的，劳务派遣单位与用工单位承担连带赔偿责任。由此可见，法律没有直接规定违反“三性”岗位导致劳务派遣劳动合同无效，而只是规定了相关行政责任。

其二，关于劳务派遣的岗位及形式选择，多数情况下是劳动者、用人单位和用工单位三方自主选择的后果，且各方对相关劳务派遣是否违反“三性”岗位要求均为明知，劳务派遣合同的履行及据此引发的争议仅会在相关当事人之间产生权利义务，而不会造成损害国家利益和社会公共利益的法律后果。综合上述两点，在没有法律法规明确规定，且履行合同不会必然损害国家利益和社会公共利益的情况下，《中华人民共和国劳动合同法》和《劳务派遣暂行规定》中关于劳务派遣“三性”岗位的规定属于劳务派遣范围的岗位要求，应该属于管理性强制性规定，而非效力性强制性规定。

三、违反“三性”岗位要求的劳务派遣法律关系的认定

基于前述分析，违反“三性”岗位要求的劳务派遣合同并不必然无效。劳

务派遣实践中，一般是劳务派遣单位与用工单位签订劳务派遣协议，劳务派遣单位亦与派遣劳动者签订劳动合同的形式进行劳务派遣，故应当尊重劳务派遣单位、用工单位与被派遣劳动者三方之间的意思自治，综合考量劳动者与用工单位之间是否存在建立劳动关系的合意、是否构成逆向派遣、用工单位所处的决定优势地位、被派遣劳动者所处的弱势地位、员工在职期间是否对其用工方式提出过异议等因素，进而具体认定劳务派遣的法律关系，以更充分地维护劳动者的合法权益。

司法实务中，虽然劳动者在用工单位担任不符合“三性”要求的岗位工作，违反了《中华人民共和国劳动合同法》关于劳务派遣岗位的要求，但劳务派遣单位作为具有经营劳务派遣业务资质的劳务派遣单位，应当明知劳务派遣对岗位的相关法律规定，却未对劳务派遣的岗位性质进行必要审查，仍然对劳动者进行劳务派遣，不能免除其作为用人单位的责任，作为劳务派遣单位为规避责任主动援引违反“三性”要求的相关规定主张确认劳务派遣无效或劳动关系不成立，缺乏司法保护必要性的具体情况。据此，劳务派遣单位不能简单以所派遣的岗位违反“三性”要求主张劳务派遣合同无效而免除用人单位法定责任。

编写人：福建省厦门市思明区人民法院　刘建发　洪瑾君

61

未取得劳务派遣许可对工伤认定的裁判思路

——杨某诉某市人力资源和社会保障局工伤保险资格认定案

【案件基本信息】

1. 裁判书字号

河北省沧州市中级人民法院（2023）冀09行终326号行政判决书

2. 案由：工伤保险资格认定纠纷

3. 当事人

原告（上诉人）：杨某

被告（被上诉人）：某市人力资源和社会保障局（以下简称某市人社局）

【基本案情】

2022年3月1日，某科技公司与某运输公司签订劳务派遣协议；4月1日，某科技公司与杨某签订劳动合同，后将杨某派遣到某运输公司工作。6月1日，杨某在卸车过程中受伤。某科技公司于2022年10月10日取得劳务派遣经营许可证，有效期限为2022年10月10日至2025年10月9日。2023年5月8日，杨某向某市人社局申请工伤认定，某市人社局经审查后于5月29日作出不予受理决定书，认定杨某受伤时，某科技公司无劳务派遣许可资质，违反法律规定，杨某工伤认定申请表中的用人单位不符合用人单位主体资格，亦不符合《工伤保险条例》第十八条第二款规定的受理条件。杨某不服，起诉至法院。

【案件焦点】

未取得劳务派遣经营许可实施劳务派遣行为，派遣劳动者于派遣期间在工作中受到伤害以派遣单位为用人单位申请工伤认定的，社会保障行政部门应否受理。

【法院裁判要旨】

河北省沧州市运河区人民法院经审理认为：《中华人民共和国劳动合同法》第五十七条第二款规定：经营劳务派遣业务，应当向劳动行政部门依法申请行政许可；经许可的，依法办理相应的公司登记。未经许可，任何单位和个人不得经营劳务派遣业务。本案中，某科技公司与原告签订劳动合同时尚未取得经营劳务派遣业务的行政许可，第三人派遣原告到用工单位工作违反了上述法律的禁止性规定，其与原告所签订的劳动合同应属无效。《工伤保险条例》第十八条第一款规定："提出工伤认定申请应当提交下列材料……（二）与用人单位存在劳动关系（包括事实劳动关系）的证明材料……”原告申请工伤认定时提交法律上无效的劳动关系证明，不符合上述规定，被告所作不予受理决定适用法律正确，应予支持。

河北省沧州市运河区人民法院依照《中华人民共和国行政诉讼法》第六十九条规定，判决如下：

驳回原告杨某的诉讼请求。

杨某不服一审判决，提起上诉。河北省沧州市中级人民法院经审理认为：《中华人民共和国劳动合同法》第五十八第一款规定：劳务派遣单位是本法所称用人单位，应当履行用人单位对劳动者的义务。劳务派遣单位与被派遣劳动者订立的劳动合同，除应当载明本法第十七条规定的事项外，还应当载明被派遣劳动者的用工单位以及派遣期限、工作岗位等情况。《中华人民共和国民法典》第一百五十三条第一款规定，违反法律、行政法规的强制性规定的民事法律行为无效。但是，该强制性规定不导致该民事法律行为无效的除外。《最高人民法院关于适用〈中华人民共和国民法典〉合同编通则若干问题的解释》第十六条规定：“合同违反法律、行政法规的强制性规定，有下列情形之一，由行为人承担行政责任或者刑事责任能够实现强制性规定的立法目的的，人民法院可以依据民法典第一百五十三条第一款关于‘该强制性规定不导致该民事法律行为无效的除外’的规定认定该合同不因违反强制性规定无效……（三）强制性规定旨在要求当事人一方加强风险控制、内部管理等，对方无能力或者无义务审查合同是否违反强制性规定，认定合同无效将使其承担不利后果；（四）当事人一方虽然在订立合同时违反强制性规定，但是在合同订立后其已经具备补正违反强制性规定的条件却违背诚信原则不予补正……”本案中，一方面，《中华人民共和国劳动合同法》第九十二条第一款规定，违反本法规定，未经许可，擅自经营劳务派遣业务的，由劳动行政部门责令停止违法行为，没收违法所得，并处违法所得一倍以上五倍以下的罚款；没有违法所得，可以处五万元以下的罚款。原审第三人与上诉人签订劳动合同时尚未取得经营劳务派遣业务的行政许可，故应由劳动行政部门进行处理，承担相应行政责任。上诉人作为劳动者，无能力也无义务审查原审第三人是否有经营劳务派遣业务许可资质，认定合同无效将使其承担不利后果。另一方面，原审第三人虽然在与上诉人订立劳动合同时未取得经营劳务派遣业务许可资质，但是在双方合同订立后于2022年10月取得该资质，已经补正违反强制性规定的条件。根据以上司法解释规定，一审法院认定双方签订的劳动合同无效错误，应予纠正。某市人社局以上诉人受伤时，原审第三人无派遣许可资质，违反法律规定，上诉人工伤认定申请表中的用人单位不符合本案用人单位主体资格，不符合《工伤保险条例》第十八条第二款规定的受理条件为由，作出不予受理决定，法律依据不足，应予撤销。

河北省沧州市中级人民法院依照《中华人民共和国行政诉讼法》第八十九条第一款第二项规定，判决如下：

一、撤销河北省沧州市运河区人民法院（2023）冀0903行初173号行政判决；

二、撤销某市人社局于2023年5月29日作出的工伤认定申请不予受理决定书；

三、责令某市人社局在法定期限内重新作出处理。

【法官后语】

劳务派遣作为补充用工方式，降低了用工单位经营成本。随着市场对劳务派遣人员需求增多，劳务派遣单位数量和劳务派遣人员数量日益增多。劳务派遣单位未取得劳务派遣许可资质，与劳动者签订的劳务派遣合同是否有效，事关派遣劳动者工伤后的待遇支付。合同有效，则劳动者在用工单位工作受伤，申请工伤认定，劳务派遣单位所在地人社局受理；合同无效，劳务派遣单位所在地人社局不会受理。

《中华人民共和国劳动合同法》第五十七条第二款的规定属于法律的强制性规定。对于强制性的规定，劳务派遣单位必须遵守，如果不遵守，则会面临行政处罚；如果用工单位给被派遣劳动者造成损害，劳务派遣单位还要和用工单位承担民事赔偿责任。本案中，因2022年4月尚未取得经营劳务派遣业务的行政许可，某科技公司派遣杨某到用工单位工作违反了法律的禁止性规定，但作为一个普通工人，与单位签订劳动合同时不可能去查看企业是否有派遣劳动者的经营资质；要求一个普通劳动者签订劳务合同时去查看企业的经营范围、是否有派遣经营资质是对劳动者的苛求。《中华人民共和国民法典》第一百五十三条第一款规定，违反法律、行政法规的强制性规定的民事法律行为无效。但是，该强制性规定不导致该民事法律行为无效的除外。《最高人民法院关于适用〈中华人民共和国民法典〉合同编通则若干问题的解释》第十六条规定："合同违反法律、行政法规的强制性规定，有下列情形之一，由行为人承担行政责任或者刑事责任能够实现强制性规定的立法目的的，人民法院可以依据民法典第一百五十三第一款关于'该强制性规定不导致该民事法律行为无效的除外'的规定认定该合同不因违反强制性规定无效……（三）强制性规定旨在要求当事人一方加强风险控制、内部管理等，对方无能力或者无义务审查合同是否违反强制性规定，认定合同无效将使其承担不利后果……"本案中，其一，某科技公司与杨某签订劳动合同时尚未取得经营劳务派遣业务的行政许可，应由劳动行政部门进行处理，即作出停止违法行为，没收违法所得，并处违法所得一倍以上五倍以下的罚款；没有违法所得，处5万元以下罚款的行政处罚决定。其二，杨某作为劳动者，无能力也无义务审查某科技公司是否有经营劳务派遣业务许可资质，认定合同无效将使其承担不利后果，即在受到事故后申请工伤认定不会被劳务派遣单位所在地的人社部门受理，当然也不会被劳务派遣单位所在地的人社部门认定为工伤，故不能享受劳务派遣单位所在地工伤保险基金支付的待遇。如此，用工单位成为被派遣劳动者工伤保障责任的承担主体，用工单位又未为被派遣劳动者缴纳工伤保险费，结果是不但加重用工单位的负担，还可能使用工单位经营发生困难，背离了《工伤保险条例》的立法本意。而根据上述司法解释第十六条第一款第三项的规定，某科技公司与某运输公司签订的劳务派遣合同当然有效。

根据《最高人民法院关于适用〈中华人民共和国民法典〉合同编通则若干问题的解释》第十六条第一款第四项的规定，当事人一方虽然在订立合同时违反强制性规定，但是在合同订立后其已经具备补正违反强制性规定的条件却违背诚信原则不予补正，人民法院可以依据民法典第一百五十三第一款关于“该强制性规定不导致该民事法律行为无效的除外”的规定认定该合同不因违反强制性规定无效。本案中，某科技公司虽然在与杨某订立劳动合同时未取得经营劳务派遣业务许可资质，但于2022年10月取得该资质，补正了强制性规定的条件，双方签订的劳务派遣合同亦应有效。对于作出的不予受理决定，法律依据不足，应予撤销。

编写人：河北省沧州市中级人民法院　孙树国

八、劳动争议仲裁

62

劳动者和用人单位分别对“一裁终局”裁决提起诉讼、申请撤裁下，基层法院“一并审理”的审查范围

——赵某诉某人力资源公司劳动争议案

【案件基本信息】

1. 裁判书字号

北京市第一中级人民法院（2023）京01民终9124号民事判决书

2. 案由：劳动争议

3. 当事人

原告（被上诉人）：赵某

被告（上诉人）：某人力资源公司

【基本案情】

赵某与某人力资源公司签订《劳动合同》，约定：合同期限自2021年9月1日起至2024年8月31日止；赵某从事切配岗位，工作地点在北京；执行标准工时；基本工资标准为不低于当地最低工资标准，每月20日前支付工资。赵某入职后，在延庆区第三小学食堂工作至2023年3月22日，公司为其发放工资：2021年10月20日发放3800元、2021年11月22日发放5000元、2021年12月

20日发放5000元……2023年3月20日发放3953元、2023年4月发放4660元。

2023年3月29日，赵某将某人力资源公司申请至延庆仲裁委，请求某人力资源公司：1. 支付2022年5月、6月、12月工资，每月2320元；2. 2023年1月工资差额770元；3. 解除劳动合同经济补偿金10600元。2023年5月11日，延庆仲裁委作出裁决：一、某人力资源公司于本裁决生效之日起十日内，支付赵某2022年5月工资、6月基本生活费、2022年12月工资共计6960元；二、某人力资源公司于本裁决生效之日起十日内，支付赵某2023年1月工资差额770元；三、驳回赵某的其他仲裁请求。该裁决对某人力资源公司是终局裁决。某人力资源公司不服该裁决第一项、第二项裁决事项，以该裁决事项法律适用错误、事实认定不清，于法定期限内向北京市第一中级人民法院申请撤销仲裁裁决；赵某不服该裁决的第三项裁决事项，于法定期间内诉至法院，要求某人力资源公司支付解除劳动合同经济补偿金10600元。北京市第一中级人民法院于2023年6月27日作出（2023）京01民特152号民事裁定，依据《最高人民法院关于审理劳动争议案件适用法律问题的解释（一）》第二十一条第一款之规定，以赵某已就延庆仲裁委作出的裁决向北京市延庆区人民法院提起诉讼为由驳回某人力资源公司的撤裁申请。

本案将对某人力资源公司申请撤销仲裁裁决的请求是否成立一并进行审查。

庭审中，某人力资源公司认为案涉裁决书第一项裁决结果有误：首先，其并非北京市行政区域内的企业，不应适用《北京市工资支付规定》的相关规定作为裁决依据。依据《北京市工资支付规定》第二条第一款“本规定适用于本市行政区域内的企业、个体工商户以及民办非企业单位（以下统称用人单位）和与之形成劳动关系的劳动者”的规定，某人力资源公司作为用人单位，注册地为山东省，并非北京市行政区域内的企业、个体工商户以及民办非企业单位，延庆仲裁委以《北京市工资支付规定》作为裁决依据系适用法律错误。其次，某人力资源公司不存在拖欠工资的情形，其提交证据材料不违反法律法规的强制性规定，与在案证据相互印证，能达到其证明目的，延庆仲裁委无视双方提交证据一致、客观存在的工资发放行为，作出某人力资源公司未向赵某发放 5 月、6 月工资的认定，属于认定事实有误。

【案件焦点】

一审法院一并审理用人单位诉讼主张的审查范围。

【法院裁判要旨】

北京市延庆区人民法院经审理认为：用人单位申请撤销终局裁决，应举证证明存在《中华人民共和国劳动争议调解仲裁法》第四十九条第一款规定之情形。某人力资源公司申请撤裁的理由是认为其并非北京地区公司，延庆仲裁委不应适用《北京市工资支付规定》的相关规定作为裁决依据，故延庆仲裁委作出的案涉裁决，属于法律适用错误。对此，该院认为，经查延庆仲裁委系依据《北京市工资支付规定》第二十七条之规定作出本案案涉争议裁决，根据《中华人民共和国劳动合同法实施条例》第十四条规定，劳动合同履行地与用人单位注册地不一致的，有关劳动者的最低工资标准、劳动保护、劳动条件、职业危害防护和本地区上年度职工月平均工资标准等事项，按照劳动合同履行地的有关规定执行；用人单位注册地的有关标准高于劳动合同履行地的有关标准，且用人单位与劳动者约定按照用人单位注册地的有关规定执行的，从其约定。本案中，虽然某人力资源公司注册地不在北京市内，但双方劳动合同书明确约定赵某工作地点为北京，基本工资标准为不低于当地最低工资水平，且约定了公司跨地区派遣赵某的，劳动报酬按照用工单位所在地的标准执行。依据本案查明情况，赵某的工作地点在北京市延庆区，其用工单位为北京某餐饮公司，该公司住所地亦在北京市辖区，故延庆仲裁委适用《北京市工资支付规定》并无不当，案涉仲裁裁决不存在《中华人民共和国劳动争议调解仲裁法》第四十九条第一款规定的情形。综上，案涉裁决对某人力资源公司为终局裁决，故该仲裁裁决的第一项、第二项内容，该院予以确认。

北京市延庆区人民法院依照《中华人民共和国劳动争议调解仲裁法》第四十九条，《中华人民共和国劳动合同法实施条例》第十四条，《中华人民共和国民事诉讼法》第六十七条之规定，判决如下：

一、某人力资源公司于判决生效之日起十日内支付赵某2022年5月工资、6月基本生活费、2022年12月工资共计6960元；

二、某人力资源公司于判决生效之日起十日内支付赵某2023年1月工资差额770元；

三、驳回赵某的其他诉讼请求。

某人力资源公司不服一审判决，提出上诉。北京市第一中级人民法院经审理认为：某人力资源公司针对一审判决第一项、第二项提起上诉，但上述两项内容与延庆仲裁委案涉裁决书的第一项、第二项内容一致，该裁决对某人力资源公司为终局裁决，某人力资源公司虽有权依据《中华人民共和国劳动争议调解仲裁法》的规定申请撤销仲裁裁决，但在该裁决未被撤销的情况下无权对该裁决提起诉讼。故，法院对某人力资源公司的上诉请求不予处理。综上所述，某人力资源公司的上诉请求不能成立，应予驳回；一审判决认定事实清楚，适用法律正确，应予维持。

北京市第一中级人民法院依照《中华人民共和国民事诉讼法》第一百七十七条第一款第一项之规定，判决如下：

驳回上诉，维持原判。

【法官后语】

“一裁终局”制度使得涉及劳动者基本权益的简单、小额案件以及涉及劳动标准的案件终结在仲裁阶段，既减少了劳动者诉累，又节约了司法资源，具有积极意义。但针对“一裁终局”裁决，劳动者向基层人民法院起诉，用人单位亦向中级人民法院申请撤销终局裁决的，基层法院应当如何处理，实践中存在不同观点。

第一种观点认为，劳动者与用人单位互为原、被告，对双方的请求均予以审理。理由如下：劳动争议终局裁决制度的目的是在劳动者同意劳动仲裁裁决结果的前提下，侧重考虑案件审理效率，快速审结小额劳动争议案件。如果劳动者不服劳动争议仲裁终局裁决提起诉讼，将仍需再经过“两审终审”程序解决争议，劳动争议终局裁决制度设立的目的无法实现，此时，应允许用人单位作为原告提起诉讼，进行权利救济。第二种观点认为，基层人民法院只需审理劳动者的起诉请求，对用人单位申请撤销终局裁决的请求不予审理，用人单位作为被告在基层人民法院出庭应诉，其申请撤销仲裁裁决的意见可作为答辩意见。理由如下：第一，如果由基层人民法院对用人单位申请撤销终局裁决的请求一并审理，赋予用人单位在不服一审审理结果时拥有上诉权，违背了终局裁决制度的目的；第二，中级人民法院在审理用人单位申请撤销终局裁决的请求时，仅需审查是否存在《中华人民共和国劳动争议调解仲裁法》第四十九条规定的情形，与基层人民法院对劳动者起诉请求的审查标准不同，不宜由基层人民法院在同一程序中依照不同的审理标准一并审理。

笔者相较赞同第二种观点，但认为基层法院一并审理撤裁申请仅限于用人单位以终局裁决存在《中华人民共和国劳动争议调解仲裁法》第四十九条第一款第一项规定的情形。《最高人民法院关于审理劳动争议案件适用法律问题的解释（一）》第二十一条规定："劳动者依据调解仲裁法第四十八条规定向基层人民法院提起诉讼，用人单位依据调解仲裁法第四十九条规定向劳动争议仲裁机构所在地的中级人民法院申请撤销仲裁裁决的，中级人民法院应当不予受理；已经受理的，应当裁定驳回申请。被人民法院驳回起诉或者劳动者撤诉的，用人单位可以自收到裁定书之日起三十日内，向劳动争议仲裁机构所在地的中级人民法院申请撤销仲裁裁决。"前述司法解释规定较为原则，从文义解释角度来看，只要劳动者向基层法院起诉，用人单位向中级法院申请撤裁，中级人民法院均不应当受理用人单位的撤裁申请。其后，《人力资源社会保障部、最高人民法院关于劳动人事争议仲裁与诉讼衔接有关问题的意见（一）》中，进一步明确了基层法院一并审理用人单位的撤裁申请的情形即劳动者不服终局裁决向基层人民法院提起诉讼，中级人民法院对用人单位撤销终局裁决的申请不予受理或者裁定驳回申请，用人单位主张终局裁决存在《中华人民共和国劳动争议调解仲裁法》第四十九条第一款规定情形的，基层人民法院应当一并审理。本案中，某人力资源公司以终局裁决法律适用错误为由向中级法院申请撤裁，劳动者对终局裁决提起诉讼，中级人民法院裁定驳回用人单位的申请，基层法院对其该项撤裁申请一并审理，处理恰当。

本案中，原则上基层法院仅针对赵某提出的裁决事项，进行实体审理；但因某人力资源公司辩称终局裁决存在《中华人民共和国劳动争议调解仲裁法》第四十九条第一款第一项规定的情况，故此基层法院应首先针对该项撤裁申请一并进行审查，经审查终局裁决项并不存在法律适用错误的情形，公司的撤裁请求不成立，赵某未起诉的终局裁决事项，对双方均仍生效，故对于某人力资源公司针对的终局裁决事项之事实认定不清、证据采信不当等主张不予审查，仅对前述生效终局裁决事项在判决主文中进行确认。二审法院认为某人力资源公司在终局裁决未被撤销的情形下，无权就赵某未起诉的生效裁决事项提起上诉，肯定了本项观点。

此外，需要说明的是，中级人民法院作出的撤裁裁定为终审裁定，基层法院依据《中华人民共和国劳动争议调解仲裁法》第四十九第一款条第一项规定作出的撤销或不予撤销裁决的结果也具有“终审性”，当事人无权就此提起上诉。因为，基层法院前述依法处理用人单位撤裁申请，属于法律授权基层法院代替中级人民法院作出，其效力与中级人民法院作出的撤裁裁定别无二致。本案中，某人力资源公司的上诉请求暗含了对一审法院驳回其撤裁请求的不服，但中级人民法院并未处理其诉求，认为该终局裁决依然处于有效状态也印证了这一点。

编写人：北京市延庆区人民法院　肖凤

63

当事人就仲裁时效抗辩未在劳动仲裁阶段提出而在诉讼阶段提出情形下的司法认定

——潘某诉某房地产公司追索劳动报酬案

【案件基本信息】

1. 裁判书字号

山东省淄博市中级人民法院（2023）鲁03民终2040号民事判决书

2. 案由：追索劳动报酬纠纷

3. 当事人

原告（上诉人）：潘某

被告（被上诉人）：某房地产公司

【基本案情】

潘某原系某房地产公司员工，双方于2019年11月2日签订劳动合同，合同期限自2019年11月2日至2022年11月2日。潘某于2021年2月28日书面通知某房地产公司解除劳动合同，从某房地产公司离职，其离职时，某房地产公司已向潘某发放了2021年2月的工资（补发工资7723.84元、农信工资2999.93元、现金工资4207.80元），并同时向潘某支付离职员工工资24432.19元，潘某分别在两份工资表上签名确认，某房地产公司向潘某出具《解除、终止劳动合同证明书》，双方于2021年2月28日解除（终止）劳动合同。2022年6月14日，潘某作为申请人，以某房地产公司为被申请人，向淄博市张店区劳动人事争议仲裁委员会提出仲裁请求：1. 裁决被申请人支付申请人克扣工资22025.81元；2. 裁决被申请人支付申请人拖欠工资153206.04元。淄博市张店区劳动人事争议仲裁委员会于 2022 年 10 月 14 日作出仲裁裁决书，裁决驳回申请人的仲裁请求。潘某不服仲裁裁决结果，提起本案诉讼。

【案件焦点】

当事人就仲裁时效抗辩在劳动仲裁阶段未提出而在诉讼阶段又提出的，人民法院应否支持。

【法院裁判要旨】

山东省淄博市张店区人民法院经审理认为：发生劳动争议，当事人对自己提出的主张，有责任提供证据予以证明。根据某房地产公司向法庭提供的 2020 年 8 月至 2021 年 2 月某房地产公司员工工资表和离职员工工资表，能够认定某房地产公司在潘某离职时同其结清了工资，且潘某已签名确认，其当时并未提出异议。某房地产公司同时辩称潘某于 2021 年 2 月离职，其在 2022 年 6 月提出仲裁已经超过 1 年仲裁时效，由于劳动争议申请仲裁的时效期间为一年，故根据《中华人民共和国劳动争议调解仲裁法》第二十七条第四款“劳动关系存续期间因拖欠劳动报酬发生争议的，劳动者申请仲裁不受本条第一款规定的仲裁时效期间的限制；但是，劳动关系终止的，应当自劳动关系终止之日起一年内提出”的规定，本案中，潘某与某房地产公司的劳动关系于 2021 年 2 月 28 日终止，其于 2022 年 6 月 14 日提出仲裁时已超过仲裁时效，故某房地产公司关于仲裁时效的抗辩能够成立，故涉案仲裁裁决结果正确，依法予以确认。

山东省淄博市张店区人民法院依照《中华人民共和国劳动争议调解仲裁法》第二条，第六条，第二十七条第一款、第四款和《中华人民共和国民事诉讼法》第六十七条第一款的规定，判决如下：

驳回原告潘某的诉讼请求。

潘某不服一审判决提起上诉。山东省淄博市中级人民法院经审理认为：潘某与某房地产公司于 2019 年 11 月 2 日签订劳动合同，合同期限自 2019 年 11 月 2 日至 2022 年 11 月 2 日；因潘某提出，2021 年 2 月 28 日双方终止劳动关系；离职时，某房地产公司向潘某发放了 2021 年 2 月工资（补发工资 7723. 84

元、农信工资2999.93元、现金工资4207.80元）及离职工资24432.19元。双方对上述事实均无异议。本案的争议焦点问题为：一是潘某的诉求是否超过仲裁时效；二是潘某主张某房地产公司支付其克扣工资22025.81元、提成工资76278.56元有无事实依据。

关于争议焦点一，《中华人民共和国劳动争议调解仲裁法》第二十七条中规定，劳动争议申请仲裁的时效期间为一年，从当事人知道或应当知道其权利被侵害之日起计算；仲裁时效因当事人一方向有关部门请求权利救济而中断；从中断时起，仲裁时效期间重新计算；劳动关系存续期间因拖欠劳动报酬发生争议的，劳动者申请仲裁不受本条第一款规定的仲裁时效期间的限制，但劳动关系终止的，应当自劳动关系终止之日起一年内提出。《最高人民法院第八次全国法院民事商事审判工作会议（民事部分）纪要》第二十七条第一款规定，"当事人在仲裁阶段未提出超过仲裁申请期间的抗辩，劳动人事仲裁机构作出实体裁决后，当事人在诉讼阶段又以超过仲裁时效期间为由进行抗辩的，人民法院不予支持"。本案中，双方劳动关系于2021年2月28日终止，同年6月9日潘某申请仲裁，同年11月2日获准许撤回仲裁申请；因潘某向仲裁部门申请权利救济，仲裁时效中断；2022年6月14日潘某再次就双方争议申请仲裁，系在仲裁时效中断后的一年内；且仲裁庭审笔录未记载某房地产公司曾以仲裁时效提出抗辩、某房地产公司亦未提交证据证实其于仲裁阶段提出过时效抗辩。故，某房地产公司以潘某的诉求超过仲裁时效为由抗辩，不能成立。

关于争议焦点二，首先，对于克扣工资22025.81元，潘某提交了2020年8月至2021年1月提成工资欠发结算明细，2020年8月、9月、10月、11月及2021年1月补发工资明细表予以证实；对于提成工资76278.56元，潘某提交其离职后9笔业务提成对账单、通过某交易平台办理的成交业务明细及某经纪公司转给某房地产公司的成交费用明细表予以证实。虽然某房地产公司否认上述微信对账单的真实性及与其的关联性，但证人李某的证言及其与某房地产公司处会计人员张某的聊天记录，足以证明上述微信对账单系某房地产公司处会计人员发送，上述对账单真实且与某房地产公司具有关联性，因此可以作为认定本案事实的证据。其次，因 2020 年 8 月至 2021 年 1 月提成工资欠发结算明细及 2020 年 8 月、9 月、10 月、11 月及 2021 年 1 月补发工资明细表，对账时间均为潘某离职之前；且潘某离职时已收到某房地产公司的补发工资 7723.84 元、农信工资 2999.93 元、现金工资 4207.80 元及离职工资 24432.19 元，某房地产公司主张潘某离职时已足额支付其工资，且潘某无证据证实某房地产公司存在克扣其工资的情形，故潘某该项诉求不能成立，不予支持。最后，对于提成工资 76278.56 元，根据从某经纪公司调取的房产成交明细表及佣金支付明细，可证实某经纪公司向某房地产公司支付案涉 9 笔业务的成交佣金，支付时间均在潘某离职后；且证人李某证实某房地产公司收到某经纪公司支付佣金后，再按照提成比例给员工发放佣金；某房地产公司亦在庭审中认可其在收到某经纪公司支付成交佣金前，不会垫付给销售人员提成工资。某房地产公司主张案涉 9 笔业务非潘某自己完成、业绩不能全部算给潘某，但未能提交证据证实。故，潘某主张的提成工资 76278.56 元，诉求成立，应予支持。

山东省淄博市中级人民法院依照《中华人民共和国劳动争议调解仲裁法》第二十七条，《中华人民共和国劳动法》第五十条，《中华人民共和国民事诉讼法》第六十七条、第一百七十七条第一款第二项、第一百八十一条规定，判决如下：

一、撤销山东省淄博市张店区人民法院（2023）鲁 0303 民初 404 号民事判决；

二、被上诉人某房地产公司支付上诉人潘某提成工资 76278.56 元，于判决生效后十日内付清。

三、驳回上诉人潘某的其他诉讼请求。

【法官后语】

我国对劳动争议案件的处理采取的是仲裁前置模式，即劳动仲裁是劳动争议诉讼的前置程序。法律对于劳动仲裁规定了仲裁时效，劳动仲裁时效是指劳动者在法定期间内不行使权利即丧失请求劳动争议仲裁机构依法保护其权利，并同时承担相应法律后果的法律制度。本案一审认为，潘某与某房地产公司的劳动关系于2021年2月28日终止，其于2022年6月14日提出仲裁时已超过仲裁时效，故某房地产公司关于仲裁时效的抗辩能够成立；二审则认为，某房地产公司以潘某的诉求超过仲裁时效为由抗辩，不能成立，并据此改判。因而厘清当事人就仲裁时效抗辩在劳动仲裁阶段未提出而在诉讼阶段又提出的，人民法院应否支持的问题，有利于司法实践中正确处理此类案件。

劳动仲裁时效是一种特别时效，是专门适用于劳动争议这一特定的民事案件，规定于劳动法这一民法的特别法中，因此当事人的劳动争议依法受到劳动仲裁时效的限制。2008年5月1日开始施行的《中华人民共和国劳动争议调解仲裁法》第二条规定："中华人民共和国境内的用人单位与劳动者发生的下列劳动争议，适用本法：（一）因确认劳动关系发生的争议……"第二十七条规定："劳动争议申请仲裁的时效期间为一年。仲裁时效期间从当事人知道或者应当知道其权利被侵害之日起计算。前款规定的仲裁时效，因当事人一方向对方当事人主张权利，或者向有关部门请求权利救济，或者对方当事人同意履行义务而中断。从中断时起，仲裁时效期间重新计算……劳动关系存续期间因拖欠劳动报酬发生争议的，劳动者申请仲裁不受本条第一款规定的仲裁时效期间的限制；但是，劳动关系终止的，应当自劳动关系终止之日起一年内提出。"

法律意义上的时效是指法律规定的某种事实状态经过法定时间而产生一定法律后果的法律制度。它是民事法律关系产生、变更、消灭的根据。劳动争议仲裁时效对于劳动争议仲裁程序及诉讼程序均至关重要，当事人应当在仲裁时效期间内主张权利，如果当事人提出仲裁申请超过仲裁时效时，其不仅丧失仲裁请求权，还将丧失诉讼中的胜诉权。《最高人民法院第八次全国法院民事商事审判工作会议（民事部分）纪要》第二十七条第一款规定，"当事人在仲裁阶段未提出超过仲裁申请期间的抗辩，劳动人事仲裁机构作出实体裁决后，当事人在诉讼阶段又以超过仲裁时效期间为由进行抗辩的，人民法院不予支持"。时效制度存在的合理性和正当性基础一方面在于通过督促行为人及时行使权利；另一方面在于通过对以往法律关系和相关权利的限制，维护现在和将来交易秩序的安全及社会公共利益。当事人就仲裁时效抗辩在仲裁阶段未提出，但在仲裁机构作出实体裁决后又在诉讼阶段提出的，人民法院不予支持。

本案中，双方劳动关系于 2021 年 2 月 28 日终止，同年 6 月 9 日潘某申请仲裁，同年 11 月 2 日获准许撤回仲裁申请；因潘某向仲裁部门申请权利救济，仲裁时效中断；2022 年 6 月 14 日潘某再次就双方争议申请仲裁，系在仲裁时效中断后的一年内；且仲裁庭审笔录未记载某房地产公司曾以仲裁时效提出抗辩、某房地产公司亦未提交证据证实其于仲裁阶段提出过时效抗辩。故，某房地产公司以潘某的诉求超过仲裁时效为由抗辩，不能成立。

编写人：山东省淄博市张店区人民法院　刘晓辉

山东省淄博市中级人民法院　荣明潇

ISBN 978-7-5216-5063-1

图书在版编目（CIP）数据

中国法院2025年度案例. 劳动纠纷 ：含社会保险纠纷 / 国家法官学院，最高人民法院司法案例研究院编. 北京 ：中国法治出版社，2025. 5. -- ISBN 978-7-5216-5063-1

Ⅰ. D920. 5

中国国家版本馆CIP数据核字第2025KH4084号

策划编辑：李小草　韩璐玮　白天园

责任编辑：贺鹏娟　　封面设计：李宁

中国法院2025年度案例. 劳动纠纷：含社会保险纠纷

ZHONGGUO FAYUAN 2025 NIANDU ANLI. LAODONG JIUFEN：HAN SHEHUI BAOXIAN JIUFEN

编者/国家法官学院，最高人民法院司法案例研究院

经销/新华书店

印刷/三河市紫恒印装有限公司

开本/730毫米×1030毫米　16开　　印张/21. 25　字数/255千

版次/2025年5月第1版　　2025年5月第1次印刷

中国法治出版社出版

书号 ISBN 978-7-5216-5063-1　　定价：68. 00元

北京市西城区西便门西里甲16号西便门办公区

邮政编码：100053　　传真：010-63141600

网址：http：//www. zgfzs. com　　**编辑部电话：010-63141791**

市场营销部电话：010-63141612　　**印务部电话：010-63141606**

（如有印装质量问题，请与本社印务部联系。）